Anatomy of a Breakthrough

用心理學突破瓶頸

消除創意、習慣、職涯與人生的「阻力」
從現在開始無往不利！

亞當・奧特（Adam Alter）——著
謝明珊——譯

目錄 CONTENTS

前言

學會「阻力稽核」，破解卡住你的因子！

布麗．拉森（Brie Larson）生於一九八九年的加州沙加緬度郡[1]，父親是法裔加拿大人，母親是美國人。她從小在家自學，深愛埃及學和魔法，但她最愛的還是演戲。她六歲就加入舊金山美國經典劇目劇團（American Conservatory Theater），成為劇團裡最年輕的學生。三年後，她在《傑哥孱斗秀》（*The Tonight Show with Jay Leno*）登台，演出小喜劇。那次短暫登台，為她帶來電視劇邀約，起初只是客串，後來是小配角，再來是知名電視劇的主角。劇評家讚揚她的演出，這為她的電影、導演、編劇事業鋪路。

再過幾年，她因為《不存在的房間》（*Room*）這部電影，成為全球第七十四位榮獲奧斯卡最佳女主角獎的女性，這對演員來說是最大的殊榮。除了奧斯卡，她還贏得七十多個演員獎項，並且參與漫威賣座大片《驚奇隊長》（*Captain Marvel*）。她的事業軌跡就像童話故事一樣：兒時出眾加上無數累積，終究大獲全勝。

這樣看拉森的事業發展，其實是有問題的，忽視了她也經歷數十年的挫敗。她像許多演員一樣，在突破之前也曾經卡關。她一再遭到拒絕，深受身體形象所苦，大半輩子都「覺得自己長得醜」。至於家庭生活，她的父母離異，母親帶著拉森和妹妹搬到洛杉磯，鄰近好萊塢。她回想：「我們住在破爛的一房公寓，床鋪爛透了，每個人只有三套衣服可穿。」她試鏡無數次，希望可以演出自己喜歡的角色，從商業廣告到電視演出都嘗試過。

拉森跟大多數一線演員有什麼不同呢？她大方分享自己辛苦奮鬥的過程。二〇二〇年八月十三日[2]，她在YouTube頻道上傳一部十四分鐘的影片，標題是「試鏡幕後大公開（第一部分）」，她對著鏡頭說：「我打算聊一下過程，因為大家經常關注我的成就，卻不知道過程有多麼辛酸、我被拒絕多少次、有多少工作從我手中溜走，我猜大家可能有興趣聽。」

這系列的影片，記錄了她二十年來經歷的失望，最早是在七歲時參加商業廣告試鏡失敗。試鏡的房間裡，擠滿前途光明的童星，拉森只試鏡一下子，就被選角指導淘汰了，她辛苦排練的獨白，根本沒機會表演，只能暗自啜泣。拉森說：「後來選角指導找我的經紀人抱怨，說我太爛了，不會再給我任何試鏡機會，她真的說到做到。」

拉森繼續列出她沒有拿到的角色：《花邊教主》（*Gossip Girl*）、《飢餓遊戲》（*The Hunger Games*）、《明日世界》（*Tomorrowland*）、《星際大戰》（*Star Wars*）、《我的媽咪不是人》（*Smart House*）、《小鬼大間諜》（*Spy Kids*）、《宅男型不型》（*The Big Bang Theory*），每說完一部片，拉

森就會笑一下，如果你定格，將會看到她痛苦的小表情。這不是快樂的回憶，是她不斷成功也無法抹滅的痛苦回憶。

到了「試鏡幕後大公開」的第二部分[3]，拉森把無數的失敗試鏡倒背如流：「我在《鴻孕當頭》（*Juno*）、《玩命賭注》（*13*）、《狂獸》（*The Brink*）、《我的媽咪不是人》、《明日世界》、《歌喉讚》（*Pitch Perfect*）、《魔法黑森林》（*Into the Woods*）、《宅男卡卡》（*Youth in Revolt*）、《小飛俠彼得潘》（*Peter Pan*）、《奔騰年代》（*Halt and Catch Fire*）功虧一簣，我的天，好多的悲傷，但我仍然站在這裡！」拉森坦言，這個數字並不美麗，但她仍語帶希望：「在九八%至九九%的時間裡，我都遭到拒絕，我試鏡過千千萬萬次，大家難以想像吧？」

拉森有成功的演藝事業，她奪得獎項，揚名立萬，賺了大錢，廣獲好評，演出機會多，但根據她的說法，她碰壁的機率仍高達九九%。拉森的YouTube影片吸引無數人點閱，廣受媒體報導。這之所以引人注目，是因為她反其道而行，道出看似完美的演藝事業背後，潛藏著無盡的挫折。我們在探討成功的演員和成就時，不太會碰觸困境的主題，不太會透露痛苦的細節，以致我們歷經磨難的時刻，總備感孤獨和孤立。

每個「人生勝利組」，都有你看不見的難關

你想像得到的人生層面，都有可能卡關。工作卡關，萌生辭職之意。人際關係卡關，覺得人

生不圓滿。無論你是作家、藝術家、作曲家、運動員、科學家或創業家，都無法倖免。有時候卡關只持續幾天，有時候卻會讓人生陷入困境。卡關的例子不容易聽到，是因為被太多成功故事轟炸，誤以為別人遇到的難關比我們少。偶爾會有拉森這樣的明星，挺身打破迷思，但我們卡住的時候，仍會覺得自己比別人更慘。事實上，每個人都會碰到阻礙，這是通往成功的必經之路，而不是歧途。**為什麼我們看得見自己的關卡，卻看不見別人的呢？**

至少有兩個原因。**第一個原因是順風／逆風的不對稱**（headwinds/tailwinds asymmetry）[4]，這是沙伊．大衛達（Shai Davidai）和湯瑪士．吉洛維奇（Thomas Gilovich）所命名的心理現象。所謂的不對稱，意指我們比較會注意自己的阻礙（逆風），卻忽視自己的好事（順風），以為自己遇到很多逆境，但實則不然。

大衛達和吉洛維奇以拼字遊戲為例，玩家抽到不討喜的字母，比方U、U、I、I、I、Q、W，除非犧牲一輪，重抽新的字母，否則會困住好幾輪，每次你嘗試拼字，就會怪自己運氣不好。相反地，好運不會延續太久，一抽到討喜的字母，馬上就打出去了。這在其他情況也說得通。假設你遇到大塞車，路上有兩條車道，你選擇的那一條開得特別慢，眼看另一條車道一輛又一輛呼嘯而過，就會吸走你全部的注意力。然而，唯有把時間和心力放在自己遇到的阻礙上，才有可能克服它！若非考慮每一個選項，採取行動，根本無法改善拼字遊戲的成績，或者彌補塞車所浪費的時間。

大衛達和吉洛維奇也發現，太在意自己的阻礙，往往會低估別人的難關。他們設計一項實驗，邀請康乃爾大學（Cornell University）的學生玩問答遊戲，一部分參賽者的題目比較簡單，例如電視劇和知名卡通，一部分參賽者的題目比較困難，例如巴洛克時期的音樂，或者俄羅斯文學。遊戲結束後，參賽者回憶對手回答的問題，確實容易記住簡單的題目，忘記困難的題目。在其他領域也是如此。吉洛維奇做了另一項研究，談到稅負和法規，大家總以為自己受害最深，但這絕非實情！

我們把自己的阻礙看得太嚴重，還有另一個原因。**別人的難關，不是想看就看得見的。**人面對難關，習慣私下解決。要不是默默承受，就是獨力苦撐，最後呈現給世人的，都是經過美化的過程。我們看見拉森獲得奧斯卡，卻看不見她得獎之前，經過數十年苦苦奮鬥。

再者，媒體花很多篇幅報導非凡的成功事蹟，例如運動員羅傑．費德勒（Roger Federer）、小威廉絲（Serena Williams），創業家傑夫．貝佐斯（Jeff Bezos）和馬克．祖克伯（Mark Zuckerberg），演員梅莉．史翠普（Meryl Streep）、丹尼爾．戴—路易斯（Daniel Day-Lewis），卻罔顧無數平凡的奮鬥者。社群媒體也充斥著光鮮亮麗的帳號，我們所追蹤的素人，分享美化過的生活，只刊登最美好的人生時刻，把困難都藏起來了。我們看不見別人的奮鬥，於是誤以為，人生就愛找我們麻煩。

百般碰壁的千億企業Airbnb

二〇二一年初，Airbnb的市場估值突破一千億美元大關，成為全球一百大上市公司之一，三位創辦人布萊恩．切斯基（Brian Chesky）、喬．傑比亞（Joe Gebbia）、納森．布雷察席克（Nathan Blecharczyk）分別都有一百三十億美元的身價。其中切斯基是Airbnb的門面，也就是執行長，他和拉森一樣公開了Airbnb所面臨的挑戰，以及公司成長的瓶頸。

Airbnb的誕生，其實是命運所逼。切斯基和傑比亞從大學時代就認識了，大學畢業後，切斯基搬去洛杉磯，傑比亞搬到舊金山，兩人找到的工作都不夠好，於是切斯基搬去跟傑比亞一起住，想碰碰成為科技創業家的運氣。二〇一五年切斯基在史丹佛大學接受訪問時說：「當時我的銀行帳戶有一千美元，一路開車去舊金山。」[5]

> 當時是二〇〇七年，我抵達舊金山之後，才知道我們要租的那個公寓，我要負擔一半的租金，也就是一千兩百美元，超過我的存款了。當時舊金山剛好在舉辦國際設計研討會，附近的旅館都被訂光了。
>
> 我們突發奇想：設計師來參加研討會，當然需要住宿，既然我們沒有錢，何不專為設計研討會，打造住宿附早餐的方案呢？問題是，我們沒有多餘的床，只有三個充氣床，於是想出了

空氣床和早餐的組合，所以最初的網站就命名為airbedandbreakfast.com。設計研討會期間，我們在家招待了三位房客，心想這真是一個酷炫又有趣的賺錢方法。

有了這次經驗，傑比亞找來前室友布雷察席克，我們三人決定合開公司。我們的理念很簡單，預訂住別人的家，有沒有可能像預訂旅館一樣簡單呢？

幾個大學同窗臨時起意，成立了一家小「企業」。切斯基本人受訪時大方笑說，他們接受過很多批評，像是：「Airbnb是超級爛的點子。」

Airbnb草創初期並不順利。切斯基回憶：「二〇〇八年我們發起三次募資。」募資幾次後，創業團隊認識十五位天使投資人。「七位沒有回應，四位回覆：『這跟我們的投資主題不符』，一位不看好這個市場，三位選擇略過。」切斯基和傑比亞只好掏出一疊信用卡籌措資金，不久就扛下超過三萬美元的債務。

切斯基和演員拉森一樣，大方分享自己的難關。二〇一五年夏天，他在Medium部落格上[6]，以螢幕截圖分享創業之初收過的拒絕信，比方「這跟我們的業務無關」、「這不是我們關注的領域」、「潛在市場機會似乎還不夠大」、「旅遊這一塊，我們不是很懂」。

現在回頭看，Airbnb平安度過風暴。經營團隊跟Airbnb早期的房東見面，確認哪些產品可行和不可行，甚至親自住在Airbnb日租公寓，掌握第一手的體驗。三星級、五星級和「七星級」體驗（切斯基所謂的「極美妙評論」），到底有何不同？Airbnb終於成長茁壯，先在紐約試行，然後拓展至美國其他城市，引起投資人密切關注。二〇〇九年Airbnb募得六十二萬美元，二〇一〇年七百萬美元，二〇一一年一億一千兩百萬美元。Airbnb經歷無數挫折，但大家通常只看見成功，卻看不見途中百般的阻撓。

曾經卡關的科技巨頭亞馬遜

邁向成功的道路往往是曲折的，除了Airbnb之外，大企業亞馬遜（Amazon）也曾經顛簸前行。一九九九年至二〇〇六年，丹．羅斯（Dan Rose）負責管理亞馬遜的零售部門，協助推出Kindle電子閱讀器。二〇二〇年九月，羅斯在推特刊登一系列文章，回憶一九九九年十一月，他剛進入這家搖搖欲墜的公司。

> 亞馬遜創立於一九九五年七月[7]，頭七年，每一年聖誕節都是場災難。我在一九九九年進公司，所以親身體驗過。無論怎麼提前規劃，公司仍無法滿足假期的需求，每年四成的訂單，全部擠在感恩節到新年這六周……一九九五年聖誕節，每一位員工（包括執行長貝佐斯）連續六周都在打包貨品，然後發誓以後不再讓這種事發生……但一九九九年我加入亞馬遜時，這已

經成了每年的傳統……取貨、裝箱、打包，每天連做十小時，連續做六個星期，真的很辛苦！我對物流中心的人員致上滿滿敬意。我兩腳痠痛，雙眼模糊……真的累死人了。

最後貝佐斯延攬了傑夫．威爾克（Jeff Wilke），這號人物最後拯救正在成長的亞馬遜。威爾克有製造業的背景，把亞馬遜的倉儲打造成精密調校的機器，成就了當日和隔日宅配到府服務，亞馬遜Prime會員制才得以實現。威爾克是亞馬遜的幕後大功臣，後來成為全球消費者業務的執行長，他在亞馬遜的地位僅次於貝佐斯。二〇二一年一月，威爾克在退休前夕接受訪問[8]，回想起亞馬遜剛起步時，物流卡關的日子。

我把製造業學到的策略，直接拿來零售業使用。其中有些技巧是第一次應用在零售業，還好真的奏效，縮短周期，降低廢棄物和不良品，讓我們能夠推出Prime會員制，也就是快速到貨的訂閱制。

我們只關注亞馬遜的大勝利，卻忽略亞馬遜奮鬥的過程。要是亞馬遜沒克服早期的難關，會有什麼下場呢？在這個平行宇宙中，亞馬遜會如同世上其他新興企業，有可能因為業務成長，被巨大的市場需求壓垮。

假設一九九〇年代末，亞馬遜在第三或第四個假期購物季，接到數十萬筆網購圖書訂單，為了滿足市場需求，物流團隊每天花二十多個小時趕工，仍有無數的訂單延後到貨，顧客怒不可遏。聖誕節當天早晨，小孩拿不到最新一集的《哈利波特》，家長收不到史蒂芬·金的暢銷小說。一九九七年五月亞馬遜掛牌上市[9]，但一九九八至一九九九年，由於負評太多，以致股價下跌（亞馬遜創立初期確實常接到負評，《頁岩》（*Slate*）雜誌還把亞馬遜的網址改成「Amazon.con」，亦即亞馬遜大騙子；《華爾街日報》（*Wall Street Journal*）稱呼亞馬遜「Amazon.bomb」，亦即亞馬遜炸彈）。到了二十一世紀初終於垮了，再也上不了知名報紙、網站和評論，逐漸從世上淡出。但每天有太多企業關門大吉，所以沒有人會記錄它的沒落。

成功故事背後的失意主角

歸根究底，無論企業是成功還是失敗，我們都難以看見創業的辛苦，一來成功掩蓋了之前的奮鬥，二來失敗太常見了，激不起我們的興趣。我們只看了一堆成功事蹟，報導著蘋果（Apple）、Google、臉書（Facebook）、網飛（Netflix）等菁英企業。前面只說了三個例子：拉森、Airbnb、亞馬遜，但其實這種例子隨處可見。

當你讀到知名的成功故事，再往下挖一兩層，就會發現失意的主角。美國演員佛雷·亞斯坦

（Fred Astaire）年輕時[10]，遭到好萊塢製片人拒絕，說他：「演技不好，髮際線有點高，只會跳點舞。」華特．迪士尼（Walt Disney）的第一個動畫工作室小歡樂（Laugh-O-Gram）宣告破產後，沉寂了五年，才設計出米老鼠，成為他新工作室的吉祥物。一九九八年寫實派畫家查克．克洛斯（Chuck Close），經歷他所謂的「意外事件」，下半身部分癱瘓，數十年來精細的超現實主義繪畫生涯頓時中斷；克洛斯起初很沮喪，但久而久之，他學會新的藝術表現手法，把筆刷綁在手腕上。他走出悲傷的陰霾，說了一句名言[11]：「業餘畫家可以靠靈感繪畫，但職業畫家只能硬著頭皮上場。如果傻傻地等待撥雲見日、靈光乍現，你將畫不了幾幅作品。」

作家卡關的例子比比皆是，這也戳到我的痛處。一九五二年拉爾夫．艾里森（Ralph Ellison）寫了經典暢銷書《隱形人》（*Invisible Man*），直到他一九九四年過世之前，超過大半輩子，再也沒寫出續集。後續四十年，他為了續集累積兩千頁筆記，向他的作家朋友索爾．貝婁（Saul Bellow）抱怨：「我的關卡，就跟利茲酒店一樣巨大。」

哈波．李（Harper Lee）也有類似的命運[12]，一九六〇年她正值三十四歲，出版了《梅岡城故事》（*To Kill a Mockingbird*），但直到二〇一五年，她過世的前一年，才終於寫出續集《守望者》（*Go Set a Watchman*）。《守望者》大半的內容，約莫在一九五五年寫成，那時候《梅岡城故事》都還沒出版呢！她卻花了五十五年「打磨」這份初稿。她跟朋友說：「我寫不了東西，大約有三百位親友常來我家喝咖啡。我試過清晨六點起床，結果所有早起的人都跑來我家了。」

喬治・R・R・馬丁（George R. R. Martin）著有《冰與火之歌》（*A Song of Ice and Fire*）系列小說，前面三集分別在一九九六、一九九九、二〇〇〇年出版，後來還改編成影集。至於第四集和第五集，分別在二〇〇五和二〇一一年出版，至今過了十多年，第六集和第七集還沒有下文。馬丁坦承自己卡關了[13]：「第六集遲遲不出版，我知道大家很生氣，我也氣我自己。我原本預計在四年前寫完，然後延到現在還是沒寫完……我到底是怎麼了？一定要趕快寫完。」

馬丁寫不出東西，不怕讓別人知道，但即使他說出口了，他的成功仍然比奮鬥更耀眼。《冰與火之歌》在巔峰時期，平均吸引四千四百萬名觀眾。對廣大的粉絲來說，馬丁創造的奢華世界，以及他撰寫奇幻小說的手腕，早已掩蓋他寫作的困境。大家所看見的，終究是一個小說家，為娛樂帝國創造三十億美元的財富。

自從人類開始寫作，寫作困境就存在至今。「寫作困境」最早可以追溯到詩人山繆・泰勒・柯勒律治（Samuel Taylor Coleridge）。一八〇四年，他慶祝第三十二個生日，抱怨起寫作這件事，激發他「難以言喻的恐懼」。一年過去，卻「連一個月的成果都不到」，導致他鴉片成癮。他寫道：「傷心慚愧，我一事無成！」

一九四九年，澳洲精神科學家埃德蒙德・伯格勒（Edmund Bergler）從佛洛伊德的角度出發，提出「寫作困境」（writer's block）一詞，他認為沒有吸吮過母乳，或者只用奶瓶喝奶的作家，長大會遇到寫作困境，因為壓力一來就極度恐慌，浪費了寶貴的心理資源。如今，一些專家斥為無稽之談，認為拖延症、規劃不當、長期缺乏好點子，才是寫作困境的原因。無論怎麼稱呼，幾乎每一位作家都知道卡關的感受。其他創作事業，也不乏「創作困境」[14]。

克洛德．莫內（Claude Monet）的繪畫生涯長達六十七年，一直是成功多產的典範，一八六〇年代至一九二〇年代，大約畫了兩千五百幅畫，催生了印象派一詞，他的睡蓮系列作品，受到無數英國藝術愛好者青睞[15]，評選為英國最愛的繪畫作品。但就連莫內也有很長一段時間，深受創作困境所苦。一九一一年春末，他第二任妻子艾莉絲．奧契德（Alice Hoschede）離世，莫內傷心到發狂，往後兩年，他毀了數十幅、甚至數百幅畫布，畫不出任何東西來。從傑克遜．波洛克（Jackson Pollock）到巴勃羅．畢卡索（Pablo Picasso），都坦承有類似的創作困境，長達數個月或數年畫不出作品。然而，大家只記得他們的勝利，而非辛苦的奮鬥過程。

無論是拉森、Airbnb、亞馬遜，或是知名（卻時而失意）的作家、藝術家、作曲家，大家往往只看見光鮮亮麗的「幕前」，看不見坎坷的「幕後」充斥著不安和焦慮，每一次突破困境、大獲全勝之前，失敗的機率都很大。每一個公開的成功故事，隱含著許多不為人知的失意故事。

我從卡關學到的三件事

二〇二〇年初，新冠肺炎疫情爆發前，我在網路上做問卷調查，訪問數百個人。雖然我讀過知名演員、作家、創業家的失意故事，但我好奇其他人如何經歷困境。有些受訪者窮困潦倒，有些卻極其富有。有些受訪者失業了，有些卻是商業巨頭。有些受訪者是人生失敗組，有些卻是奧運冠軍。有些受訪者身陷惡劣關係、工作枯燥乏味，有些卻婚姻幸福、事業蒸蒸日上。

我從這些親切的受訪者身上，至少學到三件事。**首先，我發現卡關很普遍。**幾乎每一位受訪者，都曾經在人生某個層面，感覺自己卡住了，例如經歷惡劣的關係；事業原地踏步；無法順利減重、增重或維持體重；創業或申請學校不順利；付不出貸款；存不到錢。

有些人想出了創意的解方，來解決長期的問題；也有人明明知道解方，卻無所作為。我測量受訪者平均花多少時間回答每個問題，他們不到十秒鐘即可指出困境，高達七成受訪者回覆，困境「老是」出現在腦海中，每天消耗大量的心理能量。半數受訪者卡關數年，甚至數十年。八成受訪者卡關一個月以上。七九%的受訪者一想起困境，便產生「極端的負面情緒」，其中不少人為了擺脫困境，不惜犧牲大半資產，而且這些人大多不富有。

我還學到第二件事：**大家並不知道卡關有多麼普遍。**很多受訪者回覆，當自己停滯不前，就會想像其他人正在進步，不禁感到孤單和孤立，五味雜陳，夾雜了焦慮、不安、恐懼、憤怒和麻木。心理學家稱之為典型的「人眾無知」（pluralistic ignorance）[16]，人傾向認為自己看到的世界跟其他人不同，但其實大致相同。

假設你詢問大學生，校園飲酒規範嚴不嚴，大學生多半會回答，大學生喝酒喝很兇，但其實大多數學生覺得規範適中。為什麼呢?因為行為顯而易見,態度和信念卻看不見,大家通常不會公開抗議飲酒規範,反倒有些學生會明目張膽地酗酒,於是大學生就覺得,自己的觀點並不尋常。卡關這件事也有類似的情況。大家都以為別人一帆風順,唯獨自己在卡關。

我學到的第三件事則是,**卡關主要分成兩類:一是外部加諸,二是源於自身**。外部加諸的限制不好處理。假設在疫情期間,你想從紐約前往巴黎旅行,結果遇到邊境關閉,豈不是哪也去不了?假設你想開法拉利,卻連二手本田都買不起,豈不是財務困頓?這兩個卡關的例子告訴大家,有些限制不容易克服,超出本書的處理範圍,但還好這不常見,就我問卷調查的結果,無法克服的限制微乎其微,大約只占了「長期卡關案例」的一成,因為人渴望的東西,大多是自己得不到的,因為奢望不該或不能擁有的東西而受盡折磨。我個人比較好奇內在的阻礙,這有九成以上是可以克服的。下面列出幾個例子,讓大家明白什麼是內在阻礙。

六號受訪者:「我三十多歲了,似乎存不了錢。我老是想花錢,克制不了自己,對我來說,儲蓄是不可能的任務,我很焦慮、很恐懼,擔心未來的生活會出問題。」

一〇七號受訪者:「我一直想學鋼琴,曾經穩定進步一陣子,最近幾年卻沒什麼進展。我持續鍛鍊基本功,卻感覺停滯不前,擔心該不會永遠無法進步了吧?感覺我好像在浪費時間。」

三八四號受訪者:「我卡在吃力不討好的工作,希望可以自己創業。我想放手一搏,卻擔心自己的財務，沒信心自立門戶。我想到這裡就覺得麻木，提不起勁。」

四四三號受訪者：「我是藝術家，正遇到瓶頸，似乎沒有進步的空間了。我必須多練習，精進肖像畫和風景畫的技能。我還要發揮創意，找到有創意的方法，來解決我的問題。」

每一段描述都流露失意的情緒。六號受訪者缺乏意志力，無法為自己負責，存更多的錢。一〇七號受訪者在學習新技能的途中，正好遇到瓶頸。三八四號受訪者缺乏放手一搏、冒險創業的勇氣，只好繼續做穩定卻無聊的工作。四四三號受訪者正在跨越創作困境。我從數百人的回覆中，擷取了四個簡短的故事，顯然這世上還有無數卡關的人，每個人都願意付大筆金錢，來克服人生的困境，甚至包括不懂得儲蓄的六號受訪者，他竟然願意支付五百美元來解決問題。

我的問卷調查告訴大家，人生在世，就是要跟困境搏鬥。有些人的困境在家庭和職場；有些人是在財務和智識；有些人是在個人和人際關係。無論你是創意人士或創業家，運動員或思想家，獨自一人或成群結隊，都會陷入困境。

卡關這個名詞，涵蓋廣泛的情況和經驗，但在我看來，卡關無非是：**（一）在某個你重視的領域，暫時沒有進展；（二）你已經在某處停滯太久，感受不佳；（三）你現有的習慣和策略，並無法解決問題。**卡關不僅僅是短暫的不適，因此光憑舊觀念，根本難以擺脫。反之，卡關的時候，需要整合情緒、心理和行為的工具。本書正是一本攻略，教大家如何克服困境。

第一篇為大家揭開卡關經驗的神祕面紗。除非你相信卡關是世間常有的經驗，你才會開始思索，如何把卡關變成進步的必經過程，而非偶發的小失誤。為什麼卡關再自然不過，持續進步卻相當罕見？為什麼有一堆成功的事蹟，都要先默默排除萬難？為什麼在各個領域中，包括創業家、運動員、演員、藝術家或作家，都會面臨阻礙呢？

第二篇探討卡關對情緒的影響。卡關時會感到痛苦、焦慮和孤獨，因為人生不順遂，自然會跟外界隔絕，情急之下，只看得見前方的阻礙，卻看不見無數的個人和企業，也卡在各自的框框裡。好好掌握自己的情緒反應，正是突破的關鍵步驟，人有很多本能反應會害我們越陷越深，而非推動我們前進。有時候，不妨放慢腳步，質疑我們的本能，才會走出最適合的路。

第三篇將帶領你從激動的情緒狀態，轉移到冷靜的心理策略。突破大致要遵循適當的心理腳本。卡關把人生變複雜了，所以向前走的不二法門，正是簡化問題，尋找機會，換條路走，與其靠自己想辦法，通常還不如集思廣益（但也不一定）。

第四篇探討陷入困境時，可以採取哪些行動，幫助你突破難關。大原則是付諸行動，就算只是水平移動也無妨！行動是突破的關鍵，用移動來取代慣性。有些行動又特別有效，這篇將介紹最最有效的行動，以及最佳的行動順序。

首先，你必須先認識什麼是卡關，為什麼卡關如此常見，以及在任何長期經歷中，何時最容易卡關。一起來看美國心理學家克拉克・赫爾（Clark Hull）的研究，他專門研究卡關的機制。

Part I

揭開困境的神祕面紗

第一章

跑不到終點的馬拉松選手——造成卡關的高原效應

克拉克・赫爾（Clark Hull）的學術生涯，專門研究走迷宮的老鼠，他做這個選擇，其實有特殊含義，因為他年少的時候，老是走死胡同。他十八歲時，有人逼他加入宗教團體，後來他死命逃脫。他接連罹患傷寒和小兒麻痺，差點就失去行走能力和視力。他回憶：「我的眼睛很虛弱，母親為我朗讀威廉・詹姆斯（William James）的《心理學原理》（*Principles of Psychology*）」。赫爾也涉獵數學、物理、化學和工程，但就是沒興趣，直到閱讀詹姆斯的經典著作，促使他走上心理學研究這條路。

赫爾在耶魯大學當了三十年教授[1]，一直在研究走迷宮的老鼠。他和同事以奶昔為賭注，押注哪一隻老鼠先走出迷宮。他特別會做研究。根據他的朋友兼同事卡爾・霍夫蘭德（Carl Hovland）所言，一九四〇年代末至一九五〇年代初，最常被引用的心理學家正是赫爾。霍夫蘭德提到：「赫爾的科學研究分成（幾個）階段，他的每一個階段，都能讓其他人自豪一生。」

他花了幾十年觀察老鼠走迷宮，因為當時的心理學家對學習和行為特別感興趣。迷宮是受控的環境，方便他測量動物的行動速度。久而久之，他發現固定的模式：老鼠快走出迷宮時，行動特別快，可是在初期或中期，行動特別慢，甚至會靜止不動。迷宮的尾段似乎像磁鐵一樣，距離越近，吸引力越強。無論是筆直的隧道，或是由樹幹或樹枝構成的複雜網絡，都會顯現這個模式。赫爾把這個模式稱為「**目標漸進效應**」（goal gradient effect）。迷宮是平坦的，但走迷宮的老鼠似乎不這麼想，在前進的過程中會有不同體會。初期似乎格外辛苦，彷彿是在爬坡；但等到終點近在咫尺，就會有跑下坡的錯覺。

赫爾公布這個效應往後九十年間，心理學家證實，人也有這個效應。二〇〇六年有一篇論文[2]，研究買十杯送一杯的優惠，想知道人在買了第十杯咖啡後，購買第十一杯的速度有多快。第一杯和第二杯的間隔時間，平均比第九杯和第十杯還要長二〇%，可見即將獲得第十一杯的免費咖啡，確實給咖啡飲用者很大的激勵。

另一項實驗是為五十一首歌評分，可獲得價值二十五美元的亞馬遜禮券，但每首歌要回答五十個問題，總共要評分兩千五百五十次。評分者剛執行任務時，放棄的機率是快達成任務的四十倍，眼看快達成任務時，會做得更起勁，每次拜訪網站，評分的曲目越多。有些受試者分四次執行任務，初次拜訪網站只評分六首歌，但最後一次拜訪網站時，一口氣評分十八首歌。

人就跟赫爾的老鼠一樣，**距離目標越遠，行動速度越慢，越可能放棄**。我是在超過二十年以前，念大學的時候，第一次聽到赫爾的「目標漸進效應」。教授告訴我們，他親眼觀察過實驗室的老鼠，但他說這個效應比赫爾想的更複雜。大多數老鼠越接近迷宮盡頭，移動得越快，但仍有不少老鼠，一開始就快速移動。這一類老鼠的節奏，似乎不是越跑越快，而是「快—慢—快」的節奏，因為剛進迷宮興奮不已，所以拔腿狂奔，後來發現迷宮比自己想像中更長、更複雜，於是就卡關了。

「快—慢—快」的節奏，也可以套用在人身上。我紐約大學的同事安德烈．博內茲（Andrea Bonezzi）設計兩項實驗[3]。第一項實驗是讓學生校對九篇論文，揪出其中的錯字，學生校對第五篇論文時，速度比第二篇和第八篇更慢，慢了兩成之多。第二項實驗是在長一點的單字中，試圖找出短一點的單字（例如單字manager就包含man、game、name），學生在第五次挑戰時找到的單字數，比第二次和第八次少了一九%。

因此，研究人員推論，人似乎容易「卡在中間」。研究人員繼續在其他領域，監測人類實現目標的速度[4]，結果反覆印證了「目標漸進效應」。無論在什麼領域，中途似乎都會慢下來，或者停下來，等到快接近終點時，才又開始加速，比方捐多少錢給慈善組織？吃多少討厭卻有益健康的花椰菜？償還多少卡債？有多麼熱衷參與店家的集點活動？以多快的速度走向決定購買的商品？

此外，如果困在中途，人為了前進，容易做出不道德的事，或放低道德標準——尤其感到無助的時候，會不惜犧牲道德，來換取前進的機會。幾乎每一個想像得到的情境，**只要目標遙不可及，人就會前進緩慢；一旦目標近在咫尺，人就會行動快速。**

樹立里程碑，讓遙遠的目標清晰可見

在中途卡關，其實情有可原，不妨想像一艘遠洋郵輪，在美國紐約和英國南開普敦之間往返。郵輪駛離紐約，每前進一英里，船長回頭望，帝國大廈越來越小。每一英里的遞增價值顯而易見，因為紐約的地標看起來，隨時都在改變。

過了幾個禮拜，英國西南角映入眼簾，船長看著自己的郵輪進入英吉利海峽，行駛在法國西北岸和英國西南岸之間，然後向北左轉，過了懷特島，最終抵達南開普敦。最後一段旅程，有無數的地標迎接郵輪，證明郵輪又多前進一英里。

相形之下，紐約和英法海岸之間，隔著極為寬闊的海域。雖然從起點到終點，郵輪一直在前進，但船長日復一日，只能看著一大片藍灰色，這些進展吸引不了他注意。紐約是起點，南開普敦是終點，中途穿越寬闊的海洋，水手必定會提不起勁。

假設你要減重五十公斤，或者儲蓄一萬美元，當你減到第二十公斤，或者儲蓄到五千零一十美元時，你並不會注意到自己的進步。中途乏力了，該怎麼辦呢？有一個簡單的方法——把長一點的經歷，切割成短一點的經歷，稱為「**縮小範圍**」（narrow bracketing）[5]。先圈出一大段歷程，然後把一整段長歷程，劃分成幾段短歷程。以馬拉松為例，圈出一大段歷程，就是從頭跑到尾的四十二．一九五公里，如果切割到最細，那就是一連串的小步伐，一般跑者需要跨出六萬步。這也難怪在馬拉松或超馬的黑暗時刻，跑者會告訴自己：「一步一腳印。」把距離圈到最小，你就沒有中途乏力的餘地。

同樣的邏輯，也可以套用到大目標，有兩個方法可供選擇：一是把大目標順勢拆成小目標，二是刻意拆成小目標。假設你希望換掉討厭的工作，追求你喜愛的工作——這是很多人心中的難題。這一大段過程，不妨切割成一連串事項：列出備選的工作；跟目前的工作互相比較，寫出每個備選工作的優缺點；填寫你的志願清單，從「最想去」到「最不想去」依序排列；挑出符合你「期望門檻」的工作，也就是比目前更好、更值得應徵的工作；最後，應徵這些工作，祝自己好運。

工作升級的目標，可以切割成這幾個具體的步驟。每履行一個步驟，可以吃一個杯子蛋糕，或者喝一杯蘇格蘭威士忌，慶祝一下小勝利。有些目標不太好切割，就要靠自己刻意切割。假設你想要儲蓄三千美元，當成買車的頭期款，不妨把三千美元分成十等分，也就是三百美元，每達成這個小目標就慶祝一下。這個法則很簡單——**把中途消滅掉，就不會卡在中途。**

讓進度停滯不前的高原效應

中途造成的麻煩，還不只這樣。赫爾崇拜普魯士的心理學家赫爾曼．艾賓浩斯（Hermann Ebbinghaus），他跟赫爾一樣，主張觀察動物的行為，來發現背後的內在機制，只不過赫爾是利用走迷宮的老鼠測量行為動機，艾賓浩斯是研究學習和健忘[6]。

艾賓浩斯寫道：「背熟了一首詩就再也不讀，過了半年應該都忘了，再怎麼回想，也無法喚回意識中。」他特別好奇，為什麼訊息會永遠消失，再也想不起來，於是他把自己當成白老鼠，連續好幾天，強迫自己背誦一堆由三個字母組成的無意義音節，把GOS、FID、CUV這類音節寫在小卡片上，盯著好幾個小時，隔天再盡全力回憶。艾賓浩斯印證了「目標漸進效應」，這一長串的字卡，前段和後段的音節，通常比中段更容易記得，不知為何中段的總會模糊成一團，或者完全從記憶中消失。正如赫爾說的，艾賓浩斯也在中途卡關了。

艾賓浩斯試圖提升記憶力，尤其是背誦中段的音節，他逼迫自己連續看數十遍，甚至上百遍。這項任務極其枯燥，徒增心理壓力，但他仍堅持下去。他發現過了某個階段，無論多看一兩遍或十遍，也沒什麼用了。這種靠蠻力學習的方法，其實有其局限，於是「**高原效應**」（plateau effect）就誕生了[7]，無論什麼技巧，就算起初很有用，但時間一久，就會越來越沒用。艾賓浩斯並沒有花時間思索為何背誦音節的能力會停滯不前，他倒是刻意強調，同一個技巧重複用久了，終究會失效。昨天讓你進步的技巧，今天卻會害你動彈不得。

高原效應，正如同目標漸進效應，隨處可見。艾賓浩斯只鑽研記憶力，但他的後輩做了無數身心方面的研究，都證實高原效應無所不在。如果你好奇人類為什麼卡關、該如何突破，你一定要明白，再好的策略和方法都要隨時調整。假設你要減重、增肌或學習新語言，不可以只吃同樣的食物，做同樣的運動，或者用同樣的方法背單字。這是人類共通的問題，因為我們是習慣的動物，一旦發現有用的方法，通常會反覆使用，不懂得調整。這情有可原，畢竟砍掉重練耗時又費力，可是同樣的方法終究會失效。同一套飲食、運動、語言學習計畫，在過去確實有效，但久而久之會逐漸失效。

說到高原效應的相關研究，最近有一份研究特別顯著，觀察一千五百位奉行「極簡」體適能訓練的受試者[8]，時間長達七年。這項計畫出自荷蘭公司Fit20之手，強調「每周做二十分鐘體適能訓練……不需要繁瑣地更衣／沐浴」。整套動作包括六項簡單的鍛鍊動作，每個星期做一輪，起初似乎有效。實行第一年，鍛鍊者很快就提升肌力，後來進步卻越來越慢，甚至停止，無論男女老少都是如此。不過，研究團隊提到，就連厲害的舉重選手，大約也是在一年內會快速累積肌力，之後就遇到關卡，可見高原效應不限於單一的訓練計畫。

依照這項訓練計畫的建議，人會停滯不前，至少有兩個原因。首先是習慣化（habituation），假設你在訓練特定肌肉，肌肉會慢慢適應，除非加入新的鍛鍊方法，否則肌肉會停止生長。假設你在控制飲食，身體也會逐漸適應，放慢新陳代謝，你消耗熱量的速度就變慢了。你先前減少食量，順利減輕體重，但隨著新陳代謝變慢，減重就遇到瓶頸，這時候就要嘗試不同的飲食法。任何提高效率的方法都有這個問題。當初促使你去減重、改善體能或深入學習新技能（或背誦三音節）的原因，正是你面對的困境！因此，**打破習慣化的不二法門，就是去嘗試新策略。**

高原效應還有一個原因，就是目光短淺，或者短視近利。我們總希望有立竿見影的辦法，而非長遠的完美解方。鮑伯．蘇麗文（Bob Sullivan）和休．湯普森（Hugh Thomson）兩人合寫《高原效應》（*The Plateau Effect*），一位是作家，另一位是數學家，書中舉了一個例子：假設你正在曼哈頓，趕著參加聚會，聚會地點在上曼哈頓，距離你二十條街遠，錢不是問題，你有兩個選擇。一是直接跳上計程車，二是往南走兩條街，前往地鐵站搭車，還要花幾分鐘等車，但這班車會直達上曼哈頓。

紐約當地人深知在尖峰時段，搭地鐵絕對比搭計程車快，反之外地人會選擇最立即的選項，卻比當地人更慢抵達。外地人搭上計程車之後，困在車陣中，面臨高原效應；當地人寧願犧牲一開始的小進展，換取持續穩定的前進。只可惜，在大多數的領域，人類更像是外地人，而非當地人。我們深怕後退，即使會更快抵達。該怎麼辦呢？解決辦法包含兩個部分。一是養成自我反思的習慣，質疑自己是否看重短期進展，忽視長期效益？二是學會分辨不同的前進路徑。遊客大多會選擇計程車，而非搭地鐵，但只要做過功課，就知道地鐵通常是更好的選擇。

年齡逢九的焦慮潮

目標漸進效應，再加上高原效應，結果並不美好。目標漸進效應害我們在短期和中期，進度一再拖延，高原效應則是長期扯我們後腿，幸好我們可以事先做準備，因為時間一久，這兩個效應終究會發生。如果有心理準備，就不太會受到阻礙。人類進步的典範，大多是提早預測阻礙，然後應對得當。赫爾過世之後，過了十五年，一位加拿大精神分析專家埃利奧特．賈克斯（Elliott Jaques）注意到進展過程中無可避免的停滯期，類似赫爾所謂的中途低谷，唯一的不同是，賈克斯不研究單一的迷宮或任務，他比較在意人生中的前進和阻礙。

一九六五年，賈克斯注意到許多創意天才[9]，竟然在步入四十歲之前，喪失了創造動力。他指出巴哈（Bach）的創造力，自從過了三十八歲，就開始走下坡。歌德（Goethe）的天賦，過了三十九歲就離他而去。米開朗基羅（Michelangelo）過了三十五歲，藝術作品就屈指可數。賈克斯認為，一部分中年人面對死亡的恐懼，就會有這樣的反應，稱為「中年危機」。中年危機在不同人身上，有不同的呈現方式，但通常會促使人們去質疑，人生是否有意義。對很多人來說，年屆四十，會初次感受到人生有盡頭。

賈克斯大致說對了，死亡的恐懼確實太可怕了，但他對於中年危機的理解過於狹隘。事實上，只要感到時間正在流逝，人就會有這種危機感。我二十九歲那年，距離賈克斯所謂的中年還有十年之遙，我卻有同樣的感覺，感到自己卡關了。我活了將近三十年，感到時光飛逝，備感無力。我認為要解決這個問題，必須建立長期的目標，為人生注入新的意義，於是我參加人生第一次馬拉松，展開跑步訓練，同時為慈善機構募款。

幾年後，我跟同事哈爾．赫希菲爾德（Hal Hershfield）聊起[10]，我二十九歲的經驗跟中年危機還真是吻合。我們不禁好奇，人逐漸老去的里程碑（不僅僅是中年），會不會給人生存的危機感？世界各地大多遵循著十進位系統，人生過了三十歲，新的十年即將開始，人會不會面臨新的意義危機呢？我們決定觀察蛛絲馬跡，確認大家在邁向新的十年前夕，亦即年齡帶九的時刻（例如二十九歲、三十九歲、四十九歲、五十九歲），會不會突然質疑生命的意義。

這些證據持續累積，涵蓋各種背景和量度。全球數以千計的人完成「世界價值調查」（World Values Survey），這是一項全球研究計畫，專門研究人類的價值和信念，問卷其中一個問題，問到是否懷疑人生的意義。果不其然，年齡帶九的人，更容易質疑生命的意義。

反省人生這件事，在不同人身上，有不同的結果。有的人滿意過去，期待未來的日子。有些人回顧往昔，就沒有那麼滿意了，於是設法突破，像我就去跑了馬拉松。我們發現初次挑戰馬拉松的人，年齡帶九的人占比特別高，至於平常就有在參加馬拉松的人，經常在年齡逢九時，跑出比這一兩年更亮眼的成績。然而，還有第三群人，害怕反省人生，有自我毀滅的跡象：年齡帶九的人，自殺率稍微高一些，而年齡逢九的男性，極有可能使用婚外情網站（女性也有可能，但唯獨男性有可靠的數據）。

每個人經歷這種危機的時間點不同，有的人早一點，有的人晚一點。這些行為會在年齡逢九時達到最高峰，但呈現的資料更像一個波浪形：年齡逢八時就開始在意人生意義；年齡逢九時，這種焦慮達到高峰；接著年齡逢零，焦慮逐漸緩解。對許多人來說，這燃起一股危機感，令人停滯不前。不持續前進，也不設法突破，反而墮入虛無主義和自我毀滅。

這種效應很微妙。有更多研究團隊跟進，找出更細膩的慣性，比方有一份研究發現，人逼近年齡的轉折點，更注重廣泛長遠的面向，例如健康和幸福，而非短暫的快樂。另一份研究也發現，年齡逼近十年之末，人會深刻反思人生的意義，卻不一定覺得自己活得更有意義，對許多人來說，這種反省的體驗太可怕了，難以負荷。

上述研究結果很重要，應該要讓心理保健從業人員和政策制定者知道。既然回顧人生時，內心會極度掙扎，最好事先做準備，鼓勵大家用建設性的方式應對，而非尋求自我毀滅，例如嘗試新的鍛鍊方式，吃更健康的食物，儲蓄退休基金，或者做慈善捐款。

難以預料的「人生地震」

年齡逢九的危機容易預測，但人生中很多的阻礙，就沒這麼容易預見了。這些困境經常出乎我們的意料之外，所以造成的傷害最大。這些突如其來的挫折，正是布魯斯．費勒（Bruce Feiler）所謂的「人生地震」（lifequake）。

布魯斯．費勒自稱「生命史學家」，他專門蒐集人生故事，就像歷史學家專門蒐集歷史文物。費勒數十年來一直「平步青雲」，成為一位極其成功的作家和電視人物，待過馬戲團，曾經跟歌手葛斯．布魯克斯（Garth Brooks）一起巡演，順利結婚，生下一對雙胞胎女兒。而後，他的人生似乎急轉直下，先診斷出罕見的骨癌，必須做十六次化療，接受侵入性手術，花數年休養。他還歷經經濟大衰退，差點宣告破產，他父親數度自殺未遂。每個人有各自尋求安慰的方式，費勒獲得安慰的來源，就是跟朋友和陌生人聊天，於是他有一句座右銘：「人生動盪時，更需要故事。」

費勒跟我說：「我當時卡關了，於是我去找故事。」等到他身體差不多恢復了，可以外出旅行，隨即耗費三年時間，穿越全美五十個州，蒐集兩百二十五個人生故事。這些故事構成費勒的暢銷書《人生「折」學》（*Life Is in the Transitions*），每一段故事都獨一無二，費勒掌握大量的樣本，逐漸從雜音中發現慣性：「整天跟別人對話，這個慣性越來越清晰了。」

費勒歷經的挫折並不罕見[11]，他從全國聽來的故事，也反映出類似的挫折。他發現每一段人生故事，充斥著大小不一的人生轉折，沒有任何人可以倖免，無論你是老邁、年輕、貧窮，是專業人士或勞工，住在都市或鄉村，都會遇到人生轉折。大多數挫折不是你自願的，例如失業或生病，大多令人討厭。有的只是小事，一般人間隔十二至十八個月就會碰到一次。大約每十個人生轉折中，就有一個是人生大事。他想破了頭，希望用中性的字眼，來描述這些多元的人生轉折，最後想出了「人生地震」一詞。

說到人生地震，費勒這樣描述：「這是顛覆我們童話故事的狼。」人生地震正是難關，阻擋前方的道路，害我們無法追求原本夢想的生活，只好在餘波之後，重建修正過的人生。他整理聽來的人生故事，按照類型和頻率，去區分各種人生地震。發生頻率由高至低，依序為健康問題；死亡和個人失落；關係結束；財務問題；失業或工作變動；天災；回應人權運動（例如「黑人的命也是命」、「茶黨運動」）。每八個人生地震，有七個單純是個人事件，而有八分之一的機率，可能影響一大群人。

費勒在新冠肺炎疫情爆發前夕，寫完他的著作。他說，這波疫情是「百年以來」最大規模的集體人生地震，這阻礙比生命記憶中其他事件，影響全球更多的人，造成更深刻的效應。他也發現，每十次人生地震中，有六次是不請自來、突然爆發的事件。每七次人生地震，就有六次顛覆穩定的人生，導致人生動盪，陷入困境。人生地震的破壞力太大了，平均持續五年。費勒寫道：「人生大半的時間都在轉折中度過。人長大以後，會經歷三至五次人生地震，每一次都持續四、五、六年，甚至更長的時間，可見我們有三十幾年都處於變動中，相當於半輩子！」

人生地震最主要的特徵，就是難以預料。高原效應可以事先預知，但人生地震卻難以捉摸，不可能事先應變，因此要培養一套通用的能力，應付討厭的人生巨變。費勒寫道：「人生轉折是一種能力，這是我們能夠也必須精通的力量。」有的人生地震可能出乎意料，但如果你早就認清，人生中難免會遇到大地震，或者其他深層的挫折，你就會領先別人好幾步，不會在那邊追問「為什麼是我」。

費勒告訴我，感嘆「為什麼是我？」，這種回應挫折的方式，其實是現代人獨有的。他說：「我們認為（卡關）是雜音，而非訊號，這是最近一百五十年的歷史異常。」這絕大部分反映了「進步的神話」，依照西方的觀念，隨著時間的推移，事情一定會好轉。隨著科學和現代醫學發展，股市每年成長七%，我們不禁相信，每一個問題都可以解決、治癒或化解。套句費勒的話，我們被「人類支配大自然的神話」給困住了。當你回顧歷史，或者轉頭看發展中國家，你會發現有另外一群人預期轉折會發生。如果這世界是宗教和哲學凌駕科學，人就會接受世事無常的殘酷。只不過，現在由科學和進步敘事稱霸，整個社會陷入了「所向無敵」的錯覺中。

這本書出版時，費勒不確定書中哪一個部分，讀者看了會特別有共鳴，結果大部分的信件、評論和問題，都圍繞著人生地震。「我最常聽到的回應是『如釋重負』。」這有兩個原因。

首先，人生地震影響每個人的人生，但這個標籤不隱含是非判斷，為這種人生經歷命名，讓我們奪回人生掌控權，不再孤軍奮戰。怎麼說呢？一旦有了名稱，這就不再只是停留腦中的概念。

第二個原因更重要，人生地震的概念，就是接納人生的混亂。有別於庫伯勒—羅絲模型

（Kübler-Ross model，分成否認、憤怒、討價還價、沮喪、接受的哀傷五階段），人生地震隨時會發生，可能有不同的情緒排列。費勒很明智，他認為人生中的轉折，並沒有一體適用的藍圖。有時候可能十年沒碰上人生地震，一時之間，卻有三、四個接踵而來。

費勒寫到維吉尼亞州的一位年輕牧師艾瑞克．史密斯（Erik Smith）：「（史密斯）兩年內陸續出席母親和父親的喪禮，後來離開教會，成為特教老師，曾經有自殺念頭，對止痛藥上癮，體重掉了三十公斤。」這些困境都是棘手中的棘手，因為你手邊的資源，必須分配到好幾個人生轉折上。最大的難題，莫過於確認每一個轉折可以耗費多少心力，讓自己還有餘裕應付其他。**分配有限的資源，就是突破的關鍵**——尤其是你疲憊不堪，即將跨越終點線那一刻。這可以隱喻人生地震，也可以描述真實的跑步，縱使你疲憊不堪，也要全力跨越終點線。

不讓「終點預期」耗費所有心力和資源

錢德勒．賽爾夫（Chandler Self）是優秀的馬拉松跑者。她不是奧運或國家級冠軍，卻是全馬和半馬的常勝軍，屬於「準菁英等級」的選手。二〇一七年，她贏得達拉斯馬拉松，跑出兩小時五十三分五十七秒的成績，但這場勝利有一個缺憾。她距離終點還有四英里時，超越自己的父親，父親向她比手勢，說她很有機會拿冠軍。賽爾夫興奮不已，後來寫到這段經歷：「我太興奮了！我看了時間，心想天哪，搞不好可以打破個人紀錄，經過急救站也懶得喝水，因為跑得太順了，我不想為了愚蠢的水，打亂我的節奏！反正戶外不熱，我也沒有流太多汗，然後我直奔終點！我看到終點線了！結果剛好是上坡，我的腿崩潰了！」

她雙腿「崩潰」的影片，令人不忍卒睹[12]。馬拉松評論家說：「各位觀眾，這是我們的冠軍，可是她突破終點線的畫面，超乎大家的想像。」她完成九九．五七％的賽程，突然間，身體再也無法前進一步。有一位十七歲的高中生，剛好在參加接力賽，特地停下來攙扶賽爾夫。賽爾夫又跌了幾次，在高中生的攙扶下，最終以第一名的成績抵達終點。由於出面協助的人是參賽者，而非在場的觀眾或工作人員，所以舉辦單位裁定賽爾夫奪冠。

如果為賽爾夫的表現打分數，你可能會給九九．五七分，她的體力分配近乎完美。只要你看的馬拉松或耐力賽夠多，你會看到無數的運動員，在逼近終點線的那一刻倒下。有些人就像賽爾夫一樣，還沒抵達終點就體力不支了。這些人在距離終點的幾碼內倒下，絕非巧合。這是「終點預期」（teleoanticipation）在作祟[13]，按照字面解釋，就是預期自己接近終點了。然而，終點預期並非精確的科學，就連身經百戰的運動員，偶爾也會在終點線之前，不小心耗盡過多能量。賽爾夫全身癱軟，正好展現了何謂身體卡關。

「終點預期」一詞，最早是德國研究人員漢斯—沃卡特．烏爾墨（Hans-Volkhart Ulmer）提出。他寫道：「如果運動員跑得太快，恐怕會提早疲勞而無法完賽；反之跑得太慢，跑不出最佳成績。因此，運動員必須視終點而定，分配每單位時間消耗的體力。」烏爾墨的論文，不僅描述運動員的行為，也探討候鳥如何連續飛行上千英里，完全不落地。他的論文有很多複雜的計算和圖表，因為預期終點這件事太複雜了。候鳥必須注意風況、進食量、何時可以再進食，還有氣溫之類的因素。馬拉松跑者也有類似的考量，除了注意上下坡、風況、氣溫之外，還要感受雙腿有沒有異常強壯或虛弱。如果你有在跑步，想必有時候雙腿會很有彈性，有時卻又像水泥一樣硬梆梆。由此可見，就算有明確的終點線，終點預期也不容易做到。

如果運動員不知道終點有多遠，速度就會放慢。不清楚比賽何時會結束，就不可能耗盡所有的體力。根據一份自行車選手的研究，如果沒清楚標示終點的話，車手完成三十公里的賽程，平均會慢兩分鐘，相當於慢了四%。另一份研究讓受試者做無聊的心理測驗，如果沒告知總時間為九十分鐘，受試者做測驗的速度會比較慢，更重要的是，特別容易卡住，更需要休息，來補充心理資源。

打拚事業或育兒，或者讓自己過得更幸福健康，都沒有一條明亮的終點線。大家所重視的目標經常無邊無際，所以我們要做的計算，一定比烏爾墨的更複雜。如果還要面對人生地震，例如新冠肺炎疫情，身體、財務和心理資源就更吃緊了！

作家艾力克斯．哈欽森（Alex Hutchinson）專門研究人類的耐力，他談到新冠肺炎疫情，說這是「一場沒有終點線的馬拉松」，與其把疫情看成弱點，還不如看成優勢。哈欽森建議大家，與其問自己「我跑得到終點嗎？」，還不如換個方式問「我還能繼續跑嗎？」，這樣比較容易獲得肯定的答案。法國超級馬拉松選手珪雍・卡梅特（Guillaume Calmettes）也有同感：「（如果沒有終點線，）你就不用管還有多少路要跑，反正你根本不知道還剩下多少路。」

卡梅特的解決辦法聽起來挺不賴，我們追求長期目標時，不妨用相同的方法，來面對中途的阻礙。**與其關注大局，還不如專注當下。**沒有中點，何來的中途乏力？就連無邊無際的目標也說得通。如果你把每一步、每一分鐘、每個工作項目，都視為個別獨立的小目標，這樣就算沒有終點，也沒有關係！換句話說，卡梅特主張，人在追求目標時必須保持正念。正念就是好好活在此時此刻；專心在手邊的事情，以及你跟那件事的關係。活在當下，就不會為了一個不存在的終點瞎操心。

一趟漫長的歷程，必然會卡關。赫爾認為卡關發生在初期，他的後輩主張中期，艾賓浩斯卻覺得是後期，分別提出了目標漸進效應、中途低谷、高原效應等名詞，反正就是在途中卡住了，還要加上費勒所謂的挫折和人生地震，即使完成了九九%，也可能像賽爾夫一樣，只因為沒控管好一%的力氣，在達拉斯馬拉松的終點線前癱軟在地。賽爾夫在那場賽事傾注全部的力氣，但事實上，大多數人是輸在太早退縮，一旦有受挫的跡象，隨即陷入絕望，認為自己再也無法前進。這裡分享一個黃金法則：**突破所需的時間，永遠比我們想像的還要長，而我們往往在距離終點線幾步之遙時就急著放棄。**

第二章

差點稱霸世界的矽谷奇才——創意懸崖錯覺如何打敗你的堅持

流行歌的旋律設計得很輕快，以致大家都忘了，把朗朗上口的旋律化為商業金曲，其實是件很困難的事，需要時間和才華將之「流行化」，聽眾才會願意播放數十次，甚至上百次。整個過程需要無比的耐心，常耗時數月或數年。年輕的詞曲創作家馬格納．福魯霍爾曼（Magne Furuholmen）便是一例，他的毅力無人能敵。

福魯霍爾曼十五歲的時候，寫出了一段旋律，往後七年，他帶著這個旋律穿梭各大樂團。這段朗朗上口的旋律，總共有二十七個音符，未經編修，直到有一天，他決定把它變成一首歌。當時他的樂團正在找新的歌手，他們最屬意的人選，剛好看上這個旋律。福魯霍爾曼回憶：「我們的新歌手摩頓．哈克特（Morten Harket）說，如果不唱這個旋律，他就不加入樂團。」大家答應哈克特的要求，加上前奏、主歌、橋段，這首歌就誕生了。起初不知道該取什麼名字，福魯霍爾曼回想：「一開始叫做〈第一課〉（Lesson One），後來改名為〈一切都好，與太陽同行〉（All's

Well That Ends Well and Moves with the Sun）。」

福魯霍爾曼的A-ha樂團，由三個人組成，主打合成器流行樂[1]。後來那首歌叫做〈帶我走〉（Take on Me），在一九八五年十月榮登美國告示牌單曲榜冠軍，連續在榜上停留二十七周。這首歌還登上其他十多個國家的排行榜，成為一九八〇年代合成器流行樂的代表，全球暢銷近一千萬張，成為有史以來最暢銷的單曲之一。

這首歌成了暢銷金曲，但一路走來很艱辛。一九八四年，華納音樂跟這個樂團簽約，三個年輕團員前往倫敦的錄音室，錄製第一個版本，結果賣得一塌糊塗。大家到網路上就可以搜尋到這個版本，跟最終版本有類似的組成結構，但就是缺乏流行樂的魅力。於是，華納的倫敦辦公室提議，主唱哈克特錄一段隨著歌曲擺動的影片，可惜被眾人遺忘，淹沒在一九八〇年代一大堆流行樂短片之中。

三個團員至今仍記得那段卡關的日子。福魯霍爾曼扣人心弦的旋律，只要聽過就會無法自拔，但那首歌還沒有到位。音樂產業變幻莫測，高潮迭起，令人無法招架。二〇〇九年，他們最後一次巡演前，團員回想起那一段改寫的過程，極其煩人。A-ha樂團在官網寫道：「這幾個男孩被壓垮了，但這麼說太委婉了。三個人都是理想派，深信光憑才華足以登上頂峰，不料卻面對這麼多逆境，浪費這麼多時間，內心失望不已，差點要放棄。他們眼看大家的希望、金錢和生命白白流逝，決定暫時單飛。」

故事顯然沒有這樣結束。美國華納總部收到這首歌，一群有影響力的高層決定再給一次機會，到美國的錄音室錄製更有力道的版本。重要的是，這群高層還投入大筆資金，花兩個月製作半動畫音樂短片，A-ha樂團終於在美國嶄露頭角，一九八六年贏得六座MTV音樂短片大賞。福魯霍爾曼說：「這首歌肯定是因為短片紅起來的，雖然節奏很洗腦，但必須聽幾遍才會愛上，要不是這部短片造成廣大迴響，這首歌應該會默默無聞。」

一九八五年放送的〈帶我走〉，耗費將近十年，持續累積創意。福魯霍爾曼原始的旋律，不知經歷多少次演變，連他自己也記不清，即使進入製作階段，依然不斷調整。經過每一次演繹，A-ha樂團受到更廣大的聽眾青睞。可是，那首歌一波三折。成功之路崎嶇不平，有人歡欣鼓舞，還有更多人放棄跌跤。有時候，一個小小的構想，必須花好幾年，才能變成可行的方案，在那段期間，創作者可能就考慮永遠放棄了。A-ha樂團有幸在流行音樂領域獲得三次機會，每次華納都投入大量的資源、金錢和商業知識，把產品變得更好。

創意懸崖的錯覺

A-ha樂團對第一版感到灰心，正好反映一般人天真的想法，以為創意產品一開始就無懈可擊，問題就出在創意的定義。創意需要發揮想像力，創造新的事物。大家可以隨時發揮想像力，想像並不存在的未來、世界或事件。發揮想像力需要一些努力，但不用太多。展現心中的想像，只需要幾秒鐘或幾分鐘，用不著幾年或幾十年。這個速度太快了，以致我們誤以為，創意產品要不是很快實現，要不就永遠不會實現，這麼說來，完美的歌曲、藝術作品、電影和書，都是靈感的結晶，如果一開始不完美，後來也不可能變好，因為時間一久，創意產出的品質只會下降，這稱為「**創意懸崖**」（creative cliff），聽起來有說服力，但其實是一種錯覺。事實上，時間一久，創造力反而會增加，而非遞減。

心理學家羅蘭．諾德格倫（Loran Nordgren）和布萊恩．盧卡斯（Brian Lucas）初次提出「創意懸崖的錯覺」[2]，順便提到人性的弔詭。**一方面，我們似乎肯定別人堅持到底的價值。**「愛迪生設計出電燈泡之前，實驗超過一千六百種絲狀物質，甚至從朋友身上拔鬍鬚。」透過努力不懈來實現創意的故事，給人啟發和希望，我們從小就學到，努力比懶散更有用。**另一方面，如果換成自己卡關了，卻開始否定堅持到底的價值。**盧卡斯跟我說：「從事完一輪創意設計任務，人腦會精疲力竭，很可能會放棄。」因此，心理遭遇難關，人總會解讀成停滯，而非前進。

諾德格倫和盧卡斯做了一項實驗，先給受試者十分鐘，盡可能「發揮原創性，想出感恩節晚餐上可以吃喝的東西」，然後再給受試者十分鐘，繼續想出更多的點子。受試者大多會卡關，以為早就想出最棒的點子了，預期自己在第二個十分鐘，想出來的點子會變少。事實上，第二輪想出來的點子，就跟第一輪一樣多，比他們預期多出了六六%，而且經過別人的評鑑，這些點子的創意竟然比第一輪還要高。

諾德格倫和盧卡斯觀察後，反覆發現相同的模式。人總會低估堅持到底的價值，例如聯想紙盒的非常規用途，為漢堡和薯條想廣告口號，把字母拼成單字。就連專家也無法倖免，比方擁有數年經驗的即興喜劇演員，誤以為想笑話的能力會逐漸衰退，就連擁有數十年經驗的專業喜劇演員，也以為入行越久，越難寫出喜劇劇本。無論是幾小時的任務，或是持續數天的工作，人都有這種錯覺。事實上，人比自己期待的更有生產力，生產的品質也往往越來越好。盧卡斯和諾德格倫稱之為「創意懸崖錯覺」，人總以為自己的創意產物，會隨著時間逐漸下滑。

盧卡斯告訴我，問題就出在——堅持太難了。心理遭遇難關時，通常會有失敗的錯覺。假設你想不通某件事，就覺得不可能解決。做得心應手的事當然很容易，但發揮創意必須要逆流而上。要是你的創意產品，跟你原來的想法或常識雷同，這算哪門子創意呢？放著最小阻力的路徑不走，本來就困難重重。

諾德格倫和盧卡斯發現，一旦創造力受阻，一般人會以為自己失敗了，這種錯覺越嚴重的人，越容易低估堅持的價值。想知道如何突破，一定要有這個覺悟。卡關很痛苦（突破很耗能），這也難怪遇到挫折時，不太容易堅持。可是，前面的研究告訴我們，這是錯覺呀！你的點子不可能毫無長進，反之，你進步的機會很大！只要撐下去，久而久之，你的回報不會變少，反而會變多。盧卡斯說，人生卡住時，一定要記住：「你比自己想像的更有創意。」看到第一個受挫的跡象，請堅持下去，以後再遇到挫折，就是堅持再堅持。

盧卡斯也提醒大家，每次遇到挫折就堅持到底，也沒有意義。你必須認清，何時該重新調整精力。你耗在挫折的每一分鐘、每一分錢、每一分能量，說不定有更好的去處。他說：「大家經常做成本效益分析，決定該繼續還是該放棄。」他進行一些團體研究，發現團體會花一些時間，努力尋找解方，一旦結果夠好，或者尚可接受，剩下的時間就好好放鬆吧。問題越重要，解決難題的價值就越高，投注的資源也越多。

該不該繼續？有一個判斷方法！**設定審核標記或里程碑，隨時確認該不該堅持下去**。短一點的計畫，以每小時或每天為間隔；長一點的計畫，以每周、每月或每年為間隔，設一個里程碑。每當抵達里程碑，必須拉大格局，全盤檢視你至今的進度，以及你當下面臨的挫折，決定該不該設置新的審核標記，或者直接放棄，換一個新計畫。不過，關鍵仍是不輕易放棄。原則上，直覺告訴你需要多少時間，你就多給自己一半的時間，這樣堅持過後，再認真考慮是不是真的要放棄。

盧卡斯樂觀的研究結果很動人。如果你卡住了，或者還沒有成功，成功很可能在前方等著你。盧卡斯解釋，一般人對創造力的理解，主要有兩種對立的視角。一是從靈感出發，認為創意是「靈光乍現」的產物，難以預料，往往在不經意的時候出現，也不太清楚從何而來。二是從生產出發，認為創意是努力耕耘的結果，有公式或算式可循，更偏向科學，而非精神層面，比方藝術家從早到晚作畫，越是投入，越可能發現創意。

從某些層面來看，這些視角互相矛盾。創意要不是虛無的，就是落地的；好點子要不是突然出現，就是長期努力的結果，可以預測。事實上，這兩種視角都提供相同的建議：追求創意時，投注越多的時間、心力和努力，越有可能成功。沒錯！從生產出發，一切仰賴努力；從靈感出發，你沉浸在創意發想的時間越長，也越可能靈光乍現。你可能不知道創意何時到來，但只要願意給它時間發展，就更有機會遇見它。

越後面的點子越好的「序列效應」

我追問盧卡斯，為什麼花越長時間，越容易突破難關呢？這稱為「**序列效應**」（serial order effect），他解釋：「人終究還是會撞牆，但證據顯示，在撞牆之前，點子會持續淬煉。做創意發想時，第一個浮現的點子，通常是最容易想到的，假設我們身處相同的文化，接收相同的訊息，你最容易想到的，正好也是我最容易想到的，由此可見，第一個浮現的點子，當然沒什麼創意。」

然而，時間一久，你的點子會進步。你會捨棄沒用的策略和方法，於是隨著時間過去，那些死胡同越來越不會干擾你。每一個死胡同都在催促你，跳脫既有的假設和策略。誠如心理學家羅傑・比提（Roger Beaty）和保羅・席維亞（Paul Silvia）對序列效應的解釋：「一旦把顯而易見的答案都想過了，接下來會拓展新的領域，所以越後面的答案會越好。」這經過多方的驗證，包括持續數分鐘或數天的實驗，以及創業家和科學家的人生。

人在科技界，年輕就是本錢。彼得・提爾（Peter Thiel）設立知名的提爾獎學金（Thiel Fellowship），提供十萬美元給「不想傻傻坐在教室，想要創造些什麼的年輕人」。凡是年齡超過二十二歲的創業家，或者重返校園取得大學學位的人皆不得申請。

昇陽電腦共同創辦人維諾德・柯斯拉（Vinod Khosla）認為，唯有三十五歲以下的人可以發動變革，一旦年紀超過四十五歲，基本上想不出什麼新點子。創投公司看重的其實是青春而非經驗，因為二十幾歲的神童們創造出不少神話，例如比爾・蓋茲（Bill Gates）、史蒂夫・賈伯斯（Steve Jobs）、馬克・祖克柏（Mark Zuckerberg）。這些故事是科技界的主旋律，已經成為文化真理，大家無不深信，青春成就了數十億美元的企業。

但這不是真的[3]！成功創業家的年齡平均落在四十二歲，這可是提爾獎學金規定的兩倍歲數。許多創業家在四十多歲大鳴大放，一部分是因為走過大半人生，有自己的家庭和孩子；很多人在各種產業打滾過；重要的是，他們成功之前，失敗不只一次，而是反覆失敗。

其中，最成功的創業家更是晚成。全球前千分之一的創業公司，創辦人的年紀平均為四十五歲。那些創業成功的人，平均是在四十七歲的年紀，草創新創企業。有一份研究顯示：「五十歲的創辦人，比起三十歲的人，創業成功的機率大約是兩倍。」二十歲的年輕人確實會創立成功的企業，但是聰明的資金，總是會流向年長一點的父祖輩。

科學天才也有類似的規律，涵蓋各種領域，包括化學、經濟學、醫學、物理學，科學家往往是在逼近四十歲，才開始取得最佳成果。諾貝爾獎得主和發明家，也是在三十歲末至四十歲初登峰造極。早成太異常了，所以迷人。最有成就的進步，都是有卡關過，然後一再突破，從中學習怎麼做有用、怎麼做沒用，即使面對難關仍堅持到底。

「打散」你的計畫

我不是天才，也不是諾貝爾獎得主，但我最引以為豪的研究，就是在我學術生涯最痛苦的時期誕生。我念研究所的第一個學期，鑽研某個看似新穎、刺激、有趣的專案，有一天，我打開我們領域最知名的期刊，竟然發現裡面某篇論文，涵蓋我半年來思考的內容。這就是所謂的搶先發表，堪稱學術界的一大卡關。

剛踏進學術圈就碰上這種事，可能會倒退幾個月或幾年，有些研究生絕望到了極點，甚至重新打算未來。然而，這是必經之路，你會學到一個重要的教訓：研究興趣要多元，這樣就算別人搶先發表，也不會毀了你的整個研究計畫。從此以後，我開啟好幾個彼此沒有關聯的專案計畫，其中一個專案發表一篇論文，後來又陸續寫了幾篇，成了我現今學術職位的敲門磚。

創意人士也是如此。研究人員分析七萬名藝術家編寫的三百萬首曲子，發現一曲歌王和長青樹的差別在於，長青樹一直備著「相對有創意」的曲子，等待製作的時機，所以歌曲源源不絕。這在其他領域也說得通：你必須有多條生產線，遍布人生各個層面，即使失去一條線，也不會太痛苦。

無論友誼、事業或娛樂都是如此，因為任何一個領域都會碰到阻礙，世事無常啊！這是借鑑一句俚語：「雞蛋不要放在同一個籃子裡」，但又比它更進一步。雞蛋不僅要分散放在不同的籃子，籃子裡的內容物也要多元，包含正在孵化的蛋、長大的雞、成熟的雞。真正實踐起來就是，你不僅要有正在萌芽的點子，也要有逼近完整的構想。友誼也是如此，有老朋友，也有剛結交的新朋友。至於興趣和消遣，也要新舊並存。**資源分散開來，不要砸在同一個地方，這個效益絕對會抵銷成本，因為看著唯一的雞蛋從籃子滑落，才是最大的阻礙和絆腳石。**

分散可能會拖慢你的節奏，但慢慢來是有好處的。舉商業界的例子：創業家紛紛搶進新興市場，創業神話總是叫大家搶第一（如果不早早成功，就注定會失敗），但事實剛好相反，最好前進成熟市場，因為早期的失敗磨合都結束了。

以搜尋引擎為例，謝爾蓋．布林（Sergey Brin）和賴利．佩吉（Larry Page）成立Google，在搜尋引擎市場掀起大革命，但Google其實是第二十二家進入市場的公司，在Google之前有無數的失敗者，包括Archie、VLib、Infoseek、AltaVista、Lycos、LookSmart、Excite、Ask Jeeves。Google之所以成功，不僅是產品最棒，也因為布林和佩吉可以從前面的產品學習。

成功的關鍵，不只是學習什麼行得通，也包括什麼行不通。交友網站Match.com訪問兩千人，結果發現受訪者遇到真命天子／天女之前，平均吻過十五個人，結束過兩三段長期戀愛關係，至少心碎兩次。前期的彩排會為人生投下震撼彈，但是至關重要，這讓我們知道什麼行得通、什麼行不通。

現在許多科技巨頭也跟Google一樣，都不是先驅。臉書創立於二〇〇四年，比Friendster（二〇〇二年）和MySpace（二〇〇三年）還要晚；Instagram創立於二〇一〇年，比Hipstamatic（二〇〇九年）晚了一年，Hipstamatic也有拍照功能，但沒有內建社群網絡。亞馬遜也不是第一個進入網路書店或電商的公司，它在一九九五年成立，一九九四年就有Books.com了。蘋果電腦推出前，早就有Olivettis、Altairs和IBM。Netflix推出郵寄DVD服務，推翻了百視達過時的配送模式，其串流服務也比YouTube等平台更晚推出。大家太強調新穎，但其實**成功通常發生在第二個或第三個，甚至是第二十二個參與者身上。**關鍵就在於持續突破，因為經驗是成功的助力，隨著時間的推移，你成功的機會更大。

投身其中，隨時等待好運降臨

聰明人總說：「你決定自己的運氣。」這意謂運氣沒有看起來那麼神祕！想要好運嗎？最好堅持到底，因為運氣和持久是重疊的。運氣當然無法預測，所以你前進越久，好運的機會越大。作家兼工程師羅伯特．海萊恩（Robert Heinlein）說過：「沒有運氣這回事，只有準備充不充分的差別，在這個充滿統計規律的宇宙掌握良機。」統計並不均勻，好運不可能按時降臨。關鍵就在於保持參與，等到好運降臨時，就可以隨時接招。

二〇二〇年，歐洲資料科學家證實了堅持的重要性[4]，調查一九〇二至二〇一七年間的二十八種創意事業，確認運氣占了多少成分，從科學、電影產業、音樂和藝術領域挑選四百萬名成功人士，發現成功由兩個元素構成：技巧和運氣。就連同一個產業，也有很大的差異：

（技巧）得分最高的人，正是電影導演克里斯托夫．諾蘭（Christopher Nolan），他拍過無數家喻戶曉的電影，例如《全面啟動》（*Inception*）和《星際效應》（*Interstellar*）。反之，曇花一現的人，憑著一首歌或一部片走紅，這樣的成功無法預期，不會反覆出現，賣座的作品也不多，所以（技巧）得分比較低，例如導演麥可．寇蒂斯（Michael Curtiz，一八八六年至一九六二年），導過經典電影《北非諜影》（*Casablanca*），但是他其他作品並不出名，所以（技巧）得分相對平庸。

像諾蘭這樣的導演，不需要靠運氣，他光憑技巧、訓練和機遇，就找到了成功電影的祕訣。他的電影必能吸引目光和票房（這份研究會參考網路電影資料庫的評分）。像寇蒂斯這樣的天才，事業起伏比較大。他最成功的作品絕妙至極，但他失敗的作品早已被世人遺忘。撇開諾蘭最成功的電影不談，你仍覺得他的影響力很大，但寇蒂斯的影響力只仰賴一部大作，期待他再拍一部大作似乎強人所難，《北非諜影》遠遠超過他的其他作品，可見他的成功是以運氣為主，不太能夠預測。

研究人員也納入天賦異稟的天才，例如史丹利．庫柏力克（Stanley Kubrick）、麥可．傑克森（Michael Jackson）、阿嘉莎．克莉絲蒂（Agatha Christie），然後分析資料庫每一個職業類別，結果發現在某些職業，成功主要靠運氣，包括天文學、政治學、寫作、生物學、電影製作、物理學。然而，有些職業的運氣成分適中，包括搖滾樂製作、電影情節編寫、動物學、數學、電影導演。最後有一些職業不太需要運氣，幾乎靠技巧決勝負，例如爵士樂和流行樂製作、工程、理論電腦科學、嘻哈藝術家、古典音樂家。

有一些排名容易理解，有實例可以參考，例如古典音樂和理論電腦科學，講究技巧、才華和訓練，如果想在這兩個職業脫穎而出，必須持續產出大量「熱門作品」。反之，天文學和生物學重視突破，邁向成功之路特別崎嶇，更容易受到運氣影響。有一些規律就令人想不透了，書籍作者竟比電影情節作家更需要運氣，物理學家、數學家和工程師的運氣成分差異也太大了。

有些行業特別需要運氣，但研究團隊下了個結論：運氣在這二十八個行業都很重要。就連嘻哈藝術家和古典音樂家，極度重視技巧，也會受到運氣和偶然擺布，怎麼說呢？「因為個人最大的成功，隨機散布於職業生涯中。」麥可・傑克森和數學家艾狄胥・帕爾（Paul Erdös），是在職業生涯的前三分之一登峰造極，反之庫柏力克和克莉絲蒂，還要等到職業生涯的最後三分之一。成功隨機散布於職業生涯中，稱為「**隨機影響法則**」（random impact rule），這就是為什麼要堅持到底的原因之一。如果庫柏力克和克莉絲蒂在職業生涯的前半段退休了，就無法推出大作。

庫柏力克和克莉絲蒂是難得的天才，但就連一般創意工作者的職業生涯，也是崎嶇不平。有一份研究連續十二天，追蹤歐洲成年人的創意產出[5]，這些受試者是創業家，靠點子維生，其中絕大部分是自營業者。研究團隊從中發現兩件事。

首先，創業家的創造力大增，通常是睡了一晚好覺，以及「不帶批判心」反思前一天的阻礙。對創業家來說，這往往是趁散步或開車的時候，稍微分心一下，回顧前一天發生的事件。「不帶批判心」這一點也很重要！如果拿前一天的挫折來責備自己，就不太可能進步。有一個技巧特別管用：想像那個挫折正在困擾別人，而不是自己，便可以超脫情緒，「讓心靈擺脫限制」，一邊好好過日子，一邊思考這個難題。**這種「微反思」，比起深度反思或完全忽視，更有**

機會突破難關。

其次，研究團隊寫道：「創業家的創意變動，主要是個人因素作祟，占了七七%，其餘二三%才是人際差異，例如創造力特質。」我們總以為長期下來，人的創造力會變好或變差，但這份研究顯示，只要條件合適，大家都有莫大的創造力。如果長期觀察，大多數人的創意得分大約介於五至六分，但如果遇到好日子，得分會暫時上升到九分（遇到壞日子，可能降到兩分）。堅持到底還有一個好理由，就是突破的能力時好時壞。雖然有些人就是特別有創意，但**我們最好的自己，就可以發揮莫大的創意，大幅超越最糟的自己，甚至是平均的自己。**

無論你在自己的領域會不會成為佼佼者，個人突破隨時會來臨（可能是一夜好眠之後）。突破可能發生在職業生涯的初期，也很有可能等到後期。「創意懸崖錯覺」說的是，今天一定要堅持不懈，因為最棒的點子，有可能在今天的尾聲才出現。「隨機影響法則」也表明，無論什麼行業，成功都是隨機的，你當然要堅持數周、數月、數年，因為你的最佳表現，總會在不經意之中出現。

缺乏耐心的矽谷奇才

你是否曾經遲到五分鐘，錯過了國際航班？或者遲到十秒鐘，而錯過火車？現在想想喬許．

哈里斯（Josh Harris）這個人，沒有人比他更扼腕，只是他的錯不是遲到，而是早到，害他損失了數十億美元。他生得太早，而非太晚。想像一下，如果導演寇蒂斯提早一百年出生，當時還沒有成熟的電影科技，他徒有《北非諜影》的構想，也拍不成電影。這基本上就是一九九〇年代，哈里斯碰到的慘事。他的構想誕生得太早，早了好幾年，他又沒有足夠的耐心，把構想化為現實。

網路一．〇黃金時代，堪稱現代網路的萌芽階段，當時哈里斯是網路先驅[6]！在那個網路世界，一切都很老派。醜陋的網頁，滿滿的文字，因為撥接上網難以傳輸影像。即使你找到播放影片或音樂的網站，仍要花數小時或數天下載。就算下載完畢，仍有可能播放不了，或者畫質粗糙，有時候還夾帶病毒或惡意軟體。網路一．〇的支持者可以包容這些缺點，因為網路的存在本身就是奇蹟，但網站開發人員腦中的構想，總是跟現實有差距。

這就是當時哈里斯面對的網路世界。他富有創新精神，完全不輸現在的伊隆．馬斯克（Elon Musk）或理查．布蘭森（Richard Branson）。哈里斯創立一家科技公司，名叫「偽節目」（Pseudo Programs）網路傳播公司，專門經營電台、網路電視和影片。安德魯．史密斯（Andrew Smith）寫了哈里斯的傳記，把這家公司譽為「MySpace、YouTube、臉書的融合體，卻更為細緻。」有一位娛樂公司高層稱讚哈里斯：「他是網路傳播領域最聰明的人之一。」另一位也說：「他是矽谷最聰明的人之一。」

以前數據機和電話線還不夠快，無法在電腦之間傳輸無數的點讚、影像和更新，但哈里斯早就想出社群網站的概念。他的版本規模比較小，以裝置藝術的形式呈現，位於紐約市百老匯的三層閣樓裡，名為「公共生活」（We Live in Public）。哈里斯讓一百個人住在閣樓裡，架了一百一十部攝影機，連續拍攝二十四小時，其他人隨時可以觀看閣樓內的人。哈里斯未卜先知，現代人渴望分享自己的生活，並且了解別人的生活。誠如史密斯所言，早在祖克柏開發臉書的五年前，哈里斯就已經成了祖克柏。網路創業家傑森．卡拉卡尼斯（Jason Calacanis）回應史密斯：「這真是諷刺！現在大家拚命做的事情，哈里斯早在一九九六年就做到了，堪稱網路歷史上的十大風雲人物，卻沒有半個人認得他。」

哈里斯終究未能發明臉書、YouTube和推特（Twitter），主要有兩個原因。首先，一九九〇年代的網路基礎設施太不成熟了，無法支持他的願景，於是「偽節目」的聽眾只好趁晚上睡覺的時候，下載他們最愛的節目。一般用戶受限於頻寬，每個月只能聆聽一兩個節目（現在頻寬的下載速度，差不多是一九九〇年代末期的四萬倍之多！目前花一分鐘下載的影片，一九九九年要耗費十一個小時！）。

只可惜，哈里斯缺乏耐心，所以失敗了。當時寬頻網路即將問世，但「偽節目」這個網站，還要再醞釀幾年。哈里斯並沒有蓄勢待發，反而花大把銀子裝修豪華公寓，拿半調子的產品吸引投資人。如果「偽節目」要成為臉書、YouTube和推特，哈里斯必須把每一分錢都用來將平台

「專業化」。科技評論家批評他，把越來越多的心力放在副業和消遣上。大家想像一下，在另一個平行宇宙，如果哈里斯成功了，可能就沒有臉書、YouTube和推特，世上就只有「偽節目」和無數的後繼者，數十億人會在哈里斯的平台上下載影片、分享想法、發布生活動態，而且那時祖克柏還在念小學。

缺乏耐心，通常是因為短視近利，視野太狹隘了！哈里斯忘了看看外面的世界，確認網路基礎設施有沒有在進步，卻把越來越多的時間和資金，都投注在副業上。事實上，一九九六年，美國和加拿大已經引進寬頻網路。二〇〇〇至二〇〇一年，哈里斯解散「偽節目」的當下，寬頻網路訂戶成長了五成！往後幾年，寬頻網路普及的速度放緩，但持續成長中，二〇一〇年，美國有三分之二的家庭訂閱寬頻網路。雖然二〇〇〇年的寬頻網路仍比現在慢得多，但至少比撥接網路快太多了！幾秒鐘或幾分鐘之內，即可傳輸大一點的圖片和影片檔案。假如哈里斯持續關注網路的脈動，他可能會換個方式花錢，暫時先等候良機，而非把「偽節目」的資金燒光。

這個經驗也可以套用到其他情況。如何區分注定失敗和時運不濟的構想呢？不妨拉大格局，考慮大環境的條件。這是不是受到科技、政治環境、文化風俗或經濟衰退所阻礙？還是無論在什麼情況下，都注定會失敗？哈里斯似乎忘了問自己這些問題，或者他選擇如何、何時以及是否轉型，他試圖把「偽節目」從小眾變成主流時，壓根兒忘了考慮這些重點。

二〇〇一年，「偽節目」宣告破產，以兩百萬美元的價格，遭到收購拆分。哈里斯的身價曾經有八千五百萬美元，如今卻破產了。他在紐約買了一個蘋果農場，五年後搬到衣索比亞。二〇〇九年，紐約市格林威治村播放一部影片《公共生活》（*We Live in Public*），關於哈里斯在一九九〇年代的創舉，讓我有機會跟他碰個面。影片播完後，他心不甘情不願地簡短發言，一樣地急躁，那不就是十年前，妨礙他成功的絆腳石嗎？

如果時運不濟，耐心就很重要了——尤其是太早誕生的構想，只要有耐心，就有救了！A-ha樂團也是如此，花了十年反覆修改，才把〈帶我走〉變成神曲。創意事業也是如此，盧卡斯和諾德格倫提出「創意懸崖錯覺」的概念，大家誤以為最棒的點子，一開始就應該出現，否則就永遠不會出現。Instagram、亞馬遜和Google等後來居上的公司，站在第一批進入市場的公司肩膀上，以迅猛的姿態建立霸主地位。耐心和毅力可以解決時機不對的問題，讓不夠成熟的構想得以壯大。

有時候，為了突破，必須持續前進，然而有時候，光是前進還不夠！一路上可能會碰到陷阱和誘惑，抵銷你前進的蠻力，這時候要先認清陷阱和誘惑，再設法克服。我們深陷其中的，經常是那些最微妙的陷阱。

第三章

殺死巨人的小水泡——小問題的預防性維護

陷阱有很多種，但是最可怕的陷阱有個共同的特徵：看不出是陷阱。這些陷阱讓你誤以為「根本不是問題」，直到有一天你深陷其中，尤其是你想要脫穎而出時，特別容易碰到。比方，為了發揮創意，不可以直接模仿別人，要是不擺脫群眾，就無法創造新穎的東西，但大家經常以為已經夠不同流俗了，殊不知自己比想像的還要墨守成規！這些錯誤稱為「不經意的從眾行為」（unintentional herd behavior）：試圖跟大眾區隔，卻嘗試失敗。

以取名為例，早在一九八〇年，我出生以前，我爸媽就開始搜尋男孩名。他們翻遍報章雜誌，跟親朋好友討教，選出幾個名字，包括葛瑞格、雷恩和大衛，經過篩選之後，敲定了亞當。就他們所知，亞當不是菜市場名。他們認識一個叫亞當的人，也聽過亞當．螞蟻（Adam Ant）的音樂，也知道亞當和夏娃的故事，除此之外就沒有聽過這個名字了。這就是吸引人的甜蜜點，套句心理學的話，這個名字具有最佳的獨特性（optimally distinctive）！一方面與眾不同，所以有趣味；另一方面，也不會標新立異。亞當不是太罕見，拼寫或發音都容易，但也不會太氾濫，不會害我淹沒於眾多亞當之中。

結果呢？我還是淹沒於眾多亞當之中[1]！我高中畢業時，班上二十五位男同學中，有三位都叫亞當。後來我到法律事務所工作，跟我共用小隔間的兩位法學院學生，也叫亞當。一九六〇年代以前，這個名字在美國、加拿大、紐西蘭和南非很少見，但是到了一九八〇至一九八五年，突然流行起來。一九六〇年代初，每二十七個嬰兒，只有一個叫亞當；可是到了一九八〇年代初，二十七個嬰兒都取名叫亞當。亞當大舉壓境，我爸媽也想不透，怎麼還是逃不過菜市場名？

我爸媽的朋友和熟識的人，大致出生於一九四〇至一九五〇年代，沒有半個人叫亞當。一九七〇年代末，只有極少數人叫亞當，而且還是嬰兒、幼兒或學齡前兒童。如果我爸媽跑到產房或托兒所調查，可能會碰到一堆前衛的亞當。然而，一股隱伏的力量，正在默默改變文化規範和偏好，超出我爸媽的認知範圍。一九八〇年代，他們所處的文化環境，早已趨於亞當化。

同樣地，一九四〇至一九六〇年代，亞倫（Alan）這個名字也突然大流行，世界各地有無數二、三十歲的人，都叫做亞倫。我爸媽認識幾個亞倫，其中兩位還是他們的超級好朋友。亞倫和亞當這類的名字很重要，一來算是新穎，二來不標新立異。有一項研究支持這個論點，比方卡崔娜（Katrina）颶風侵襲紐奧良之後，K字母開頭的名字成長九%。另一份研究也證實，艾登（Aidan）和傑登（Jayden），以及米亞（Mia）和莉亞（Rhea）有類似的發音，通常在同時間流行或退流行。我爸媽跟成千上萬的家長撞名了，因為大家都想尋找令人舒服又特別的名字。一九八〇年，亞當就是這樣一個名字。

被高估的創意程度

在藝術界，有沒有命中甜蜜點，讓人看了舒適又驚艷，後果會天差地別！二十世紀，有一群藝術家稱作色域畫派（color-field artists）[2]，開創了所謂的單色畫，在畫布塗上單一顏色，取名《白上白》（*White on White*）、《國際奇連藍一九一》（*International Klein Blue 191*）、《黑方塊》（*Black Square*）。這些作品幾乎都看不見藝術作品的價值特徵！沒有展現出色的技術能力，也不符合傳統定義的美，乍看之下也沒有特別創新。

然而，色域畫派確實有兩個優點：一是跟其他藝術形式不同，二是從來沒有人這樣創作。藝術說穿了就是點子，這也難怪狂熱的藝術愛好者，願意花數百萬美元買原作，也不願花一分錢買複製品，他們買的不只是作品本身，還有作品的出處（包括源自何處、如何創作、背後有什麼故事、文化意義）。

伊夫・奇連（Yves Klein）是色域畫派的先驅，一九五〇年代率先展示一系列相同的藍色畫布，這在藝術界堪稱創舉。他為每一幅相同的畫布制定不同的價格，宣稱即使同一幅畫作，每一位觀眾（和買家）凝視後，仍會有不同的體驗。他的展覽叫好叫座，一九九二年，奇連其中一幅藍色畫作，竟賣了一千萬英鎊。

只可惜，今日你賣一模一樣的藍色畫作，再也無法賣到高價了！奇連做到一件事，爸媽為我挑名字時卻輕忽了：他的點子是新穎的，給人似曾相識的感覺，卻又不雷同，這樣的熟悉感恰到好處！你可以想像一位義大利藝術家在十六世紀，向梅迪奇家族（Medicis）展示藍色畫布嗎？奇連作風大膽，是因為半個世紀前就有印象派和表現主義打頭陣，這些藝術家已經夠偏離現實主義，一旦藝評家接納他們的離經叛道，新一輪的作品就可以更加叛逆。莫內厚塗的睡蓮，曾引起軒然大波，但放在奇連的藍色畫布隔壁，顯得拘謹多了。多虧了莫內，藝術界慢慢走出現實主義，邁向概念主義，奇連才會成功！

奇連完成的事蹟，出奇困難！**人評估自己的創意，總會高估新穎的程度**。有一個 Instagram 帳號叫做 @insta_repeat[3]，專門在社群網站蒐集重複的圖片，比方「小船上的腳丫」，就有十二張相同的圖片，來自十二個不同的帳號，都是把腳靠在獨木舟上。這些照片在拍攝和張貼時，自以為是獨特的，卻跟一九八〇年代初的亞當一樣氾濫！「小鳥棲息在伸出的手上」、「長曝光拍攝銀河系下的單人帳篷」，也是很常見的圖片。有無數幾乎雷同的照片，可見這個拍攝主題，比創作者想像的還要傳統！

創意一向難以捉摸，因為大家受到相同的文化和生物力量所制約。我們對美麗、價值和吸引力的看法大致雷同，所以逃不過這些觀念的限制。這是為什麼呢？不妨思考一下生物學。儘管地球上的生物種類繁多，但幾乎沒什麼原創性！經過趨同演化（convergent evolution）的過程，使得近期沒有共同祖先的兩個物種，卻有類似的演化結果。

趨同演化是非常普遍的現象。比方五種截然不同的甲殼類動物，全部演化成螃蟹的樣子，稱為蟹化（carcinization）[4]。袋鼠是有袋動物，將近一億年前從哺乳類分化出來，卻還是長出類似人類和其他哺乳類的指紋。鳥類、蝙蝠、蝴蝶，也有類似的翅膀和飛行機制。鼯猴和蜜袋鼯也有類似的模式，針鼴和刺蝟也長得很像。有些物種的相似性太高，甚至要透過基因分析來區分，稱為隱存種（cryptic species）。

兩個從未接觸的物種，相隔千萬里，怎麼會擁有幾乎雷同的翅膀、眼睛或身形呢？答案是，即使有距離，仍活在相似的生物群落，只要具備某些特徵，就會有生存優勢。許多甲殼類開始模仿螃蟹，是因為溫度、重力、水生環境皆有利螃蟹般的動物生存，例如有硬殼、類似的血管和神經系統、寬扁的身軀。

思想的演化，也如同物種的趨同，迷因（meme）一詞原本正是在描述經過演化之後，觀念會發展和改變。有時候這可以超越文化大環境的影響，只可惜大多數時間，那一股抵銷原創性的壓力太大了，就連兩個無關的物種，也會逐漸趨同。

「最佳獨特性」的陷阱

原創的陷阱，就連專家也無法倖免，大家會聘請這些人，創作最佳獨特性的成品。電影海報設計師很搶手，因為這些海報是第一波行銷素材，瞄準潛在的電影觀眾，張貼在大城市的告示板、戲院外，以及臉書和YouTube各大平台，隨處可見。電影海報也要找到一個甜蜜點，介於醒目和模仿之間。一張具備最佳獨特性的電影海報，必須依循特定電影類型的慣例，以免導致民眾困惑。然而，電影部落客克里斯多夫・庫赫圖瓦（Christophe Courtois）研究電影攝影，跟@insta_repeat的研究有異曲同工之妙[5]。庫赫圖瓦發現一些範本，例如「孤身一人的背影」、「側身背靠背」、「大眼睛」等影像，有數十個幾乎雷同的例子。

有一些雷同是刻意為之，好讓民眾知道這是特定的電影類型，比方你的電影海報採用大眼睛的圖片，來傳達特定的視覺語言，或者模仿賣座電影的行銷策略，包括其視覺影像。

然而，有一些模仿是無意的。庫赫圖瓦蒐集的電影海報中，有的是數十年前的老電影，有的電影類型天差地遠。由此可見，這些海報偏向模仿，根本稱不上最佳獨特性。

無論你是藝術家、電影製作人或準父母，或者任何把最佳獨特性和成功劃上等號的人，都會不經意地從眾。從一到十隨機挑選數字，大約三分之一的人會選擇七。說出腦海中浮現的第一樣蔬菜，大多數人都回答紅蘿蔔。**為了達到最佳獨特性，需要努力和技巧，因為你的決策和偏**

好，跟大家一樣都受制於文化背景，導致你挑到同一條最好走的路徑。

最佳獨特性設下完美的陷阱，你完全沒意識到自己深陷其中。要不是在@insta_repeat的Instagram帳號，偶然瞥見自己的作品，你還以為自己是獨創的。我爸媽也是等到幾年後，看到幼兒園有一堆叫亞當的孩子，才驚覺我的名字那麼受歡迎。最佳獨特性的例子，正好體現了「這根本不是問題」的錯覺，因為你不容易察覺錯誤。

最佳獨特性的陷阱難以覺察。（如果你還沒陷入其中，）你必須先假設，陷阱距離你只有一步之遙。思索每一個解決方案，務必放慢腳步。做決策之前，多花一點時間思考。從事創作時，例如尋找具有最佳獨特性的名字、電影海報圖片，要認真審查你的構想。如果某個想法太快浮現，那其他跟你文化背景相似的人，也會很快想到！

根據經驗法則，每個決策至少質疑三次，或者歷經三輪腦力激盪。前兩輪冒出來的想法，直接捨棄，這是為了在第三輪，想出更有趣古怪的點子。如果你愛上了前兩輪的想法，一定要花更多的時間和心力，確定這個想法真的新穎。

家長可能要研究最近取名字的趨勢，因為這些熱門的名字，在未來幾年會突然流行，以亞當為例，一九七〇年代末開始受歡迎，到了一九八〇年代初徹底爆紅。至於藝術家和電影海報設計師，必須花更多時間腦力激盪，甚至投注更多的時間，研究某個類型電影的海報，以免老調重彈。

當心「偽理解」陷阱

真正的創造力難以捉摸，因為我們經常沒想到其他人會跟我們想法雷同。事實上，有些陷阱早就露餡了，但陷阱會竭盡所能說服你不用擔心。「這只是小問題」的陷阱，就跟「這根本不是問題」的陷阱一樣陰險！

這些小陷阱有多麼陰險呢？很簡單，大家想想看，如果兩個人溝通不暢，會有什麼後果呢？溝通不暢有兩種形式。第一種，你發覺雙方無法順利溝通，假設你只會說英文，卻要跟只會說西班牙文的人解釋某個觀點，你會馬上發現問題。這時候，你的選擇很明確，例如比手畫腳或善用圖片，求助翻譯，或者接受無法溝通的事實。這是很嚴重的溝通不暢，你完全不會質疑問題的嚴重性。

第二種溝通不暢會讓你無法察覺，使你以為交流順暢，殊不知雙方都懷抱錯誤的信念，誤以為彼此達成共識。雖然比起雞同鴨講的兩國人，你們更「接近」完美交流，但這種溝通不暢更危險！雙方以為意見一致，但兩顆心其實散落在不同的宇宙！這稱為「**偽理解**」（pseudo-intelligibility）陷阱[6]，十分普遍且危險。

我們來看看這個問題，會如何癱瘓法律系統。假設你聽不懂法庭的攻防，大多數法律系統會指派一名翻譯。我在澳洲念法律，觀察過幾場刑事審判。有些被告立即宣稱自己不懂英文，法官在審理前，早就有準備翻譯，立刻請翻譯入內。這就是第一種溝通不暢：雙方的鴻溝太深了，問題很明顯。法官不立即解決問題，就無法繼續審理。

至於難以察覺的溝通不暢，何時會發生呢？英語是一種語言，但是在全球各地，總計有一百六十種英語方言。倫敦工人階級有考克尼口音（Cockney），此外還有曼島英語、愛爾蘭英語、利物浦英語、曼徹斯特英語——光是英國群島就有六十多種口音，這裡只列舉五種。這些方言的差異，有些顯而易見，有些就很微妙了。同一個字，可能有不同的含義，或者兼具多重意義，甚至有些言外之意。

澳洲原住民所說的英語方言，稱為澳洲原民英語。這跟歐澳英語看似雷同，卻隱含重要的區別。以fire這個字為例，這在歐澳英語只有火的意思，但在澳洲原民英語中，可以指火焰、火柴、柴火，甚至電暖器。如果法官不知道這個差別，一聽到被告說，「put a fire in the house」，還以為他在屋裡點火，但其實被告只是打開電暖器。

有一次聽證會，澳洲原住民要求保障祖先土地的權利，卻差一點被指控謀殺。那位男性說：「我屬於里爾默和萊克菲爾。」他只是解釋自己的出身，聽在速記員耳裡，卻變成他承認「謀殺萊克菲爾」，不得不找來法庭翻譯員糾正這份紀錄。微小的溝通隔閡，可能是危險的陷阱，因為不會觸動你的心理警報！心理警報會防止你溝通不暢（就不會卡住），要是沒有警覺，你就會越陷越深。

這些問題，不只是小問題

「這只是小問題」的陷阱，也適用這套原則。馬修．弗雷（Matthew Fray）是關係顧問，他曾經說過[7]：「人與人的關係究竟有沒有愛、信任、尊重和安全感，經常取決於一些小分歧。」這些小分歧，舉凡誰來洗碗，其實沒有大家想的那麼枝微末節，因為弗雷發現，有很多婚姻之所以破裂，都是沒好好處理小分歧，包括他自己的婚姻。弗雷說：「摧毀愛和婚姻的事情，經常偽裝成小事。許多危險的事情剛發生時，並沒有危險的感覺，沒有爆炸聲和槍聲，只有無聲的針孔和割傷，但這些都是危機！當你覺察不到危險，就不會警惕。小傷口開始慢慢流淌鮮血，等到無法挽回的那一刻才察覺危險，但為時已晚。」

弗雷習慣把杯子擺在水槽旁，這經常導致他和妻子意見不合。他認為杯子放著不洗，待會可以再用；妻子卻看不慣。每次她看到杯子放在水槽，水槽明明離洗碗機很近，她就會「逐漸下定決心，脫離並結束這場婚姻」。弗雷的錯，就是沒察覺他已經掉入陷阱。他端出「充分」的理由，拒絕洗起杯子，這其實是在向妻子表明：「我的偏好比較重要，我沒必要考慮妳的偏好。」

弗雷解釋：「這關乎體貼，她徹底覺得嫁給一個不尊重她或不欣賞她的人，既然我不尊重或欣賞她，我對她的愛就不夠可靠。那個承諾會永遠愛她的人，在水槽旁邊放杯子這件事，根本讓她感覺不到被愛，所以這樣的人不值得依靠。」

弗雷掉入的陷阱，就是小看檯面上的杯子，沒想到這象徵彼此缺乏信任、愛和尊重。現在回頭看，他可能會換個方式處理，把自己微不足道的偏好放一邊，先顧慮妻子深切的需求，包括被愛、被體貼、被尊重。「我現在明白了，我把杯子擺在那裡，其實傷害到我妻子，造成她的痛苦，因為她覺得這在表明『我不尊重妳，或者不重視妳的想法和意見』，把杯子放到洗碗機這件小事，比妳更重要！」弗雷認為，為了挽救婚姻，他必須意識到，這看似是小陷阱，其實是大鴻溝，有可能會吞噬整段關係。

同樣的悲劇陷阱，也困住了史上最高的人。羅伯特．瓦德羅（Robert Wadlow）在一九一八年出生，當時還看不出來，他會長得特別高大。他的父母艾蒂和哈羅德，都是一般人的身高，瓦德羅出生的時候，身高和體重也沒有特別突出。可是，短時間內腦下垂體分泌過量激素，於是瓦德羅迅速長高。一歲時，他已經是五歲孩子的身高。八歲時，他已經長得跟爸爸一樣高。到了十六歲，他身高超過兩百四十公分，這個身高在歷史上，只有二十人達標。他身高達到巔峰時，逼近兩百七十公分。瓦德羅到加州旅行途中，站在紅杉樹之間，他感嘆：「爸，我這輩子終於感覺自己很渺小，這種感覺真棒！」

一九四〇年七月四日，瓦德羅參加密西根節慶遊行，成了最閃耀的明星，他的腿穿著護具，緩慢穿越人群，其中一個護具有問題，導致瓦德羅的右腳踝起了小水泡。如果換成骨折或肺炎，醫生絕不坐視，但這只是小水泡，並沒有引起醫生的注意。小水泡很惱人，有點痛，但瓦德羅沒有放在心上，他掉入的陷阱，正是所謂的「這只是小問題」。過了幾天，小水泡開始感染。瓦德羅發燒入院，父母急忙趕來。就在遊行結束後十一天，他死於敗血性休克。

水泡通常不致命[8]，受一點小傷，我們不一定有警覺。人的應變資源有限，除非有必要，否則不隨便使用。這確實有道理，在很多時候都行得通，但偶爾有一些大問題，會假裝成小麻煩。我們讓小麻煩有時間惡化，最後變成天大的危機，害自己陷入困境。小麻煩惡化的過程時快時慢，我們自以為在節省資源，留待之後處理更大的問題，無論大問題是否會出現。大家幾乎可以肯定，瓦德羅死得很冤枉，如果立即處理小水泡，他遭受感染和爆發敗血性休克的機率很低。

現在換個角度，思考這些低調的陷阱。假設你要出門，正考慮走路或開車。郵筒很近，你選擇走路；超市在五英里外，你選擇開車。然而，有一個地點介於兩者之間，一旦超過某個路程，你就會放棄走路，直接開車去。假設你的分界點是一英里，路程超過一英里，你會開車去；路程低於一英里，就走路去。路程低於一英里，給你活動雙腿的機會，但無形中浪費你的時間，因為路程太短，你不會響起「開車去」的警報，正如同瓦德羅的小水泡，並沒有引起醫護人員的關注。

弔詭的地方來了！比方四分之三英里的路程，如果走路去的話，你最後花費的時間，恐怕比開車到三英里外更久。路程比較短，看似無關緊要，就如同小陷阱，看似無傷大雅，但同樣會造成資源大浪費。

用「預防性維護」對抗小問題陷阱

如何突破「這只是小問題」的陷阱呢?最好學習區分小問題,哪些小問題不會惡化?哪些小問題卻暗示災難的到來?遇到小問題,千萬不要以為它會永遠這麼小,你就可以避免卡住。

工程技術中,「**預防性維護**」(preventive maintenance)特別值得學習[9],可以克服低調的小問題,諸如顯短的路程,或者可能惡化的小水泡。搭乘客機時,如果發生機械問題,班機很可能延誤,有時候只是短暫延誤,但有時候會導致停飛,取消整個航班。飛機的零件成千上萬,從巨大的金屬機身到微小的鋁製螺絲釘。商用機沒日沒夜地飛行,維護工作至關重要,卻難以安插時間。航空公司該如何維持航班,同時確保飛行性能呢?答案就是預防性維護。

商用機每隔一段時間,就會接受不同級別的維護。一系列基本檢查,每隔兩天做一次,包括目視檢查、液位量測、胎壓檢查、基本系統檢測。這些「日常」檢查可以發現重大異常,需要立即處理,比方漏液、零件遺失或損壞、電氣相關問題。除了定期檢查,工程人員還會遵照ABC檢測系統,A級和B級相對輕微,C級和D級屬於高階維護。飛行兩百至三百小時後(相當於飛行十天),要接受A級檢查,耗費五十個工時(亦即十位技師,每人五小時)。飛行六至八個月後,要接受B級檢查,大約耗費一百五十個工時。B級檢查期間,飛機會停飛一至三天,A級檢查只停飛數小時。C級檢查每隔兩三年做一次,D級檢查每隔六至十年做一次,每次會停飛兩個月左右。

ＡＢＣ檢測系統是為了平衡兩個矛盾的目標：一是飛行安全，二是持續飛行。飛機發生小問題，往往會列入觀察名單，接受監測，而不是直接停飛維修。雖然最安全的做法是每次飛行完畢，就進行密集的檢查，可是這樣一來，一年內就會停飛好幾個月。因此，偶爾進行概略的檢測，犧牲一點安全性，對航空公司和飛行員來說，才是最賺錢的方式，尤其是大型商用機極為安全，ＡＢＣ檢測系統就綽綽有餘，可以兼顧安全和維持飛行。

小水泡開始惡化，瓦德羅沒放在心上，他發燒加重了，卻繼續參加遊行。後來他去看醫生，醫生也不擔心。他去世的前一天晚上，還在擔心兩周後會錯過祖父母結婚五十周年的慶祝派對。他明明應該做預防性維護，就像ＡＢＣ檢測系統一樣，但他長得太高，雙腿和雙腳長期麻木，所以經常撞傷或擦傷，大多數傷口會自動痊癒，列入觀察名單，等到情況改善再解除警報；可是有些傷口，例如致命的小水泡會持續惡化，不再是小問題了，要立即接受Ａ、Ｂ級檢查。如今，美國醫學協會建議，五十歲以上成年人每年都要做健檢，類似聯邦航空管理總署（ＦＡＡ）建議的Ｃ級檢測。另外有些檢查間隔更久，例如定期乳房攝影，大約兩年一次，以及大腸鏡檢查，每隔五至十年做一次，相當於Ｄ級檢測。

預防性維護法則，也適用於其他「這只是小問題」的陷阱。如果真的是小問題，就會自然化解，或者一下子就解決了，不妨將這類問題列入觀察名單。然而，如果這是陷阱，只要做一系列定期小檢查，或者久久一次大規模檢查，絕對會揪出偽裝成小問題的大災難！

無論是財務、關係、事業，都適合這套方法，不管在哪一個領域，都可以趁惡化之前，提早揪出小問題。這有固定一套的操作流程，先建立一張檢核表，就像工程師檢測飛機，或醫生檢查人體。假設你擔心自己的財務，試著建立每月預防性檢核表，甚至更詳盡的年度檢核表，並且善用預算規劃APP，每個月確認一次帳戶餘額，以及各類支出金額。過了一年，深入評估退休投資狀況，以及你名下的資產和負債。這些檢查無論大小，都是為了預先發現阻礙！譬如，你是否入不敷出？你的投資組合能否應付你的退休生活？如果你可以提前幾個月或幾年發現，而非等到問題迫在眉睫才驚覺，不就就避開這些阻礙了嗎？

無論身體、財務或其他層面，ABC檢測都可以區分大問題和小問題，但有時候你必須確認的，不只是問題的大小！第三種陷阱叫做「問題不小，但還很遙遠」，即使問題嚴重，但因為太遙遠了，你會覺得沒必要擔心。

我該擔心遙遠的災難嗎？

一九五〇年代末，電腦科學家鮑伯・貝默（Bob Bemer）加入IBM。貝默是寫程式的鬼才，他發明退出鍵和反斜線鍵，後來成為電腦鍵盤的主按鍵。他進了IBM之後，第一項任務是幫助摩門教會，編纂大量的系譜紀錄。數據很昂貴，每一張電腦打孔卡片，最多只可以打八十個字母，於是程式編寫人員盡可能精簡字串，比方一九二三年，只簡寫二三。貝默曾經輸入跨越兩世紀的日期，頓時驚覺這種做法會導致混淆。一八四〇年和一九四〇年，一樣簡稱四〇，電腦該如何分辨呢？幸好，這並沒有發生連鎖效應，一下子就修復了，可是貝默想到四十年後，千禧年的轉折點。當日曆切換到二〇〇〇年，簡稱〇〇，可能代表一九〇〇或二〇〇〇。貝默想像全球主要的電腦系統會崩潰。他跟其他程式編寫人員討論，後來發表一系列的論文，稱為「千禧年（Y2K）風暴」[10]。

時間從一九九九年跳到二〇〇〇年，大家可能覺得「千禧年風暴」有點過度炒作，飛機並沒有從天上掉下來，電網也沒有自燃，但這要歸功於貝默，他的預言起了作用。二〇一九年十二月底，各家報章雜誌的記者，採訪了電腦科學專家，證實千禧年風暴沒好好處理，確實可能會造成天大的傷害。

比方《時代》（*Time*）雜誌，法蘭舍．上沼（Francine Uenuma）寫了一篇文章，〈二十年後，千禧年風暴看似一場笑話，是因為有幕後功臣認真處理它〉（Twenty Years Later the Y2K Bug Seems like a Joke—Because Those behind the Scenes Took It Seriously），她訪問許多專家，證實二〇〇〇年一月一日當天，確實發生一些個別問題，要不是全球的工程師採取行動，可能會惡化無數倍。

她寫道：「無數的程式編寫人員，花了數月和數年修復，卻幾乎沒有受到肯定。這是乏味的工作，不可能寫成英雄故事，也無法引發大家的感激之情，但一九九九年做的修復，至今仍在使用，讓全球電腦系統正常運作。」史丹福大學教授保羅．薩福（Paul Saffo），同時也是科技預言家，他告訴上沼小姐：「千禧年風暴沒有發生，正是因為早在十年前，大家就開始做準備了，只不過一般人正忙著囤貨，並沒有意識到程式編寫人員的努力。」千禧年風暴沒有引發關注，是因為貝默提早四十年發出警告。

展望四十年後的未來，很難想像世界會有什麼變化——哪些會改變？哪些不會改變？你是誰？你還會跟今日的你大致相同嗎？假設你是程式編寫人員，有一個問題在四十年後才會發生（如果沒有事先處理好的話），你不太可能會擔心。這就是貝默面對的問題，他呼籲同事為四十年後才會發生的問題思考解決方案。這種陷阱正是所謂的「問題不小，但還很遙遠」。程式編寫人員忙著應付日常生活需求就來不及了，根本不可能把時間和心力浪費在這麼遙遠、名字又那麼奇怪的問題上。

人往往要等到迫在眉睫，像二〇〇〇年即將來臨，才會卯起來解決千禧年風暴。這個世界拖延了幾十年，問題並沒有消失，甚至變得更大，更難以捉摸。自從貝默第一次發出警告，又過了幾十年，程式編寫人員繼續用兩位數來記錄年分。一九五〇年代，這只是個小問題，只需要修改一下，到了一九九〇年代末，成了一個要耗費數億美元的大問題，因為電腦在一九九九年更加普及，隨處可見，反觀一九五〇年代，大多數人都沒看過或用過電腦。許多國家眼看成本太高，乾脆放任問題不管，例如義大利和南韓。其餘一些國家，例如美國，花鉅資重新編寫程式，並且更新有問題的系統。整個世界陷入困境，因為問題還可以處理的時候，大家選擇不解決，到了這個地步，政府只好超支預算，或者祈禱問題沒想像中那麼嚴重。

貝默是先知，寧願現在犧牲一點，以免未來承受莫大的損失。每個人心中都有一個貝默，只可惜大多數時間，我們忽視他的聲音，就像一九六〇年代至一九八〇年代，電腦程式編寫人員採取的態度。大家喜歡今天耍廢，明天雙倍辛苦。這受到大量文獻的支持，放諸四海皆準。雖然有些人不會陷入「問題不小，但還很遙遠」的陷阱，但大多數人都短視近利。根據一項研究，除非利息高達二八%，否則我們不願意等到一年後再收到錢。換句話說，我們寧願今天就拿到一千元，也不願等一年，拿回低於一千兩百八十元的金額。這年頭不可能有二八%的利率，因此有無數人緊抓著現今的財物，放棄未來的前景。

消弭未來與現在之間的鴻溝

有一個方法可以讓我們仿效貝默，兼顧現在和未來。大約十年前，我開始實驗貝默化（Bemerization）[11]，似乎可以鼓勵大家關注長遠利益。儲蓄問題從年輕時就開始了，早在二十幾歲剛出社會工作，就要做許多退休儲蓄的決策。但這是有問題的，叫年輕人放棄現在的享受，考慮未來七十多歲的自己，如果你對那個自己缺乏感情，怎麼可能對那個人慷慨呢？因此有一個解決方法，就是消弭兩個自己之間的鴻溝。

我召集二十幾歲的受試者，進行貝默化實驗，跟一位專業催眠師合作，受試者被催眠以後，相信自己剛退休，感覺自己老了四十歲或五十歲，並且想像退休第一天會如何度過，再想像一下，如果工作那幾年沒有存夠錢，會是什麼情景？帳戶每一分錢幾乎都花光了，想必很沮喪。他們原以為退休後可以環遊世界，打高爾夫球，過著舒適的退休生活，突然間夢想被現實擊潰，因為他們的財務不健全。

接下來，催眠師喚醒每個受試者，我邀請他們反省儲蓄目標。這段經歷似乎改變了他們，有些人拿起手機，提醒自己要調整退休儲蓄分配。幾乎每個人都表達強烈的儲蓄欲望，不僅認同未來的自己，也能體會儲蓄不足的後果。其中一位受試者表示：「太驚訝了，(未來退休的我)竟然比我想像的年輕。」另一位受試者說：「這感覺不像是未來，比未來還要真實。」

這只是一個示範。說到「問題不小，但還很遙遠」的陷阱，催眠並非可行的解決辦法，但催眠讓大家明白一個大道理：許多看似遙遠的困境，其實比我們想像的還要近。只要從今天起做一些小補救，不要讓問題惡化，就可以避免許多困擾，就像全球面對千禧年風暴的例子。

值得注意的是，這個陷阱不僅出現在財務上，也出現在其他情境。每天朝著正確的方向邁出一小步，持續做下去，長期下來就可以避開大阻礙。今天少吃一點巧克力蛋糕，明天會變得更健康、更苗條。每天花兩分鐘擦防曬乳，可以避免明天曬傷，罹患皮膚癌。每星期多運動二十分鐘，即使其他條件維持不變，你也會活得更長壽、更健康。然而，你不一定要當個苦行僧，強迫自己把一半的收入都存下來，發誓不再吃甜點，或者每天非得走兩萬步。反之，你只要做一些小事，把ABC檢測系統導入生活中，就不會像缺乏貝默精神的人，陷入很多無謂的陷阱。

只要策略正確，很多陷阱都可以避免，例如採取預防性維護，以及帶著懷疑的眼光，質疑是不是有大難題偽裝成無關緊要的小事。然而，光是動腦筋還不夠！一旦陷入困境，設法突破的過程中，一定會很焦慮，你不僅要管控頭腦的反應，還要管控情緒的反應。把情緒管理好，是突破難關的關鍵先決條件。一個無法管理情緒的人，卡關的時候，不太可能處理得有條有理。

Part II

管理內心焦慮的情緒

第四章
膽小的孔雀魚活得更久——把威脅化為挑戰

人體設計很精密，可以應付肉體的困境。體內每一個系統，都在傳達相同的訊息：「做點什麼吧！現在就去做！」心肺加速運轉，視野變得狹窄，理性思考的能力蕩然無存。你不需要思考，只需要行動！緊急情況下，有些人甚至會發揮超人潛能（hysterical strength），有搬移重物的超能力。一九六〇年代初，藝術家傑克．科比（Jack Kirby）創作了《無敵浩克》（*Incredible Hulk*）[1]，他告訴記者，這靈感來自一位從車底救出孩子的母親。每隔幾年，你就會在地方新聞看到類似的故事，像是「女超人舉起車子救父」。

肉體卡關的情況，還好並不多，反倒是身體的表親（也就是心理），經常陷入困境，而且兩者經常分不清彼此。身心受困時，我們都會感到焦慮，心跳加速，視野狹隘，有一股立刻行動的壓力。身體釋放荷爾蒙，我們會突然力大無窮，但如果心理卡住了，卻會激發相反的直覺反應。心理障礙不會激發超人潛能，而是會感到無力。為了克服心理障礙的窒息感，要放下立即行動的直覺反應。心理卡住時，最好少做一點事。

邁爾斯．戴維斯（Miles Davis）是兩種天才的綜合體。他有音樂才華，也是位厲害的直覺心理學家。有人說他「反覆無常」、「傲慢」、「冷漠」[2]，但他深知自己才華洋溢，令許多音樂家不知所措，為了激發其他音樂家的光芒，他必須溫柔相待，但溫和不是他的本性。有時候，他會默默離開舞台，等到換他獨奏的前幾秒才回來。他的直覺知道，何時該加大力度，何時該放鬆。

赫比．漢考克（Herbie Hancock）本身是演奏家，一九六〇年代中，曾經跟戴維斯搭檔五年。套句漢考克的話，跟戴維斯合奏「心驚膽跳」，但他見證戴維斯在暴君和守護者之間，完美拿捏分寸。一九六四年，戴維斯和漢考克到米蘭表演，留下一段絕妙的影像[3]。演出四十分鐘後，戴維斯正在獨奏，漢考克彈了幾個音符，打斷了戴維斯。戴維斯放下小號，雙唇緊閉，皺眉怒視對面的漢考克。戴維斯的怒視，堪稱這段影片中最可怕的表情，但漢考克跟戴維斯大約合奏了一年，戴維斯很清楚，漢考克承受得住。

前一年，漢考克第一次跟戴維斯合奏。當時漢考克只有二十三歲，才華洋溢，但極度膽小。戴維斯邀請他來家裡，跟其他幾位音樂家即興演奏。漢考克回憶[4]：「我到了他家，偉大的鼓手托尼．威廉斯（Tony Williams）、優異的低音提琴手羅恩．卡特（Ron Carter），以及優秀的薩克斯風演奏家喬治．柯爾曼（George Coleman）都在現場。」

戴維斯的客廳聚集了有史以來最偉大的爵士樂手。「戴維斯只吹奏一下，就把小號扔在沙發上，獨自跑上樓，把任務交給了卡特，讓我們彈奏幾首曲子。」漢考克以為他是在接受試鏡，應徵戴維斯樂團的第五位團員，戴維斯卻中途離開，看起來不太妙啊！漢考克連續三天，前往戴維斯的家，跟卡特、威廉斯、柯爾曼合奏，但戴維斯都不在場。第三天快結束時，戴維斯回來了，跟樂團合奏幾曲。

漢考克壓根兒沒想到，第三天結束時，戴維斯竟然邀請他，接下來一周，去哥倫比亞的錄音室見面。那三天戴維斯幾乎都不在場，漢考克還以為他搞砸了試鏡，但這其實是戴維斯精心策劃。漢考克回想：「多年後我才明白，戴維斯扔下小號跑上樓，是待在臥房裡，透過對講機聽我們演奏。就像我說的，我會害怕。他知道，如果他在場，我們會緊張，所以他想要聽聽看，在沒有恐懼之下，我們會怎麼演奏。」

戴維斯心知肚明，如果他在場，會引發類似超人力量的身體反應，像漢考克這麼年輕的音樂家，發現戴維斯正在現場聽，可能會口乾舌燥、手心出汗、上氣不接下氣，身體準備戰鬥或逃跑，但這時候真正需要的是冷靜。戴維斯知道，有時候唯有離開現場，才可以激勵別人演出。

把強度調降幾個檔次，正是對抗超人力量的解藥，也是戴維斯合作成功的關鍵。

其他人跟戴維斯合作，也有類似的經驗。一九六九年，吉他手約翰．麥克勞克林（John McLaughlin）曾經跟戴維斯樂團合奏，第一次排練時完全不知所措。他回想：「我抵達紐約後，過了四十八小時[5]，我就跟戴維斯一起去錄音室，我滿身是汗，衣服都濕透了，非常緊張。」

樂團一起合奏了新曲目，但戴維斯不滿意，他叫樂團停止演奏，請麥克勞克林用吉他演奏鋼琴的旋律。麥克勞克林聽了很焦慮，他一直在嘗試追隨鋼琴的旋律，現在鋼琴不演奏了，全部交給他主導！

「我不確定自己準備好了沒，極度恐懼，他看我沒有動作，於是說：『就當作你不會彈吉他吧！』」戴維斯經常提出這類古怪神祕的要求。他的意思是說，**不必急著做些什麼**。他告訴麥克勞克林，不要想太多，只要依賴他二十年來當吉他手的本能。樂團休息十分鐘，然後重新開始，麥克勞克林把戴維斯的指令謹記在心。他不假思索地彈奏旋律，戴維斯愛死了！

麥克勞克林說：「我太驚訝了，他總是從我身上，挖掘出我沒想過的潛能。戴維斯很聰明，他肯定看得出來，我們一點頭緒也沒有，但是他讓我們相信，自己能夠演奏出超越已知的音樂。我們不得不跳脫框架，做一些不知道自己做得到的事情。在我看來，他和其他樂手合作的方法，真的很高段。」

戴維斯是厲害的獨奏者，不管有沒有伴奏樂隊，他都會發光發熱，但他也知道自己最出色的出品，大多是跟樂隊共同創作。為了發揮合作的效果，他要從隊員身上激發優秀的表現。戴維斯有別於其他閃耀的天才，他清楚何時該收該放。

消除「立即行動」的壓力

當你力求表現，無論是在音樂或其他層面，你內心一部分的思緒，就宛如跟別人合奏的戴維斯。大多數時候，你就像戴維斯被漢考克打斷時，怒瞪一眼就退場，因表演不佳而難掩失望。然而，關鍵是「當成自己不會演奏」，減少立即行動的壓力，允許焦慮湧上心頭，同時回歸本能。

降低強度，有違現代人的智慧。二十一世紀，就是要戰鬥啊！如果你討厭戰鬥，每周不工作一百小時，不以勝利為目標，你注定是失敗組。不想卡關嗎？那就不要停下來，也不要放慢腳步，因為減速就是停滯不前的近親。

然而，大多數情況下，這個建議很糟糕！一九九二年有一個水族箱的實驗，正好可以證明這一點[6]。實驗人員是生物學家李・杜加欽（Lee Dugatkin），他在紐約州立大學賓漢頓分校工作，專門研究孔雀魚的戰鬥性。孔雀魚屬於熱帶魚，身長大約一寸，就如同人類，有些孔雀魚幹勁十足，熱衷戰鬥，在南美加勒比海的原生海域中，幹勁十足的孔雀魚永遠搶先去探險，很快就離開安全的魚群，對掠食者充滿好奇，相信冒著巨大的風險，會帶來可觀的報酬，所以更了解周圍環境，更快找到食物，加上驍勇善戰，某些掠食者看了會躲開，找更溫順的獵物下手。相形之下，膽小的孔雀魚看情況再行動，喜歡觀望等待，寧願錯過一些食物來源，也要保全性命，伺機再戰。

杜加欽認為，勇敢會付出代價。他做了一項實驗，確認勇敢的孔雀魚，是否會勇敢到自取滅亡。他在六十隻雄性孔雀魚旁邊的水族箱，放了一隻掠食者翻車魚，測試這些孔雀魚的好奇心。勇敢的孔雀魚看到翻車魚，直接朝對方游過去，而膽小的孔雀魚會小心閃避。接下來，杜加欽把孔雀魚和翻車魚放到同一個水族箱，給牠們六十個小時，自由游動、覓食和探索。他自己也不確定會發生什麼事。他一些同事認為，勇敢是美德，飢餓的翻車魚應該會找膽小的孔雀魚下手，因為比較柔順。

事實上，勇敢是可怕的策略。前三十六個小時，膽小的孔雀魚有七成活下來了，過了六十小時，還有四成繼續存活。相反地，前三十六個小時，勇敢的孔雀魚只有二五%活下來，過了六十小時，沒有一條還存活，可見**降低壓力，坐下來觀望等待，才是存活的關鍵。**

杜加欽的水槽中，膽小的孔雀魚長期抗戰，把生存擺在第一位，認為衝動和好奇是不好的。這群孔雀魚看到翻車魚，看到奇特的環境，當然也會好奇，但他們選擇等待良機，蒐集更多訊息。魚不是長期抗戰的動物，傾向活在當下，於是孔雀魚的膽小，就等於高瞻遠矚。

從漢考克和麥克勞克林的口中聽來，戴維斯似乎會鼓勵人長期抗戰。他不催促新團員，反而還放開油門，給對方膽怯的空間。他要團員回歸自己熟悉的領域，給團隊足夠的空間去探索音樂，毫無焦慮的壓力。他時而離開現場，時而叮嚀團隊：「就當成你不會彈吧！」

漢考克和麥克勞克林的經歷，我也曾經有過。差不多二十年前，我剛進研究所，經過三十小時的舟車勞頓，搭了汽車、飛機、火車和公車，終於在某個夏日清晨抵達普林斯頓大學。我只帶了兩個中型行李箱，拖上一段樓梯，搬進我的新公寓。我整理好行李，出去散步十分鐘，漫步於哥德式宿舍區，途經槭樹、白楊木、山毛櫸和榆樹，來到心理學大樓，我將在此度過五年的時光。

那天早晨，以及我就讀研究所的頭幾個月，一想到普林斯頓大學的名氣，我就備感壓力。我似乎是一個闖入者，不知怎麼就入選了，突然間置身於這個知名學府，那個校園曾經接待過托妮・莫里森（Toni Morrison）、F・史考特・費茲傑羅（F. Scott Fitzgerald）、理查・費曼（Richard Feynman）、喬伊斯・卡羅爾・歐茨（Joyce Carol Oates）、約翰・甘迺迪（John F. Kennedy）以及約翰・奈許（John Nash）。

久而久之，我越來越自在，後來我當上教授，我教的一部分研究生也有類似的焦慮，這些人就跟我一樣，出身不顯赫，從小就讀美國偏遠地區的小型公立學校（或在其他國家求學），或者是城裡或家裡第一個上大學的人。他們在普林斯頓大學沒有熟人，從族群、財富、國籍或家族來看，都是少數中的少數。

反之，每年私立學校有無數的學生，直升私立頂尖大學，比方普林斯頓大學附近有一所羅倫斯威爾中學（Lawrenceville School），二〇一五至二〇一七年就有四十七位學生，進入普林斯頓大學就讀。雖然不保證錄取，但如果你是羅倫斯威爾中學的聰明學生，又想留在當地，機會想必很大。大學一年級，你也不會孤單，家人可能住在附近，一些高中同學也跟你同校。對你來說，普林斯頓大學簡直是高中生活的延續，跟你所知的一切差不多，不會截然不同到令你不知所措。

想像同樣聰明、有才華和上進心的兩位同學，只是出身不同。一位從懷厄明州鄉村的小型公立高中畢業，另一位從羅倫斯威爾中學畢業，跟十幾位同學一起上普林斯頓大學，從家裡開五英里的路就到校園了。我相信開學第一天，這兩位同學都感到緊張，但是從懷厄明州來的學生，還背負其他包袱。我真的屬於這裡嗎？我是不是冒牌貨？這裡的懷厄明州人不多，我會不會很顯眼？大家會不會看衰我？如果你想著這些問題，想必很容易卡關。我剛到普林斯頓大學時，腦海中也閃過這類煩惱。

我直接問一些「出身不好」的學生，證實我心中的疑慮。他們不會老是對出身耿耿於懷，可是一旦有人問起就讀哪一所高中、從哪個地方來，他們也會像我多年前一樣，拿同樣的問題追問自己。

降低威脅程度，化威脅為「挑戰」

我決定做一個小實驗[7]，看這些學生能否仿效戴維斯的做法（減輕漢考克和麥克勞克林的焦慮），讓自己也擺脫這些包袱。每一位學生要完成簡短的數學測驗，這些題目是我當時申請普林斯頓大學的考題。例如：

智力測驗：

如果莉亞的年紀比妹妹蘇大六歲，約翰又比莉亞大五歲，這三人的年齡加總為四十一歲，這樣蘇的年紀有多大？

(A) 六歲　(B) 八歲　(C) 十歲　(D) 十四歲

（運用試錯法或代數法，可以算出蘇是八歲。）

參加測驗的學生中，有的從私校畢業，例如羅倫斯威爾中學，另外有些學生的母校，從未有學生考上普林斯頓大學，就算有也是極少。大家的測驗成績都相當好，唯獨一群人表現特別差，他們母校的上榜率很低，而且在接受數學測驗以前，還要回答母校的錄取率。測驗前回答這個問題，令他們想起自己的出身，引發許多焦慮（他們會寫下焦慮程度，結果這群人的焦慮分數最高），因此數學測驗成績比其他組別低了兩成（反觀另外一群學生，母校的錄取率也很低，但是在測驗前不用回答母校的錄取率，所以成績比較好）。可見同樣從錄取率低的高中畢業，唯獨在測驗之前回想這個事實，才會影響測驗成績。

戴維斯的方法，就是在這裡派上用場。當時漢考克還很年輕，要在戴維斯面前演奏，內心十分焦慮。從心理學的角度來看，漢考克正面臨「威脅」，高壓的經驗淹沒他的腦袋，剝奪他寶貴的心理資源，所以他無法發揮最佳狀態。戴維斯為了找回那些資源，只好降低威脅程度，化威脅為「挑戰」。**所謂的挑戰，是對表現有一定的要求，但是更寬容一點。對你有所期待，但不構成威脅。**你面對挑戰，可能勇敢以對，但如果換成威脅，搞不好就屈服了。這聽起來好像沒什麼，卻相當關鍵！威脅給人明確不可否決的感受，但挑戰就不一樣了，如果今天沒克服，明天還可以再次嘗試。

我把學生分兩組。有一組試卷的標題是「智力測驗」，相當於「基礎智力的正式評估」。另一組試卷的標題是「智力挑戰測驗」，學生只要盡其所能，「把測驗當成挑戰賽」。這兩種標題和說法，對大多數學生沒有影響，但如果畢業的高中錄取率不高，測驗前還要回報母校的錄取率，影響就大了！把試卷定位成「基礎智力的正式評估」，讓這群人寫得很辛苦；反之定位成挑戰，他們會寫得很順。輕鬆看待測驗，可以釋放更多的心理資源，讓他們解答數學問題。

這些研究結果給我們兩個教訓。第一個教訓是，如果你位高權重，你的存在本身就是一種壓力源。一九六三年，漢考克去戴維斯的家，戴維斯並不急著施展自己的音樂才華，因為他更好奇漢考克的音樂才華。漢考克有資格成為新團員嗎？如果漢考克一直很焦慮，拿不出最佳表現，這個問題就無解了。戴維斯喜歡打開天窗說亮話，但他也明白，為了評估漢考克的能力，唯一的方法就是離開現場。如果你居於上位，無法像戴維斯甩頭就走，那就盡量改變互動的方式，化威脅為挑戰，給膽小鬼足夠的空間，找回自己的方向。

這項有關挑戰的研究，隱含第二個教訓，主要是針對執行者本身。你偶爾會經歷大考，這絕非換個說法，就可以輕鬆以對。把律師資格考說成挑戰賽，心情不會更輕鬆；把大學聯考說成挑戰賽，也不會變得更簡單。既然你如此害怕，就有必要降低情緒溫度。有一個方法跟勵志潮流相反，要「**想像自己不成功**」，花時間想像最壞的情況。要是你沒考過資格考呢？要是大學聯考的成績不如預期呢？要是你沒考上自己的志願呢？要是你得參加第三次、甚至第四次資格考呢？順著這條思路想下去，當然很痛苦，卻很有價值，你會領悟到在失望的彼岸，人生還是照常過，你會如釋重負，否則你太在意失敗，可是會提高失敗的機率。

選擇滿意決策，而非最佳決策

這個策略的基礎稱為「**全然接納**」（radical acceptance）突破法，即學習接納和包容失敗的前景。臨床心理學家塔拉．布萊克（Tara Brach）信仰佛教，提出了這個觀念。布萊克認為，大家都恐懼失敗，經常深受其害[8]。這是人生其中一種苦難，唯有善待自己，學會放輕鬆，才得以解脫。

二十多年來，布萊克巡迴全球，舉辦大小演講，宣傳全然接納的重要，她主要建議大家，欣賞當前的生活，以及學會接受失敗。布萊克語帶保留，她說要接納失敗的前景不容易，這需要練習，尤其是講究個人主義的西方，這有違常理。布萊克說：「個人主義的文化並不像集體文化，有那種內生的歸屬感。」這迫使我們把社會地位跟成功連結在一起，一旦律師資格沒考上，或大學聯考沒考好，就會喪失歸屬感。

全然接納的一大工具，就是化威脅為挑戰。失敗的前景令人不知所措，那就縮小失敗的前景吧！把它變成自己應付得了的程度。與其像勇敢的孔雀魚，每天拚死拚活，還不如留得青山在。只要你活下來，明日再戰，生活就可以繼續下去，明天還有機會克服挑戰。

我身為科學家，有一部分的自己覺得，全然接納太含糊了，不夠精確，但是有一段時間，我拚命嘗試，還真的有效！如果你奮鬥過頭，可以動用的心理資源有限，如果這些資源都拿來煩惱失敗的前景，很容易陷入困境。這個方法只要想像失敗的最壞後果，我至今用了將近二十年，成功解放了我，就像戴維斯對漢考克和麥克勞克林做的事。

如果你還沒準備好接受失敗，不妨先放寬你對成功的定義。這是基於「滿意即可」（satisficing）的概念，結合了「滿意」（satisfy）和「犧牲」（sacrifice）兩個字。一九五六年，認知心理學家兼心理學家司馬賀（Herb Simon）主張[9]，有兩種做決策的方法：一是**最佳決策**（maximizing），二是**滿意決策**（satisfying）。所謂的最佳決策，為了得到最佳結果，不惜搜遍周圍的環境；而滿意決策只追求夠好的選項。司馬賀覺得，滿意決策特別有道理。他發現最佳決策會耗費太多時間和心力，但滿意決策比較穩當而明智。事實上，人幾乎不可能搜遍每個選項，逐一評估，因此設定一個令人滿意的門檻，確實比較合理。

將近五十年後，心理學家貝瑞・施瓦茨（Barry Schwartz）和幾位同事共同提出[10]，最佳決策和滿意決策不僅僅是策略，而是個人風格。有的人就是偏好最佳決策，有的人傾向滿意決策。對最佳決策者來說，除了最佳結果之外，一切都是失敗，比方買了第二好的車子或房子，收入稍微低於自己的潛力，就沒有達到最佳結果，所以不難想見，最佳決策會讓人充滿焦慮。

這世上有無數種車和工作，如何確認自己找到了最佳選擇？所以你大半的人生都活在失敗狀態，等到真的成功了，卻因為追尋太久而油盡燈枯。最佳決策者賺到的金錢，往往比滿意決策者更多，但代價是更容易後悔和沮喪，幸福感也比較低。相反地，滿意決策者比較寬容，不搜尋最好的車，只區分基本功能和附加功能，他們的第一輛車會具備所有基本功能，但如果還有一些附加功能，那就是意外之喜。

最佳決策者和滿意決策者的心態差異，我直覺就感受得到。我做重要決策時，如果扮演最佳決策者，我會感到胸悶，充滿焦慮，就像勇敢的孔雀魚，不確認周圍掠食者的底細就無法安心。這時候，我只要切換成滿意決策者，胸口就鬆開了。在任何你想像得到的情境，滿意決策就夠用了，這也是卡關時有助解脫的絕佳心態。最佳決策者不知變通，滿意決策者適應性強，而且最重要的是放眼未來。最佳決策者只看身後，把自己做過的決策，一再拿出來審核。滿意決策者將其拋諸腦後，繼續過未來的生活，這絕非「妥協」或急於讓步，因為滿意決策者會等到可接受的結果，才結束搜尋的過程。**妥協跟最佳選擇之間，有一個最有效的甜蜜點：第一個你真正可以接受的選項。**

雖然知足是本性使然，但最佳決策者只要願意放寬標準，也能學會妥協。**第一步就是針對每個領域，設定不容妥協的評分標準。**大家買車時，可能扮演最佳決策者居多，畢竟一輛車這麼貴，每天都要開，開車時數又長。今年我剛好買車，直覺先選擇最佳決策。如果有無限的時間，我做決策之前，習慣先查閱各種車款的評論、報告和資料來源，可是我時間緊迫，又急著開車，我決定切換成滿意決策。我確定買車有三個元素很重要：安全、成本、空間。我空出一天上午，花了幾小時，查詢安全評等高、有三排座椅、價格合理的休旅車。到了當天下午，我隨即簽約，確實是安全、價格合理又寬敞，這是我做了決定後，第一次回頭審核我的選擇。

除了主動切換成滿意決策，考慮特定決策中，有哪些層面是不容妥協的，你還可以**刻意設定時限**。我查詢車款的階段，只空出一個上午，根本不可能做最佳決策，但弔詭的是，設下時間限制，反而讓你解脫，因為你會放寬對成功的定義。於是，你對決策的焦慮就減輕了，你原本只接受最佳決策，如今卻可以接納一個令人滿意的結果。

刻意設定決策和行動的期限，只允許自己在固定的時間內，完成特定的事項，你就可以毫無罪惡感地繼續前進，否則有些大哉問（「我是不是在這個項目花太多時間了？」、「我是不是該做決定了？」）恐怕會消耗有限的心理資源，妨礙行動和決策。你只要告訴自己：「我會花一個上午做選擇」，或者「我會在兩周內做好決定」，你就可以專注於手上的工作，同時暗示自己應該投入多少心力。這是在創造雙贏，一來舒緩焦慮，二來改善結果。

追求卓越，而不是追求完美

最佳決策跟完美主義大幅重疊[11]，這種對於無瑕的追求，令人動彈不得，還會引發焦慮。雖然完美主義者很上進，成就非凡，卻處於高度的警備狀態，不斷批判自己。完美主義者必定會放大每一個瑕疵，無論有多麼微不足道，譬如學生沒拿到A，或者成年人沒獲得升遷，就可能陷入反芻思考（rumination）的惡性循環，自我毀滅。

臨床心理學家保羅．休伊特（Paul Hewitt）專門研究完美主義，他眼中的完美主義者，一直覺得自己有缺陷，或者不完美。休伊特說：「為了修正這件事，只好追求完美。」有一份大規模調查涵蓋兩百八十四份研究，指出完美主義關乎憂鬱症、焦慮、飲食失調、頭痛、失眠、自我傷害和強迫症。此外，完美主義越來越普遍。另一份令人不安的研究指出，一九八九至二〇一六年，自認為是完美主義者的高中生增加了一倍。

追求完美會徒增摩擦力，因為目標太高，令人感到無力。學生必須在每個考試都拿到A⁺，成年人必須快速升遷、拿高薪、談浪漫戀愛、擁有影集般的友誼。在人生各個層面追求完美，如此可怕的目標，你該從何下手？

有一個解決辦法，那就是追求卓越，而非完美。心理學家證實，**追求完美會令人無力，反之追求卓越，會提升表現和幸福感。**卓越沒有完美那麼嚴格。卓越不必完美，完美的標準遠超過卓越，經常訂一個難以企及的標準。有一份研究證實，有完美主義傾向的人，從事創意工作時，表現並沒有追求卓越的人好，因為完美主義太壓抑了；相反地，追求卓越會激勵人心。

如果你還是覺得，卓越是高不可攀的標準，試著把每一個目標「原子化」（atomize），縮小再縮小，分解成最小的單元。電腦程式編寫人員稱之為「粒度化」（granularity），把大任務轉為單行的小任務，自然會覺得應付得了。**任何你想像得到的困境，都可以原子化，一旦化為最小的單元，幾乎每個人都可以承受。**寫書碰到瓶頸嗎？先寫一個字，再寫幾個字，構成一個句子。寫不出句子嗎？給自己六十秒就好，看你會寫出什麼東西來。

跑者經常區分輕鬆跑和奮力跑，當你輕鬆跑，身體流暢地擺動，從上一步彈跳到下一步，不知不覺就跑了一段距離。你的心到處神遊，注意力放在周圍的風景，而非跑步的機械動作。相反地，當你奮力跑，每一步似乎都難以克服，拚命燃燒心肺和雙腿，好不容易才達成一小時前輕鬆跑的速度。

有時候，唯有原子化可以誘導你繼續前進。每一步都只是小單元，但累計起來，就成了四分之一公里，然後是一公里，甚至五公里、十公里。如果達成目標的過程中，忙著計算這些小原子，你根本沒有多餘的時間或心力，去胡思亂想或癱瘓自己。原子化確實管用，因為你刻意想著任務細節，而非做這件事的情緒包袱，與其跟任務糾纏不休，還不如關注細微的單元。

東方哲學強調「放下」[12]，或選擇不戰鬥。中國有一則寓言，提到老子善用中國指銬來面試文武百官，在他們的食指套上竹編圓筒。動物受困時，出於本能會開始掙扎，中國指銬正是利用這個本能，兩根食指越拉扯就套得越緊，但只要靠近就會放鬆。突破難關的不二法門，就是放鬆不反抗。老子觀察大家受困的樣子，淘汰拚命掙扎、不願放鬆的那些人。在老子看來，懂得放鬆、停止抗爭，終而解脫的人，才是大智慧。他們不僅克服錯誤的直覺本能，面對極度的焦慮，還懂得放鬆下來。這個寓言可能是虛構的，但是其中蘊含老子的智慧。人面臨危機和重要決策時，傾向緊繃和僵化，但這麼做適得其反。**放鬆才可以節約能量，逼自己按下暫停鍵，考慮有哪些選項。**

老子主張讓步，但這個觀點並不受歡迎。顧名思義，讓步就是降低標準，上一秒還堅持的立場，下一秒就要妥協。無數的心理勵志大師、科學家、藝術家、演員、運動員和無名氏都在說，降低標準是傳說中末日的開始。有人這樣說：「自尊是最重要的。」還有人說：「為了改善生活品質，一定要拉高標準。」蓋伊・川崎（Guy Kawasaki）也說：「你降低標準，對任何人都沒有好處。」

降低標準不等於降低自尊

這種觀點很普遍，對於突破卻沒有幫助。標準過高會讓你動彈不得，所以很不切實際，而且近乎空洞。我們從小到大，在任何想像得到的領域，都被要求做到最好，以為只要想像成功的極致，成功的可能性就會變大。如此奮力追求和設定目標，導致很多人深受焦慮所苦，然而**心生焦慮，卻是在第一時間妨礙我們進步的主因**。

這些勵志語錄有幾個缺陷。第一，誤以為成功是二元的，要不是成功，就是失敗。事實上，很多目標是連續的，降低標準正是滿意決策者所謂「夠好」的結果，假設你希望薪水達到十萬美元，二十分鐘跑完五公里，或者在Instagram吸引一萬個人追蹤，但這些標準都是虛幻的，而且迷戀整數，如果是拿到九萬九千九百九十九美元、二十分零五秒、九千九百九十九個追蹤者，也沒有太大差別吧！（反過來思考，十萬零一元、十九分五十五秒、一萬零一個追蹤者，豈不是比原來的標準更好嗎？如果你不這麼想，為什麼稍微低於原來的標準，就要覺得功虧一簣呢？）

第二，這些勵志語錄把標準變成道德議題了。有些標準確實有道德成分，例如強納森・薩法蘭・弗耳（Jonathan Safran Foer）《吃動物》（*Eating Animals*）的第一章[13]，回憶他跟祖母的談話，祖母聊到世界第二次大戰尾聲時，她住在東歐，老是覺得恐懼和飢餓。有一次她太餓了，覺得自己快死了，有一位善良的俄國農夫，給她一塊肉：

「他救了妳一命。」

「我沒吃。」

「妳沒吃？」

「那是豬肉，我不吃豬肉。」

「為什麼？」

「什麼為什麼？」

「因為不符合猶太飲食規定嗎？」

「當然。」

「即使可以救命也不吃嗎？」

「如果什麼都不重要了，那還有什麼好救的？」

弗耳的祖母重視特定的標準，這關乎她的道德認同，所以她寧願死去，也不願妥協，但這種標準很少見。事實上，大多數標準都無關道德，也無關善惡。就算你接受低於原始標準的結果，你還是可以成為了不起的人，比原始標準更低的想法、薪水或創意產出，為你創造了進步的條件，反之固守原始標準不放，你會立刻卡住。

第三，這些勵志語錄混淆了標準和自尊，誤以為下修標準，就是不尊重自己。有些標準關乎個人認同或核心信念，當然不可動搖，但其他標準可以隨時調整，不必覺得自尊受損。與其固守不合理的標準，陷入僵局，還不如放棄原本設定的大躍進，追求逐步的進化。

為什麼降低標準有道理呢？當你不再認為大躍進是唯一的道路，你會立刻開啟進化的可能。無論是做音樂、玩藝術，參加數學測驗或大學聯考，或要求加薪或升遷，總會有個「明天」吧！進化需要時間，大多數進步都是在數周、數月、數年或數十年的時間裡，逐漸展露出來。如果硬要追求大革命，實際上卻沒有可行的路徑，絕對會動彈不得。有時候讓自己完全停下來，重新定位，反而是前進的最佳辦法。

第五章

在球場散步的足壇之神——用小準備蓄積大場面的戰鬥力

為什麼世上最優秀的人，可以從七十億人口脫穎而出呢？卓越的才華，看起來常常像革命，因為他們做事情的方式前所未見；但很多革命性的才華，其實是基於漸進式調整。即使才華還不夠出色，透過日積月累的微調，就可以克服弱點和焦慮。

說到世界第一的阿根廷足球選手萊納爾．梅西（Lionel Messi）[1]，他奪得的金球獎（Ballon d'Or trophies，頒給年度最佳足球員）比任何選手還要多。他一年射門的球數，超過其他在世的足球員，稱霸西班牙足球甲級聯賽（La Liga），也是當今足壇進球率最高的球員，幾乎每一場比賽都射門成功。

二〇二一年八月，梅西離開他長期效力的巴塞隆納隊，球隊的電視頻道上，播放著梅西為球隊踢進的每一顆球，這節目從晚上十一點十五分開始，一直播到凌晨四點半，連續播放數百次持續幾秒鐘的進球（有些人抱持不同看法，認為克里斯蒂亞諾．羅納度（Cristiano Ronaldo）

才是當今最優秀的足球員，但梅西奪得的獎項最多，兩人球隊實際對決時，梅西的戰績更勝一籌，而且世界上最頂尖的選手以及球評都推崇梅西〕。

梅西稱得上足球天才，有很多原因。只要他搶到球，幾乎不可能斷球，射門的速度快到令人不敢置信！梅西厭惡假摔（diving）的動作，他寧願高速狂奔，繞過試圖絆倒他的對手。梅西最厲害的能力，莫過於對比賽的「洞察力」。他個子小，只有一百七十公分，但他踢球的時候，彷彿高高在上，享受鳥瞰的戰略視角，比場上其他二十一位球員，更能夠看清比賽。

雖然他才華洋溢，但也是出名的焦慮。有好幾年的時間，梅西參加大比賽前，經常在球場嘔吐。當時阿根廷的教練亞歷山卓．薩維利亞（Alejandro Sabella）為梅西辯解：「在這些時刻，焦慮會凌駕一切。」梅西也坦承，他在球場上會焦慮。二〇二〇年十月，疫情解封後首場球賽，阿根廷以一比零擊敗厄瓜多，一開始並沒有掌握好速度和強度，梅西認為是「緊張」引起的。後來阿根廷國家隊面臨一連串失利，另一位前阿根廷教練，同時也是足球明星的已故球員迪亞哥．馬拉度納（Diego Maradona），曾經痛批梅西：「一個比賽前要上二十次廁所的人，來當球隊領袖，有什麼用處？」

才華洋溢的人也無法避免焦慮，正是因為對自己的期待太高，但梅西並沒有讓焦慮抵銷他的才華，因為他掌握了一種應對機制，這也是他發揮戰術的祕密之一。

足球賽持續九十分鐘（外加幾分鐘傷停補時），大多數球員從第一刻起，就開始積極參賽。哨音一聲響起，立刻催促隊友傳球，貫徹教練在賽前規劃好的戰術。

最優秀卻最少奔跑的足壇之神

梅西最出名的是，開場幾分鐘內，不積極參賽。這就是他的進化微調，讓他打出更高水準的比賽。開場幾分鐘內，梅西在球場中間來回漫步，幾乎不跟隊友交流。其他球員忙著奔跑和衝刺，梅西卻把時間耗在散步，速度很少超過慢跑。一位足球作家觀察到：「一開始交流的階段，梅西對足球沒什麼興趣，而是四處徘徊，幾乎不在草皮留下痕跡，只靜靜觀察對手的弱點和漏洞。」足壇只有少數的球員，可以在每分鐘得過分（從第一分鐘到第九十分鐘），大多數球員會在隨機的時間裡錯失得分機會；相反地，梅西在每分鐘都進過球，唯獨開場後前兩分鐘。

這兩分鐘內，梅西做了兩件事。首先，他讓自己冷靜下來。梅西緩慢進入比賽，這樣他在剩餘的比賽時間，就可以完全投入。這是他應對焦慮的方法，否則焦慮的情緒，在他早期的足球生涯一直拖累著他。從這之後，他再也不會在場上嘔吐，一部分是因為他找到更有效的方法，來放鬆自己緊繃的神經。

其次，他利用這段時間，仔細觀察對手。他的雙腿緩慢移動，雙眼卻掃過一個又一個球員，評估對手的優勢、弱點和戰術，並且監控隊友跟球的互動。雖然在比賽之初，梅西對球隊沒太大價值，但他刻意暫停，提升了自己在剩餘九五％比賽時間的價值。梅西職業生涯的前十八年，都在為巴塞隆納隊效力，他碰過的教練們，都容許他先放鬆，以換取後續的優勢。

前巴塞隆納隊教練佩普．瓜迪歐拉（Pep Guardiola）回憶：「右邊，左邊，左邊，右邊，他嗅出後衛的弱點。經過五到十分鐘，他心中就有了地圖，如果在這裡移動，有更多空間去進攻。」另一位巴塞隆納隊的教練歐內斯托．巴爾韋德（Ernesto Valverde）也說，梅西利用比賽前幾分鐘，觀察對手的每一個動作，特別是找出他可以利用的弱點。有些球員是在比賽之前，觀看影片或閱讀專家分析，拚命找出對手的優勢和弱點，但梅西更喜歡比賽當天再來思考，因為優勢和弱點每天都在變，更何況球隊陣容改變，球員的反應也會跟著變。

如果把足球賽分成「準備期」和「參與期」，梅西特別重視準備期。二〇一七年，梅西所屬的巴塞隆納隊，跟勁敵皇家馬德里隊，打過一場經典球賽，梅西在九十分鐘的球賽中，只奔跑四分鐘，其餘八十幾分鐘都在散步。可是，他參與的時候相當剽悍，創造了九次機會，進了一球，還傳球給隊友，再進一次球。這種比賽模式，在梅西身上並不少見，越重要的比賽，他越重視場上的準備。正因為有準備，才可以接二連三，在適當的時間，跑到適當的位置。

梅西站在什麼位置，看似神來一筆，但絕非奇蹟！這可是他分分秒秒學到的，某個防守員會漏掉某個空隙，或者兩個中場球員向中央聚集時，可能會漏掉某個小角落。愛爾蘭球評肯．厄爾里（Ken Early）若有所思地說：「在節奏最快的足球時代，最好的球員卻很少奔跑，這肯定有什麼道理！」

讀懂勁敵舌頭的阿格西

在比賽當中拚命準備，絕非梅西的專利！網球明星安德烈．阿格西（Andre Agassi）的表現，沒有梅西那麼穩定，他的網球生涯起伏不定。他創造每一個輝煌時刻之前，還要解決濫用藥物、長期運動傷害、感情糾葛。二十歲他剛進入球壇，輸掉一場重要比賽，據他的說法，他是擔心自己的假髮，會在比賽中掉下來。

等到他成功了，他的成就相當輝煌！他結束漫長的職業生涯時，他是唯一完成「超級大滿貫」的男性網球選手，贏得了全球六項最重要的網球賽：澳洲公開賽、法國公開賽、溫布頓網球賽、美國公開賽、ATP世界巡迴賽、奧運。阿格西是天賦異稟的擊球手，但他最強大的武器，其實是腦袋！他會詳細規劃、分析和解讀比賽。

阿格西的勁敵之一，正是德國網球明星鮑里斯．貝克（Boris Becker），他發球特別厲害！阿格西回憶：「我跟貝克前三次交手，都是他贏[2]，因為他的發球動作，我前所未見。」貝克的發球動作確實獨特，先深蹲，讓身體完全伸展，再揮拍，擊出速度最快的發球。阿格西束手無策，不知道該如何應對，並公開承認，他會盡可能避免跟貝克交手。這段競爭令他焦慮，於是他訴諸另一種戰術，類似梅西的策略：關注貝克每一個發球動作。阿格西好奇，有沒有什麼竅門，可以更穩定回擊貝克的發球？阿格西突破難關，關鍵就在於貝克發球前，有一些幾乎察覺不到的小動作。將近三十年後，阿格西接受訪問，解釋他如何逆轉勝：

我看了一部又一部他的比賽影片，還跟他交手過三次，我終於發現，他有一個奇特的吐舌動作。他有自己習慣的動作會反覆出現，比如他拋球之前習慣吐舌頭，舌頭要不是在嘴唇正中央，就是在嘴唇的左上角。如果他在右側場區發球，吐出來的舌頭剛好又在嘴唇中央，他會往中線或對手的身體發球；反之如果他吐出來的舌頭靠側邊，就會往外側發球。

貝克跟無數頂尖選手打過數百場比賽，但唯有阿格西發現這個「線索」。貝克在發球前幾毫秒吐舌頭，這時候對手正忙著備戰，注意力都放在自己身上，以便蓄勢待發，回擊貝克的發球，但是阿格西不一樣，他保持清醒頭腦，關注距離自己八十英尺外最短暫的小線索。阿格西翻看貝克的比賽影片，證實自己的直覺無誤，貝克的舌頭完全透露了發球落點。阿格西輸了三場後，隨即在後續十一場賽事贏了九場。貝克對於這個轉變，百思不得其解，阿格西這麼說：

等到貝克退役，我告訴他這件事。我忍不住問他：「對了，你知道自己發球時有這個動作嗎？」他差點從椅子跌下來，他回答我：「我之前比賽回到家，就一直跟老婆說：『阿格西好像能讀懂我的心。』原來你只是讀我的舌頭。」

梅西和阿格西焦慮的原因各不相同，一個是天性使然，另一個是面對強勁的對手，但他們都刻意準備和暫停，讓自己有機會突破。無論任何運動項目，最頂尖的運動員參賽時，總給人輕而易舉的錯覺，以為不費吹灰之力，就達到巔峰狀態。比賽的瞬間，他們確實是輕鬆以對，但為了營造輕鬆的錯覺，可是經過深思熟慮。

對其他人來說，這一課顯而易見。焦慮的時候，無論是在體育比賽，或是生活其他領域，不妨停下來，放慢腳步，給自己時間準備。梅西犧牲開賽後幾分鐘，阿格西放棄了幾次回球機會，以便蒐集有利的資訊。**有時候卡住了，更要放慢腳步，而非加速衝刺。**

連飛行員也需要「神聖的暫停」

我在第四章提到布萊克的「全然接納」，她強調慢下來，其實是克服焦慮的關鍵。事實上，她不只提倡慢慢來，還主張完全暫停[3]！對她來說，如果人被焦慮卡住了，暫時前進不了，最好停止行動。

布萊克這個人很討喜。你去YouTube搜尋她，可以找到數小時的影片，看她如何在教堂、大廳、禮堂迷倒眾生。她講話輕聲細語、咬字清楚、從容不迫，刻意強調每個字，彷彿若有所思。她講了一個故事，提醒大家面臨阻礙時，學會停下來，或者什麼事情都不做。這段故事是湯姆·沃爾夫（Tom Wolfe）先說的[4]，講述一九五〇年代美國一群試飛員。訓練有素的飛行員接到命令，必須在極高的海拔飛行，屆時就連空氣動力學的通則也不適用。

「飛機在這種海拔飛行，會進入平尾旋（flat spin）的狀態，就像把餐碗放在打完蠟的美耐板檯面上，然後開始翻滾，不是旋轉也不是俯衝，飛機會翻來覆去。」飛行員會開始慌亂，瘋狂操控調整。有些飛機會直接墜落，飛行員只好向地面站求助。

其中一位試飛員查克·葉格（Chuck Yeager），他是首位超越音速的飛行員，他和其他人一樣忙著操縱飛機，但是在高海拔飛行，飛機劇烈擺動，把他撞暈了，不出幾分鐘，飛機朝地面墜落，一下子墜落五萬英尺，他卻癱在位子上一動也不動。最後，飛機降到氧氣濃度較高的區域，他終於恢復意識，穩住飛機，安全著陸。他無意中學到，在如此恐懼的時刻，生存的祕訣就是什麼都不做，停下來，等待時機再戰。

在布萊克看來，葉格的經歷傳達一個重要的教訓。面臨阻礙時，大家習慣奮力抵抗。生存本能告訴我們，艱困時期要做更多事，而非更少事，但做得越多，往往適得其反。葉格會倖存下來，是因為他動不了，後來才做出有用的行動。之後的飛行，他和其他飛行員都學會了，克制自己行動的本能，即使飛機劇烈朝著地面翻滾，也不為所動。**布萊克從靈性的視角出發，把這個時刻稱為「神聖的暫停」（sacred pause），讓你做好準備，在最需要行動的時候出擊，以免你貿然行動，害自己越陷越深。**

布萊克建議，當你面對困境，先暫停一下，比方遇到溝通困境，明明該傾聽，卻忍不住想說話；焦慮來襲時，難以思考、說話或寫作；被責任壓到喘不過氣來等。她認為「神聖的暫停」很強大，可以停止手邊的一切事情，舉凡走路、聊天、進食和焦慮，直到心情冷靜下來，準備好重新跟世界接軌。

布萊克認為，激進的暫停偏向靈性層面，但其實有科學研究支持。心理學家為了探討暫停對談判的價值，邀請六十對大學生，一個扮演招聘人員，另一個扮演求職者，一起洽談工作待遇。研究團隊錄下求職者和招聘人員洽談待遇的對話，關注談判過程中到底創造了多少價值，而不僅是哪一方居於主導地位。大家不習慣沉默，所以對話進展得很快。大家喜歡有噪音的陪伴，即使噪音有反效果，卻可以掩飾尷尬和焦慮。大多數組別會停頓一兩秒，但長時間的停頓很少見。停頓超過五秒的組合不到半數，但停頓是有價值的，尤其是持續三至十二秒。經過長時間停頓，雙方都會獲得更正向的結果，超越那些談判順利，毫不停下思考的組別。

研究團隊做了第二項研究，要求一些組別刻意停頓，其餘組別順其自然。這再度證實，暫停是有價值的，為雙方創造更好的結果，促使談判者覺察某些問題，只要好好談一談，就可以創造雙贏，而非一味對抗。**如果將談判視為零和博弈，往往會創造較少價值；適時的停頓，或許會激發有價值的合作。**

沉默會平息焦慮，激發思考。表演藝術家深諳此道。保羅·賽門（Paul Simon）談到自己的音樂，有些歌詞確實讓聽眾難以消化[5]，可能太過複雜或出乎意料，要騰出一段寬裕的休息時間，才有辦法吸收。賽門這樣說：「我嘗試在困難的歌詞後面留白，可能是沉默，也可能是老調重彈，讓耳朵有機會『趕上』歌曲，迎接下一段思考，否則聽眾會迷失。」

喜劇鬼才也善用類似的方法，透過刻意的沉默，來控制觀眾的情緒狀態。喜劇的設定和笑點，夾雜著「節奏」或暫停，這些都經過精密的計時。新手喜劇演員大多覺得沉默令人尷尬，急著講出笑點。錯了！如果節奏太短，觀眾會忙著理解笑話的設定，導致笑點失去了威力。

一些喜劇大師何止是暫停，還是意味深長的暫停，把節奏拉長，直到觀眾渴望笑點的到來。吉恩．懷爾德（Gene Wilder）堪稱「喜劇暫停大師」，是一位冷面笑將，每個字之間都習慣停頓一兩秒。一九七四年的《閃亮的馬鞍》（*Blazing Saddles*）中[6]，懷爾德飾演瓦克小子（Waco Kid），試著安慰卡萊文．里台（Cleavon Little）飾演的黑人警長，警長剛在邊境小鎮走馬上任，忙著跟白人居民打交道。懷爾德緩慢地說：「他們就是住在這塊土地上，普通的西部人，你懂的……就是一群笨蛋。」懷爾德花了十六秒鐘說這幾句話，而且在丟出笑點之前，特地暫停幾秒鐘。這句台詞不僅有趣，還化解了警長對抗鎮上種族主義的緊張氛圍。

懷爾德就像葉格一樣，一次次忍住不出手！他們領悟到，有時候最明智的做法就是暫停，就算只有幾秒鐘也會發揮作用，但是布萊克跟大家解釋，有時候暫停要持續久一點：「幾乎任何活動都可以暫停，可能持續一瞬間、數小時或生命某幾個季節。」暫停的代價微不足道，然而後續的回報遠超過代價本身。對葉格和其他試飛員來說，暫停可以保命。對梅西和阿格西來說，暫停可以暫時忘卻比賽，舒緩神經，長期下來更有戰力。布萊克說：「打斷慣常的行為，讓我們能夠發揮創意，用新方法回應欲望和恐懼。」

抵抗菸癮最有效的RAIN正念法

你可能會想，暫停比聽起來更困難，畢竟我們面對沉默和焦慮時，本能是採取行動。飛機向下俯衝時，葉格剛好暫時失去意識，他才可能什麼都不做，其他試飛員就沒有那麼幸運了，不可能無所作為看著自己墜地，所以基於本能反應，會緊抓著操控系統。然而，久而久之，葉格也開始訓練自己不作為。不作為，是需要練習的。

賈德森．布魯爾（Judson Brewer）是精神病學家和神經科學家，他大半的職業生涯都在思考不作為。大約十五年前，布魯爾以正念為基礎，發明一套治療成癮的方法[7]。他指導成癮者按照R、A、I、N四步驟，在渴癮（craving）爆發時，抵抗焦慮的情緒波動。

R（Recognize）：辨識正在發生的事

A（Allow）：允許它發生

I（Investigate）：**探索**你的情緒和想法（例如身體有什麼反應？）

N（Note）：**注意**每一刻發生的事情

這聽起來好像布萊克會給的建議，布魯爾也說這個方法受到布萊克的啟發。為了驗證這個方法，布魯爾找來難以戒菸的老菸槍。尼古丁成癮出名地難戒，比許多即時反應更強烈的毒品還難以戒除。這是因為尼古丁屬於興奮劑，可以在任何時段、任何情況下使用（不像酒精或海洛因會導致遲鈍），也比其他物質更被社會接納；雖然會透過微血管快速傳遞至全身上下，對人體的傷害卻沒有其他物質快，可以連續抽菸數十年不間斷。

布魯爾推出這個計畫前，先拿自己做實驗，這是臨床界的習慣，可以證明哪些方法有效或無效，一旦病人有疑慮，提出尖銳的問題，也有辦法說服病人。布魯爾寫道：「我自己不抽菸，但我必須設法理解，為什麼病人不抽菸腦袋就會爆炸。我總不能說：『我是醫生，不管我說什麼，你就得照做。』不可以這樣，我要博取病人的信任，他們必須相信我說的話。」

尼古丁的半衰期大約兩小時，所以一開始戒菸，必須先克制每隔兩小時就想點菸的衝動（如果你曾留意，會發現吸菸者傾向間隔幾小時，再抽下一根菸）。布魯爾推測，一旦吸菸者可以連續兩小時不點菸，就會養成不抽菸的新習慣，然後逐漸拉長，直到再也沒有抽菸的衝動。他強迫自己連續兩小時靜坐冥想，來模擬忍住不抽菸的掙扎期。不安的時刻，他遵循R、A、I、

N四步驟，包括辨識、允許、探索、注意，一旦他動了身體，就要全部從頭開始。

聽起來很容易嗎？可是，連續兩個小時安靜坐著，沒有任何娛樂，其實是很長一段時間。（想像一下，你本來要觀賞最喜愛的電影，卻發現電視壞了，只好閉目養神）。布魯爾寫道：「真正令我難受的，並非長時間不動的肉體疼痛，而是躁動不安的心……渴癮一直在大喊：『快起來啊！』」

布魯爾嘗試幾個月，快要成功了。他撐了一小時四十五分鐘，但還是屈服於不安的感受。他這樣描述：「有一天，我終於做到了！我整整坐了兩小時……後來每次靜坐，就越來越輕鬆，因為我有信心做到。我終於明白，我的病人也可以戒菸成功，只是需要合適的工具。」

布魯爾說得對！他的病患卡住了，戒不掉世上最容易上癮的物質，但經過一次又一次研究，比較RAIN正念法和當時最有效的成癮療法，結果發現RAIN的效果超過了兩倍。過了幾個月，採用其他療法的病患故態復萌，RAIN正念組還是沒有抽菸。RAIN正念法教會病患一件事：在身體最渴望行動時，刻意暫停下來，這樣戒除菸癮的效果，竟是其他療法的五倍以上。

布魯爾RAIN戒菸法包含四個步驟，其中第二個步驟「允許」，大概是最關鍵的，只是允許某一種體驗湧上心頭，聽起來輕鬆快意，不用做任何事，但這才是最難做到的，因為你有行動的衝動，卻要忍住不動。

允許少量的不安，才能面對大量的困境

有一個知名的實驗，可以證明人有強烈的行動力[8]。一九七〇年代，社會心理學家史坦利・米爾格蘭（Stanley Milgram）探討社會規範的力量。他好奇的是逆流而上，衝擊社會常規，到底是什麼樣的感受。某個實驗中，他要求一組學生搭乘紐約的地鐵，隨機向二十位乘客請求讓座。這個請求很簡單，卻違反在地鐵上不打擾別人的社會規範，只有極少數學生達成任務。米爾格蘭聽完學生的報告，親自嘗試，結果發現同樣困難。他上了地鐵，走近第一位坐著的乘客，頓時僵住了。他受訪時表示：「那些話似乎卡在喉嚨，無法說出口。」他退後幾步，不禁心想：「你怎會如此膽小？」如果要完成這項任務，米爾格蘭和學生必須**允許**那股不安湧上心頭。

多年後，我要求一些學生違反更簡單的規範，不需要任何行動，也不需要跟別人互動。他們的任務是搭電梯，背對所有乘客，獨自面向後側，而非像大家都面對電梯門。大家不妨試試看，這超級尷尬，別人會以為你精神有問題。我自己也嘗試過，那股「做些什麼事」的衝動，令人難以抗拒。大多數學生告訴我，電梯到達時，他們忍不住向其他乘客道歉：「對不起！這是教授逼我做的實驗！」

然而，咬緊牙關撐過去，竟有解脫的感受。你會感到更強大、更自信、更有力量，因為你完全忍住了向別人解釋或逃避的衝動。這也適用更廣泛的阻礙！**少量接觸一些小困境，可以提升**

你對困境的抵抗力。布魯爾學會這個方法，讓自己冥想的時間，從幾分鐘拉長到一小時，再到兩小時。你忍住不動的時間越長，越有可能戰勝困境。

在米爾格蘭心裡，他擔心提出讓位的要求，其他乘客可能有何反應。紐約人不以溫暖友善著稱，地鐵上的個人空間有限，硬要跟紐約人接觸，似乎還滿危險的。如果遇到暴躁的乘客，會不會站起來攻擊他？對方會不會咒罵他，對他大呼小叫？米爾格蘭最後發現，這些事都沒有發生，他接觸的乘客反而比他更害怕。他們在心裡自問：「怎樣的瘋子會要求我讓座？」他違反的社會規範太根深蒂固了，只有最危險的分子膽敢無視！

米爾格蘭腦中閃過的危險，跟艾力克斯．霍諾德（Alex Honnold）在工作面對的最壞情況相比，顯得微不足道。你可能聽過霍諾德的大名，他是二〇一八年紀錄片《赤手登峰》（*Free Solo*）的主角，他以徒手攀登酋長岩（El Capitan）而聲名大噪，亦即不使用繩索，獨力攀登。

霍諾德多次卡關[9]，這其實是攀岩的本質，即使最頂尖的攀岩者也會經常卡關，比方岩壁太堅硬或太濕滑，或者腳踏點承受不了身體重量，就得回頭認輸。身為徒手攀登者，如果冒無謂的風險，根本不可能存活這麼多年。這就是霍諾德個性的弔詭：他過著最難以想像的危險生活，同時又厭惡冒險。霍諾德接受公共電視台蓋伊．拉茲（Guy Raz）的訪問，就曾經表示：「我討厭投機，大家說到風險時，彷彿失敗沒什麼大不了，尤其是金融風險，人們願意承擔金融風險，是因為上行的機會，永遠大於下行的機會；但是徒手攀登不一樣，因為下行風險無限，我必須把這個機率降到零，你明白嗎？」

霍諾德兼具的特質相當罕見。這世間能有多少人，可以面對迫在眉睫的死亡毫無畏懼，同時盡一切可能避免風險呢？這就是他成功的原因。他願意在大型攀登之前，讓自己暫停，好好準備數月或數年，一旦他決定開始攀登了，又毫無畏懼地攀爬。

霍諾德不投機，習慣縝密規劃，主要是因為二〇〇八年的經歷。那一年，他完成一次重要的徒手攀登，就在優勝美地國家公園（Yosemite National Park）的花崗岩，叫做「半圓丘」（Half Dome）。霍諾德先跟搭檔一起，用繩索攀爬半圓丘，過了幾天再獨自徒手攀登。他運用這次練習機會，徹底了解攀爬路線，以規劃他的獨自徒手攀登。他徒手攀登當天，決定偏離他先前練習的路線，一部分是因為先前的路線不好爬，所以他挑選不太一樣的路線，繞過最危險的路段，但他從來沒有練習過。

他繞過花崗岩板塊的彎角，面對一塊光禿禿的花崗岩，腳沒有地方踩踏，手也沒有地方抓，這是徒手攀登者最可怕的噩夢。他測試幾個腳踏點，但似乎沒有一個安全，他回想：「我開始慌了，我明明知道該怎麼做，但我太害怕了。我要做的就是踩出右腳，那一瞬間感覺像永恆，我終於接受了我必須做的事，果然沒有滑動，所以我沒死。我完成這個動作，象徵我通過最困難的部分，於是我直接往頂峰衝刺。」

那一天很順利，但霍諾德窘迫不安：「我對自己的表現失望，因為我知道自己僥倖逃過一劫。接下來一年左右，我停止徒手攀登，因為我知道不可以養成僥倖的習慣。我不想成為僥倖的攀登者，而是真正偉大的攀登者。」霍諾德在一年裡逐漸領悟到，他距離最終的災難有多近。他在徒手攀登的領域暫時卡住了。值得讚揚的是，他利用那段時間，養成更謹慎的新習慣，準備好迎接更艱鉅的徒手攀登挑戰。

過了十年，經過無數次獨自攀登，以及跟搭檔一起用繩索攀登，霍諾德終於準備好了，要獨自攀登酋長岩。他的準備工程很浩大，花了兩季訓練，計畫中止多次，可能是他覺得當天沒準備好，或者沒把握。除了培養基本體力，他還要完成全部三十三個繩距與每個腳步，路線總長達到三千英尺。有的需要蠻力，有的需要跨跳，有的仰賴非凡的靈活度。每一個動作，霍諾德都用繩索練習過數十次，但是他大部分的準備工作，都著重心理層面。他在腦海裡演練每一個繩距，直到他確定自己熟練，可以徒手攀登為止。

他成功攀登酋長岩的那一天，早晨起床時感覺非常好。他說：「那一天，我沒有感到任何風險。我的意思是，我覺得徒手攀登酋長岩，是我多年努力的結晶。練習，會讓你對這件事變得沒那麼敏感。人要拓展舒適圈，唯一的方法就是緩慢朝著邊緣推進，直到最後，你會對原本不熟悉的事物，感到無比自在。」他動身之後，過了三小時五十六分，登上酋長岩的頂峰，創下了最高的徒手攀登紀錄。

梅西和阿格西因為有準備，成為更優秀的運動員，但是準備這件事，對霍諾德來說有不同的意義，這確保他只在「適合」的時機卡關，也就是練習攀登的時候，如此一來，他生命岌岌可危時，內心才會輕鬆。霍諾德心裡很清楚，最佳的卡關時機，正是為大型攀登規劃和準備的時候，他同時做了生理和心理準備，畢竟有繩索和夥伴的攀岩，跟獨自徒手攀岩大相逕庭！**既然我們難免會卡關，何不挑在風險最小、教訓最多的時刻呢？**這些時刻過後，還會有第二次機會，或者後果沒那麼嚴重，所以在這時候困住沒什麼關係，**這種困境反而有教育意義，等到大場面來了，你會更有戰鬥力。**

我們從霍諾德身上，學到暫停和準備的價值，更重要的是，何時該中途放棄。如果準備不充分，或者精神不穩定，霍諾德不怕回頭。阿格西掌握貝克的發球，梅西準確洞悉對手，以及布魯爾說服老菸槍戒菸，都是因為暫停和準備的緣故。

雖然暫停和準備有諸多好處，但等到大場面來了，計畫仍有可能趕不上變化。霍諾德曾經放棄數十次徒手攀登計畫，阿格西和梅西曾經輸掉無數比賽，布魯爾實驗結束後，仍有老菸槍故態復萌。失敗了，會感到焦慮和不安，如何掌握這些情緒，才是真正的關鍵。這就是為什麼有些人可以突破，有些人卻永遠深陷困境。

第六章

挑戰一百種恐懼的女孩——善用困境疫苗與暴露療法

焦慮是萬用的警報系統，提醒你哪裡出問題，比方身體移動得太快，工作超出負荷，或者下腦區察覺到危險，但前腦區還沒意識到。有時候，警報系統是有益的，促使你修復緊迫的問題，否則你可能會忽略。然而，焦慮也會害你原地踏步，或者面對微不足道的問題時，情緒失控高漲，在這些時候，焦慮是在挖洞給你跳，而非解救你。

當你卡關了，大多數焦慮都是無益的，明明只是暫時的小挫折，卻焦慮地誤認為長期的大威脅。焦慮是對阻力的自然反應，但有些人成功借助經驗、策略或個性，調適或超越這種焦慮，這群人到底有什麼獨到之處呢？

如果你周一早上起床，無視手機，繼續睡了十二小時，會發生什麼事？漏做一份工作？孩子枯等你做早餐、送他們去上學？讓原本需要你照顧的人不知所措，即使只有一天？度過毫無規劃、混亂失序的一天，你會失去多少呢？

從這個答案，就可以看出你富不富有。雖然你擁有數十億美元，但只是睡一天懶覺，就會導致跨國企業或政府垮台，從時間自由來看，你還真不富有！如果你屬於中產階級，擁有大量自由的時間，這樣來看，你是非常富有的！

我們通常不認為財富等於自由，要看個人長期的資產負債表。富比士四百富豪榜，正是這種觀點。一九八一年，邁爾康．富比士（Malcolm Forbes）請總編輯彙整美國四百位大富豪的名單[1]。一九一七年富比士的父親創辦了《富比士》（*Forbes*）雜誌，父親和他都支持資本主義和自由市場。他蒐集法貝熱彩蛋（Fabergé eggs）、遊艇、飛機和摩托車，身價高達數億美元。富比士選擇四百這個數字，聽說是因為卡洛琳．阿斯特（Caroline Astor）知名的舞廳，剛好可以容納四百人。

於是，《富比士》雜誌一小群寫手，開始在全國找線索，在紐約知名的公園大道和第五大道，觀察建築物柱石上出現的名字，並且找銀行家、記者和募捐單位採訪數百次。為了擠進首屆富豪榜，大亨們必須證明自己有大約一億美元淨資產（相當於今日的二十億美元）。首屆上榜富豪既欣喜又惱火，媒體巨頭邁爾康．伯格（Malcolm Borg）抱怨：「全國每個該死的股票經紀人都打電話給我！」房地產大亨威廉．霍維茲（William Horvitz）倒覺得，入選「令人內心歡喜」。

可是，深究這份榜單，你會發現無數人擁有鉅額財富，時間卻相對有限。複雜的金融生活雖然帶來數十億財富，卻幾乎沒留下所謂的「寬裕時間」，或者「時間自由」。這些人要消聲匿跡個幾天或幾小時，都沒有那麼容易。

在這四百個億萬富翁之下，還有成千上萬的人想擠進富豪榜。我很清楚，因為我有些學生也有類似的志向。如何從背學貸到身價數億？關鍵就在於卓越的效率。如果不「熱愛奮鬥」，無法在跨國巨頭脫穎而出，無法找到「改變世界」的新創企業，人生就失敗了。他們因為這種世界觀，承擔龐大的壓力。人生沒有效率低落的餘地，沒有寬裕的時間。為了想像中的未來幸福，一路蹣跚前進，卻犧牲了人際關係和周末，更重要的是，犧牲了今天的幸福。

如果你也這樣想，你會感受到接二連三的挫折，然後引發劇烈的焦慮。我之所以說「感受」，是因為其中許多挫折，只存在你的腦袋裡。既然你覺得「奮鬥」是進步的代名詞，偶爾放慢腳步綁鞋帶，對你來說也會是失敗。錯過一次運動、高蛋白飲或一小時的社交活動，當然也是失敗。**你對成功的定義太狹隘了，以致一直在失敗。**人不是機器，把自己當成高效機器人，正是你走向過勞的第一步。

如果你極度渴望成功[2]，許多成功人士反而會建議你放鬆。艾伯特・愛因斯坦（Albert Einstein）的生產力驚人，但其實時好時壞。生產力低迷時，他寬待自己。「如果工作不順利，我會在工作到一半突然躺下來，凝望著天花板，傾聽和描繪我心中的想像。」試著想像一下，一頭白髮的愛因斯坦，竟然在下午兩點鐘躺下來，凝視一片空白的天花板！這不是神話中的愛因斯坦，卻是他之所以偉大的原因。愛因斯坦不跟阻力搏鬥，而是把阻力當成波浪，任其席捲而過，趁機後退兩三步，「傾聽」自己的想像。他放棄鬥爭，反而讓阻力擊敗他，在這個過程中，他學會失敗的藝術。

莫札特也是如此，每當生產力低迷，他就讓自己慢下來。他發現自己最平靜的時候，作品最出色。他寫道：「當我完全做自己，徹底獨處、心情愉快時，是我思緒流動最順暢、最充沛的時候，比方搭馬車旅行，飯後散步，或深夜輾轉難眠。」莫札特歷經短暫的生產力巔峰，但並不持久。如果他每次生產力卡關，就開始跟心魔搏鬥，不可能會有一系列突破，寫出六百首交響曲和協奏曲。莫札特和愛因斯坦一樣領悟到，**為了拉回脫軌的頭腦，恢復生產力，最快的方法不是訴諸蠻力，而是尋求空間和獨處，接受有些失敗是必經過程。**

愛因斯坦和莫札特是難得的天才，原以為他們是追求成功的A型人格，沒想到卻是相對放鬆的B型人格。他們不站在巔峰，說自己熱愛奮鬥，而是向內撤退，擁抱寧靜，等待靈感在適當的時機到來。**這種悠閒面對挫折的態度，為失敗預留空間，接納生產力總有低落的時候，高峰和低谷相互交錯。**現代學習發展理論也主張，沒有遇到挑戰，不可能會進步，換句話說，成功之前，必定會經歷失敗。

找到屬於你的「適居帶」

幾年前，一群心理學家和神經科學家，試圖找出成功和失敗的黃金比例。光譜的一端是徹底的成功，另一端是徹底的失敗，這兩個極端都令人喪氣，只是原因不同。徹底的成功未免太無聊了，一點也不刺激。徹底的失敗也太累人了，令人灰心。這兩個極端之間，其實有一個甜蜜點，可以刺激長期的進步。研究人員表示：「當我們學習新東西，例如語言或樂器，經常在能力的邊緣，試圖挑戰自己。不會困難到令人洩氣，也不會簡單到令人乏味，我們直覺感受得到的甜蜜點，稱為『適居帶』（Goldilocks zone），特別適合激勵和學習，這已經是現代教學方法的核心。」

研究人員指出，最適的失誤率為一五．八七％[3]，但是真實的情況，比這個極度精確的數字還要多變，比方你今天心情好，可能會容忍較高的失誤率；當你心情沮喪或疲憊，可能完全忍受不了失誤。有些任務的失誤率就是比其他更高，如果你耐不住性子，恐怕會碰到更多失誤。再來，個性也有影響。愛因斯坦和莫札特輕鬆看待挫折，比一般人更願意包容錯誤，這就是他們成功的原因之一。

最適的失誤率，確實有存在的價值，可以提醒大家兩件事。首先，這提供一個客觀標準，確定什麼是最適的難度。如果你嘗試五、六次，失敗一次以上，失敗率恐怕太高了；但如果你從不失敗，或很少失敗，失敗率可能又太低了。其次，從情緒的角度來看，看到最適的失誤率，你會容許自己失敗。失敗不僅沒關係，還是必要的。要沒有盯著天花板的時刻（包括實際上和想像中的天花板），愛因斯坦和莫札特也不會一直那麼多產和成功。這些起伏和低谷，並不是干擾，而是必經過程。

當你正在學習新技能，五分之一至六分之一的失誤率，是一個有用的判斷標準，尤其是現在科技進步，你可以量化自己的成功。無論是學習新語言、編寫程式、踢足球新技巧、以特定的速度跑完特定的距離、在某段時間內持續冥想，都可以量化。起初，你的失敗率可能超過六分之一，如果遲遲沒有下降，你就知道自己失敗次數太多了，無法提高生產力。

這也適用於組織，如果企業願意包容一些失誤，反而會有最佳表現。一九九〇年代末，距離智慧型手機崛起前還有十年，摩托羅拉（Motorola）成立一家叫做銥衛星（Iridium）的衛星電話廠商[4]，銥是元素周期表第七十七個元素，因為最初要建立的衛星網絡，預計有七十七顆衛星繞行地球，猶如銥有七十七個電子，繞著原子核旋轉。

銥衛星許下了遠大的目標：要提供全球電話網絡，無論在地球上任何地方，都可以完美接收訊號，幾乎沒有通話中斷率。就連現今最精密的智慧型手機，都無法媲美銥衛星數十年前的技術。銥衛星股票掛牌時，令華爾街專家癡迷不已，但銥衛星追求完美的清晰度和連線，所以手機的價格高不可攀。銥衛星對於產品瑕疵，採取零容忍的態度，但電話用戶不這麼想，一般人願意為便宜一點的手機和服務費，包容一點點不清晰和中斷率。因此，追求完美會害到自己。

既然受挫是必然，接下來的問題是如何應對挫折。大約有一五．八七%的機率，事情會不如己意，你該如何處置呢？答案是面對失敗，而且要好好面對。有些人就是應對得特別好！

失敗的藝術很重要，因為失敗不會發生在終點，而是經常散布於漫長旅程途中，你如何應對失敗，將影響你剩餘的旅程。關鍵就在於積極面對，成功和挫折的一大差別，就是成功會激發類似的反應，失敗卻引發各式各樣的反應。大家都知道如何慶祝勝利，慶祝得可圈可點！從小就學習勝不驕敗不餒，這教訓早就深植人心。奧斯卡得主、葛萊美獎得主和奧運金牌選手，都懂得優雅迎接勝利，在一次又一次勝利中，表現相當得體。勝利時保持優雅很容易，但失敗時要展現優雅，就比較少見了！

一個人能否優雅面對挫折，主要取決於如何看待受挫的經驗。美國詩人傑克．吉伯特（Jack Gilbert）在《挫敗與飛翔》（*Failing and Flying*）指出[5]，我們往往忽略成功，關注失敗。吉伯特重新演繹伊卡洛斯（Icarus）的神話，開門見山地說：「每個人都忘了伊卡洛斯曾經飛翔」，只記得他離太陽太近，墜落地球表面。吉伯特最後幾句詩寫道：「我相信伊卡洛斯的墜落不是失敗，而是結束他的勝利之旅。」這句話也適用於全人類。大多數時候，當我們關注失落、失敗和失誤[6]，可以避免重蹈覆轍和貿然決策；但若要突破，只關注負面事件，反而會越陷越深。

吉伯特呼籲大家關注成就，我們是因為那些成就，才陷入困境。受困其實是進步的標誌，這象徵你跨越舒適和熟悉的領域，進入一個充滿挑戰的境地。關鍵就是要記住，邁向更艱難的領域，勢必會面臨挫折，有挫折，才會有長期進步。

人生難免有挫折，但伴隨而來的焦慮，是可以克服的。有一個方法可以保證你受挫不焦慮，那就是接受壓力試驗，提升你對挫折的抵抗力。這在運動員之間很流行。頂尖高爾夫選手都知道，暫時喪失注意力，可能會痛失無懈可擊的成績，如果你預計某一輪比賽要擊出七十二桿，不料一個小失誤（假設發生在第五十桿），這一輪恐怕要多打二至四桿。一場球十八洞，動輒打四、五個小時，人會分心或疲乏是正常的。

美國高爾夫選手菲爾·米克森（Phil Mickelson）[7]沒參加錦標賽時，每天至少會打兩場，來鍛鍊自己的注意力。米克森說：「我試圖拉長注意力，來督促自己進步。一天打三十六或四十五洞，專心揮出每一桿，等到我出去比賽打十八洞，就沒有那麼困難了。」

如果米克森成功訓練自己，專心揮出兩百桿，一般標準賽打個七十多桿，就沒有問題了。他說：「我把頭腦當成肌肉鍛鍊，不斷發揮它的力量。」這個方法的背後，假設人類的適應力非常強！對大多數高爾夫選手來說，十八洞就是莫大的挑戰，但是對米克森來說，這只占他訓練菜單的四成。米克森的「超額訓練法」，可以在高爾夫球場上，延緩身心的疲勞，同樣的方法也可以提升情緒韌性。

接種「困境疫苗」，為失敗培養韌性

為了驗證這個假設，我和三個同事研究十年來大學籃球隊的表現[8]。每季正式開賽前，會舉辦一系列季前「友誼賽」，就算打輸了，也沒什麼大不了。這是為了讓隊伍做好競爭的準備，成績並不會列入官方統計。季前賽有個特色就是隨機抽籤。有些年抽到強勁的對手，有些年遇到弱一點的對手。我們不禁好奇，季前賽抽到的對手是強是弱，會不會影響正式比賽的表現。

結果並不明顯。我們訪問教練專家，以及各領域的大學菁英運動員，意見不盡相同。有些人偏好輕鬆的季前賽，在正式比賽前提振信心。如果在季賽之前大獲全勝，沒有什麼比這更激勵人心吧！更何況受傷的機會也比較小，也不需要動用最強的球員。

有些教練和運動員抱持相反看法，認為有挑戰性的季前賽，關乎球隊最後的準備情況。如果只跟弱小的球隊打，根本沒機會調整策略，一旦正式比賽碰到強勁對手就沒輒了。有些人還說，學會輸球是重要的。輸球是難免的，就連最強大的隊伍，每個賽季或每場錦標賽，通常也會輸掉一兩場。因此，學會從失敗振作，是一項很重要的技能。有些教練擔心自家球隊輸球後，可能會一片愁雲慘霧，等到球隊恢復平衡，恐怕已經連輸兩三場。有這種疑慮的話，最好趁小比賽的時候輸球。

這種方法就叫做「**困境疫苗**」（hardship inoculation），這是從傳染病治療借來的名詞。先接種困境疫苗，一旦身心面對困難的挑戰，會變得更有韌性。為身體打預防針，就是在真正生病之前，讓身體暴露於小劑量或非活性的疾病中。困境疫苗也適用於挫折。我們觀察大學籃球隊的十個賽季，結果發現在季前賽打得很辛苦，季賽的表現會更好。這效果很顯著，根據我們的模型，季前賽打得最輕鬆的隊伍，如果當時遭遇更強勁的對手，季賽的成績可能會更好，例如在淘汰賽多打一兩輪。

困境疫苗也適合知識領域。人類在數千年前，就開始下複雜的圍棋，雖然棋藝隨著時間進步，但過去數十年大致停滯不前。直到二〇一六至二〇一七年，人工智慧棋手Go AI贏過真人圍棋手。世界上最頂尖的圍棋手屢次敗給Go AI[9]，但失敗也是契機，為圍棋開創了新時代。多年來，人類的棋藝始終突破不了瓶頸，但自從引進人工智慧，圍棋手似乎全面提升，下出更好的棋步，在最常用的評級標準中獲得更高的分數。迎戰優越機器的困局，反倒讓大部分圍棋手，釋放出從未發揮的能力。

除了體育和知識領域之外，你也可以針對情緒上的挑戰，預先打好預防針。蜜雪兒・波勒（Michelle Poler）有親身體驗，她是品牌策略師，展開「百日無懼計畫」（Hello Fears）。波勒從小就是焦慮的孩子，在一個焦慮的家庭中長大。她的祖先在第二次世界大戰期間，為了逃離納粹，跑到委內瑞拉開啟新生活，即使過了半個世紀，大部分的焦慮依然存在，延續到波勒在加拉加斯（Caracas）成長的過程。她說：「我媽從小活在莫大的恐懼中，我也是。雖然我們母女倆的恐懼不重疊，但對於恐懼的態度是一樣的：有恐懼，但不要受它影響。」

二〇一四年，波勒克服一系列恐懼[10]，搬到紐約生活，前往視覺藝術學院（School of Visual Arts）攻讀品牌管理碩士。開學第一天，教授提出兩個問題，改變她的人生。第一個問題，老師請波勒想像，未來十年她會身在何處。波勒想像她會成為成功的創業家，跟丈夫一起雲遊四海，到全球各大企業演講，以及在曼哈頓買一間公寓。第二個問題，老師問波勒，有沒有什麼關鍵的阻礙，可能會妨礙她實現這些目標。答案是四個大寫字母FEAR，也就是恐懼。波勒領悟到：「恐懼會妨礙我實現十年計畫，如果我很害怕被拒絕，怎麼可能應徵紐約最好的公司？如果我受不了不確定性，怎麼可能成為創業家？如果我覺得演講很可怕，怎麼可能在會議上談論自己的『成就』？我想要這些東西，而我卻非常害怕。」

雖然波勒沒聽過「困境疫苗」，但她領悟到，除非她學會忍受焦慮，否則夢想可能會落空。她有兩個選擇，一是什麼都不做，繼續跟恐懼保持距離；二是學會管理恐懼，為了十年計畫努力。她選擇打困境疫苗，展開「百日無懼計畫」。

接下來一百天，波勒每天做一件她害怕的事。有些恐懼關乎痛苦和危險，有些涉及尷尬、拒絕和孤獨，還有一些關於控制和噁心。第一個挑戰是，在她雙親的結婚紀念日，前往紐約巴爾塔薩餐廳（Balthazar）吃三顆生蠔。她在網站解釋：「我害怕看起來、摸起來、聞起來噁心的東西。為了避免不適，我只吃安全的食物，例如披薩、起司通心麵、辣金槍魚捲、玉米餅、玉米脆片，以及看不到眼睛、觸角或外殼的美味食物。」波勒把這段經歷拍成影片，過程並不順利，她吐了幾次，吐出第一顆生蠔，然後她鼓起勇氣，含著一口紅酒，一起把生蠔吞下去。

波勒至今仍討厭吃生蠔，她也不認為吞生蠔跟十年計畫有什麼關聯，但先注射幾支預防針，接納恐懼，未來追求十年計畫遇到真正的挑戰時，就有免疫力了。對她來說，吃生蠔等於季前賽，她派給自己特別難的功課。

波勒的恐懼五花八門。第十四天，她獨自在夜晚，開車穿越邁阿密街頭。第二十六天，她搭乘直升機。第三十五天，她站在人群面前演講。第三十九天她去捐血。後來，她還去挑戰人群衝浪（crowd-surfed）、擅闖別人的婚禮、嘗試單口相聲、駕駛飛機、垂降懸崖，直到第一百天，她要在五百人面前，完成一場TEDx演講。這些經歷改變了她。

「百日無懼計畫」結束後，西班牙語世界電視網（Telemundo）邀請她到邁阿密的攝影棚接受訪問，她無比緊張，當時她依然害怕公開演說，尤其是現場電視節目，她最大的恐懼果然應驗了，採訪不太順利。她回想：「我頓時忘了怎麼說西班牙文（那是我的母語耶）！我講了一堆英文，真是不應該，我就是太緊張了，腦袋無法思考。」

主持人透露波勒會去波蘭展開一段驚喜旅程，參加國際三月生命節（International March of the Living），這是一場路線介於奧斯維辛（Auschwitz）和比爾肯瑙（Birkenau）集中營之間的遊行，用以紀念大屠殺。波勒聽完頓時愣住了，努力恢復鎮定。最後，她不僅撐過一時尷尬，還運用這段經歷，提升未來克服挑戰的能力。這成為她新的人生哲學，每次她感到焦慮或面臨阻礙，她就會回想過去打預防針的過程，曾經克服一百多個阻礙。

不直接挑戰恐懼的「解釋深度錯覺」法

恐懼是困境的主要成分之一，所以波勒想出的方法，不僅適用於急性恐懼症。無論是溝通不順、轉換事業跑道、嘗試新技能，經過波勒調整的「**暴露療法**」（exposure therapy）都是寶貴的工具。一來，讓自己體驗適度的焦慮，反而會長出克服阻礙的力量。二來，在更深的層次，波勒的人生哲學，可以全面提升我們面對阻礙的韌性。當你克服一些恐懼，你會成為一個勇於面對，而非逃避恐懼的人。一旦有新的阻礙激發你的恐懼，你早已準備好迎接挑戰。

波勒不斷迎戰新的恐懼，一部分是為了維持疫苗效力。這裡延伸疫苗的隱喻，面對新的恐懼就像接受抗體測試，確認自我免疫力。這也是一個重要步驟，可以確定新挫折來襲時，你能不能應對焦慮的情緒，以及能夠應付多大的焦慮。

活在恐懼中並不適合每一個人，但還有別的方法可以判定你的疫苗效力，利用心理學所謂的「**解釋深度錯覺**」（illusion of explanatory depth）[11]。這個錯覺是怎麼產生的呢？現在問你自己，如果突然要你解釋腳踏車的原理，你可以解說得多好，會給自己打幾分。一分是你完全不懂腳踏車的原理（甚至不知道腳踏車是什麼），十分是完美解釋腳踏車的原理。大家通常會給自己六、七分，大致可以解釋腳踏車的原理。現在試著用文字，解釋一下腳踏車的原理吧！

大多數人知道腳踏車有把手、輪子、鏈條、齒輪和踏板，但是一時之間要解釋腳踏車的原理就卡住了，例如這些元件如何交互作用？如何推動腳踏車前進？鏈條、踏板和齒輪之間又是如何連結？這就是錯覺，我們自以為知道腳踏車原理，一旦開始**解構**知識，就陷入苦思了。

我們對於其他機械裝置也有同樣的錯覺，例如原子筆、拉鍊，甚至知名政治人物的政策立場。大多數情況下，我們沒發現這些弱點。我們對腳踏車的**外觀**僅有粗淺的理解，卻以為自己清楚腳踏車的**原理**。為了揪出這些缺陷，唯一的方法是拷問自己，像小孩子一樣，一直問為什麼，來解構我們自己的知識。唯有逼自己充分表達，你才會發現自己並不知情。

面對挫折，也是一樣的道理。我們實際面對挫折之前，很少質疑自己應對焦慮的能力。波勒的「百日無懼計畫」有效果，可以提升韌性，是因為準確列出她能夠和不能應付的挑戰。她執行計畫的一百天，記錄下每一個挑戰前、中、後的實際感受，比方吞生蠔的挑戰，恐懼程度達到十分（最高分），但之後降到六分；前往狗公園，她原本預期恐懼程度是八分，但當下只有六分，沒那麼可怕，事後回顧只剩下三分。這些數字很重要，因為她對於兩大恐懼分別出現兩種不同的故事：她還是怕生蠔，也不打算再吃了，但她可以想像跟狗共度時光。她寫道：「人不可能在短時間內克服這些恐懼，但我確信一件事，狗不想傷害我，狗只是想玩得開心而已。」

這個方法對其他人來說也有價值，即使不直接挑戰恐懼。治療飛行恐懼有一個方法，就是逐漸讓患者接觸飛行的體驗。飛行恐懼者接受暴露療法，一步步暴露在更大的恐懼下[12]，進而應對實際飛行的壓力。一開始可能讓患者觀看機艙內部的照片，或者坐在展示飛機的座位上。接下來，或許可以走進飛機，坐下來，趁起飛前離開，也可以坐在模擬飛行器，體驗飛行的感受，但是知道自己不是真的在飛行。等到這些步驟都做過了，可能會真槍實彈，來一場短程飛行，再來是更長的航程。

這套方法對任何困境都管用，無論你內心有沒有急性恐懼。關鍵就在於想像一下，你可能會如何應對受困的焦慮，並逐步增添細節，等到有一天阻礙真的出現了，你早已免疫。如果你會因為恐懼失敗而不知所措，這個技巧格外管用，比方嘗試新事物，從新工作到新事業都必須接受未知，所以令人恐懼。很多人害怕失敗，就乾脆不前進，於是停滯不前，但那份恐懼是抽象的，尚未成形，因為接觸還不夠深，難以想像如果真的失敗，對生活到底有什麼影響。如果新事業失敗會害你身無分文、無家可歸，確實有必要重新考慮；但只要你有足夠的積蓄，建立了經濟安全網，失敗頂多是造成個人困擾，並不會毀掉人生。

你大可效法飛行恐懼症患者，提前思考一下，創業失敗對自尊和社會地位的潛在衝擊，你會有什麼感受。如何跟親朋好友解釋？接下來你會有什麼具體作為？你有沒有其他後續創業計畫？你會暫時放棄創業嗎？回答這些問題，是測試如何應對失敗的不二法門。即使你害怕失敗，仍可能勇敢前進。

緩解群體焦慮的讚美與支持

上述這些技巧，包括困境疫苗和暴露療法，只適合用於個人，不太可能緩解一整個組織或一群人的焦慮，除非組織或群體的結構有所改變。那怎麼辦呢？答案是讓群體中的個人，有失敗的空間。

依照課堂上的經驗，老師表揚學生的次數，必須是責備的三倍。這個數字建議老師多讚美學生。數年前，一群教育專家驗證這個數字，連續三年追蹤美國十九所小學的師生，一部分教師要盡量讚美學生，其餘教師只要按照以往的習慣教課。研究團隊會追蹤學生在課堂的行為。數據持續累積[13]，結果發現讚美會提升學生的表現，根本沒必要設三倍的上限。在一些課堂，讚美甚至是責備的九倍，這些學生的表現超過其他課堂。學生接受越多讚美、越少責備，越專注於課業（好學生比較容易受到表揚，為了維持研究的公正性，研究團隊刻意排除學生表現對表揚次數的影響）。

這種效應不限於課堂上的學生。有一份研究探討愛罵人的教練，對於NBA年輕球員的事業發展有什麼影響[14]，連續六年追蹤五十七位教練曾經指導過的數百位球員，研究結果再明確不過：愛罵人的教練訓練出來的球員，效率不僅比較差，也容易技術犯規，即使已經脫離教練指導十年了。怒罵適得其反並不令人意外，但沒想到這個傷害，竟然殃及一整段職業生涯。這個結果也令人擔憂，因為第二份研究發現，大學籃球隊的教練中，高達六分之一至三分之一喜愛怒罵球員，可見早在年輕運動員成熟以前，傷害就已經造成了。

無論在課堂上或籃球場上，讚美之所以有效，是因為抵銷成長過程中，學生和運動員可能產生的焦慮，任其失敗和冒險，否則這兩件事常引發焦慮，卻關乎學習成長之後的突破。讚美提供一個緩衝，以免學生和運動員自尊受傷。

讚美和支持，改變人們對焦慮的體會，從而改變人們體驗世界的角度。雖然當下的壓力和焦慮令人不快，但如果沒這些體驗，幾乎不可能成功！過多或過少的壓力，都可能壓制表現，關鍵就在於如何解讀焦慮和壓力，將其視為成功的動力，而非阻力。

心理學家艾莉雅·克拉姆（Alia Crum）和同事做了數十個實驗，證實正面看待壓力會大幅提升表現。例如有一份研究，克拉姆追蹤一百七十四位海豹部隊隊員，如何完成一系列的訓練任務。這些任務挑戰體能極限，還會引發壓力，克拉姆不禁好奇，那些認為壓力會提振表現的隊員，表現是否勝過那些負面看待壓力的人。果然，相信壓力會提振表現的人，更容易堅持訓練，更快完成障礙賽，同儕和教官對其的評價也是正面多於負面。另一份研究，克拉姆和同事指導受試者，試著把壓力看成好事，而後執行一系列的身心任務，果然表現比較好。

說到改變對焦慮和壓力的體會，最引人注目的干預措施，莫過於無條件基本收入（universal basic income, UBI），這屬於負所得稅制（negative taxes），支付給某個地區或國家的每一個人[15]，比如每個月一千美元，沒有任何附加條件，人就敢冒險創業，否則可能會不敢去做。比方你想要創立新公司，在企業發展階段，恐怕有好幾個月甚至更長的時間都不會有收入；但有了無條件基本收入，你就可以承擔風險，否則你將無法創業。近年來，無條件基本收入的實驗計畫有個共同的發現，那就是可以舒緩焦慮，鼓勵大家關注養家糊口以外的事。

J．K．羅琳（J. K. Rowling）書寫《哈利波特》第一集時曾窮困潦倒，還好有領到政府救濟金，保障基本收入，救了她一命。她接受喬恩．史都華（Jon Stewart）專訪時，談到社會福利的重要性：「我窮困潦倒時，幸好身在英國，才沒有無家可歸，否則就寫不出這本書了。英國有提供社會福利，我稱為救濟金，可以領好幾年。」史都華問羅琳，英國政府在那些年資助她，是不是一筆聰明的投資，以換取她對英國經濟文化的貢獻。羅琳回答：「當然！國家幫了我大忙，我要是在世界其他地方，搞不好會挨餓。」

奈及利亞也有類似的政策，成效斐然。二〇一一年，奈及利亞政府撥款六千萬美元給一千兩百位創業家，相當於每家新企業五萬美元。創業三年後，未獲資助的創業家僅有五四％持續經營，反觀計畫參與者卻有九三％還在經營，而且有三倍以上的機率，擴大到數十位員工以上的規模。這筆錢有幫助，一來提供創業所需的資源，二來擺脫經濟的擔憂。創業和創新大多會有風險，特權階級的風險承受度比較高。冒險會令你陷入財務困境，但如果有經濟保障撐腰，你就不會那麼害怕了。一位領取無條件基本收入的人表示，有一份固定收入，讓她更有膽量創業：「我創業的過程中更有安全感。」其他人也有類似的說法，有些人甚至把這種經歷比喻成「中樂透」。

說到無條件基本收入的突破效果，加拿大卑詩省的「新葉計畫」（New Leaf program）特別有說服力。該計畫由英屬哥倫比亞大學（University of British Columbia）和慈善機構「社會變革基金會」（Foundations for Social Change）共同舉辦，提供五十位無家可歸的遊民一筆七千五百美元的資金，連續追蹤這些人的行為一年。這筆錢可以花在食物、房租、衣物、交通和醫療費上，雖然溫哥華的生活開銷大，大多數人仍在一年內儲蓄一千美元以上。

一些受助者如釋重負，開始找工作、上課、應徵。一位受助者雷伊回報新葉計畫：「我的目標是提升自己，我想去最前線幫助人戒酒和戒毒，以回報社會。我剛開始上電腦課，正在提升自己。」如果沒有這個計畫滿足基本需求，舒緩他無家可歸的焦慮，他根本不可能突破。

掌握你對阻礙的情緒反應至關重要，但舒緩焦慮的情緒，只是突破的第一步而已。下一步是學會思考問題，從一開始就避免陷入困境，就算卡住了，也不會卡太久。當你開始審慎思考問題，你會領悟到，限縮選擇比擴大選擇，更有助於突破。

Part III

簡化問題的心理策略

第七章

IKEA如何讓顧客放心逛街——用「阻力稽核」找出解決方案

一九八〇年代，建築師比爾．希利爾（Bill Hillier）遊走倫敦，評估各個城市社區的「迷宮程度」。有些社區進出容易，棋盤狀排列，但有一些社區，例如巴比肯屋村（Barbican Estate）則迂迴難走，旅客只能順著路上的黃色標記走。希利爾提出「可理解性」（intelligibility）這個數學術語，來描述每個社區的複雜度[1]，最低零分，最高一分，分數較低的社區比較容易困住外來者。這個評分也適用於其他更複雜的領域，例如每個迷宮都有各自的難度分數。希利爾有一個重要觀點：複雜的社區和迷宮會困住外來者，複雜的人生也是如此。

希利爾認為，為了突破，最好簡化不可理解的事物。一旦去除複雜性，你可以開闢一條更簡單的道路，從起點直達終點，尤其是本質較複雜的概念，比方診斷醫學的領域。人體有無數的骨頭、百里長的毛髮、萬里長的血管、數兆個細胞[2]；人體會罹患一萬種已知的疾病，其中大多是罕見疾病，醫生所知的病例並不多。錯綜複雜的病症，卻只有數百種療法和藥物可用，導致很多疾病難以診斷，甚至難以治療。

最複雜的病例，必須動用紐約的診斷專家湯瑪斯．波爾特（Thomas Bolte），徵求他不同的意見[3]。羅伯特．史考利（Robert Scully）是波爾特的同事，他說：「主流醫學有一句話：『當你聽到蹄聲，不要一開始就找斑馬』，結果導致斑馬備受忽視，波爾特則是斑馬獵人。」波爾特專門做複雜的診斷，贏得了怪醫豪斯的稱號，令人聯想起影集中休．羅利（Hugh Laurie）飾演的神醫，每當同事碰到異常複雜的病例而束手無策，他總能診斷出來。只要疾病的蹄聲不是來自馬，而是來自斑馬，波爾特的才華就表露無遺。

波爾特有一頭少年般的濃密頭髮，經常溜著直排輪，往返於辦公室和臥床病人的公寓之間。他信奉科學，但也是唯心論者，推崇榮格心理學，主張保持開放的心胸。他確認診斷之前，花了異常多的時間聆聽病人的敘述，向病人提出數十個、甚至上百個問題。雖然他對待病人的態度很人性化，但在他的眼中，病人的身體就像機器：機械化、受到科學定律支配、容易罹患某些疾病。

波爾特從小就開始學習診斷，但他的首批病人是房屋，而非人類。他年幼的時候，父親就罹患黑色素瘤過世，母親羅絲瑪麗專門在長島海邊，翻修和出租破舊的房子，把兩個孩子拉拔長大。租戶經常把房子搞得一團糟，每次租約結束，她就要找一群工人，重新修理好再出租。波爾特看著那些人工作，不久就學會基本的水電、木工、石膏板安裝和電氣，後來他開始修理家電、汽車、電腦，相信最複雜的修理工作，也有固定的方法論，只要搞清楚方法論，就可以修理好！沒錯，簡單的居家維修、家電檢修是如此，治療病人也是這樣。

波爾特是年輕的診斷醫師，深知簡化任務的重要性。套句希利爾的話，波爾特藉由一套算法，來面對難以理解的人體迷宮，他成功診斷的機率，幾乎是百分之百。波爾特的算法，其實是一份三十二頁的問卷調查，每一位病患都要回答，其中包括家族病史、社交行為、習慣和嗜好、就業情況、居家化學品、國外旅遊等。大多數病患花二至四小時即可填寫完畢，對波爾特來說，這就是病人追求康復的第一步。波爾特不斷修改問卷，在他簡化的模型中，注入診斷的複雜性。

波爾特診斷病情時，速度不是最快的，但突破的機率卻最高。他緩慢前進，有條不紊，比起絕大多數的同行，更容易找到解方。他待過傳統醫療機構，但這些機構太強調速度，並不適合他。保險公司評價醫生時，只在乎每小時看診的病人數量，類似「打擊率」的概念，依照這種指標，他在自己待過的醫療機構，幾乎都是墊底。

他說：「以前我們國家的醫生還會登門看病，看完病之後，還會跟病患家屬共進晚餐，這就是醫生了解病患的管道，下次家裡有其他人生病，醫生就知道他的家庭背景、家裡過怎樣的生活、平時做什麼工作等。反觀現在的醫生，願意花十二分鐘為你看診，你就要謝天謝地了。醫生怎麼可能在十二分鐘內，得知病患所有必要訊息呢？」波爾特不會跟病患共餐，但他詳盡的問卷，足以取代醫療商品化之前，醫生和病患的社交關係。他把流程簡化成一套算法，因為他心裡清楚，醫學診斷太複雜，令人束手無策，要是不簡化，根本不可能從馬群中找出一匹斑馬。

分辨要素與干擾的簡化步驟

聽了波爾特的故事，不禁想起二十多年前，我還是年輕法律系學生的時候。課堂之餘，我在雪梨市中心的大型商業法律事務所兼差，而我家位於雪梨北部市郊，距離上班地點有四十五分鐘車程。我趁搭公車通勤的時候，為法律課程做準備，閱讀法律案例，那些年來，我讀過上百件、甚至上千件判決，涉及刑法、契約法、財產法、侵權行為法以及其他許多法律分支的案例。案例讀起來很累人。法官寫的東西，出名的不優美、不簡單，有許多舊的判決書，全部是艱澀的法律術語。每隔幾分鐘，我的心就會飄走，但我必須把心拉回來，繼續閱讀大量文獻，有時候我甚至讀到睡著，醒來再繼續讀。

其中幾次，有位知名律師坐在我身旁，他已經執業三十年了。澳洲的律師分成準備案件的事務律師（solicitor），以及上法院在法官面前激辯的出庭律師（barrister）。資深的出庭律師中，大約只有一〇%至一五%被尊稱為資深律師，坐在我旁邊的就是所謂的資深律師，在澳洲相當頂尖。他才智過人，擁有廣博的法律知識，口頭辯論時反應相當敏捷。他經常會攜帶一大疊活頁夾，裝滿了法律文件。如果文件太多拿不動，他就會拉一個手推車上公車。

那位律師帶上公車的資料，就算我花一個星期，不受任何干擾，也不可能閱讀和消化完畢，可是他做到了。我們會簡短交談十分鐘，然後他就會說聲抱歉，開始閱讀。他一個接一個，拿起每一個活頁夾，快速翻過去，但有時候會慢慢翻閱。他在某幾頁可能會停留幾分鐘，然後略過其他頁，再度停下來閱讀重要頁面。這輛公車大約在早上七點半開車，我猜他會在數小時後開庭，根據他在公車上閱讀的內容，展開五至六小時的口頭辯論。

有一天早上，我難以置信，於是問他：「你怎麼可能準備一下子，就直接上法庭辯論數小時？」這個過程令我百思不得其解，但這位律師如同波爾特，只覺得算法很簡單。他說：「我做這一行很久了，無論什麼案件，只需要幾個微妙的訊息，亦即關鍵的證據或事實，再結合我畢生的法律知識，辯論幾天都沒有問題。」

我的法律知識不如他，但我認真看待無數的訊息，化繁為簡，找出基本的關鍵元素。學習的時候，不可能什麼都讀，而是要確認哪些不需要讀。我就讀法學院時，不是真的在讀舊案例，而是在學習簡化，分辨要事和干擾。波爾特也是如此，他長達三十二頁的問卷，就是把關鍵元素化為書面形式。坐我旁邊的大律師，則是把法律知識精煉，化為一連串的步驟，把複雜的工作變得簡單。

把難以理解的迷宮，化為簡單的算法，這有一點弔詭，因為這個過程本身就會用到算法。使用算法的第一步，就是先成為分類學家。分類學是命名或分類的科學，**簡化的首要之務，是面對你想要簡化的流程，把每個層面都做好命名或分類。**以診斷專家波爾特為例，他要列出每一個症狀，以及可能對應的疾病，比方病人會咳嗽，通常是支氣管炎或上呼吸道感染，但偶爾會出現「斑馬」——咳嗽也可能是對藥物過敏、氣喘、肺癌或百日咳。對律師來說，分類學則是找出案件的關鍵議題，亦即正式上法庭時，最可能拿出來辯論的法條。

把這些要素標記完畢，接下來就是整理了。有些要素是不是特別有關聯？有些醫學症狀和法律問題，是不是容易一起發生？套句醫學術語，一組相關的症狀同時出現，形成症候群（syndrome），這是不是診斷的線索呢？波爾特看似若無其事，但腦子裡正在盤算各種可能性，確認是死路還是活路，能不能幫他找到難以捉摸的斑馬。波爾特的清單很長，但其實是有限的。複雜的問題，總給人無邊無際的感覺，**如果你不知道世界的盡頭在哪裡，便無法獲得掌控權，容易陷入困境；一旦你確認邊界，無論範圍有多大，你就已經把複雜的網絡，化為可以理解的算法了。**這就是標記和整理的功用，你從中獲得的元素，可以帶領你從黑暗走向光明，例如波爾特三十二頁的問卷。

用「阻力稽核」，找出卡住整個流程的因子

波爾特為診斷做準備，我在過去幾年，也嘗試幫全球的企業和個人做類似的事情。把複雜的東西簡化，我稱為「**阻力稽核**」（friction audit），就像查帳員檢查企業的帳冊，只是我著重從企業的流程和業務中找出阻力。假設你經營運動鞋網拍公司，潛在顧客購物的流程就是先搜尋到你的網站，最理想的結果是跟你買了運動鞋。如今，我們可以追蹤顧客的購物流程，包括顧客怎麼找到你的網站、點擊了哪些連結、拜訪哪些網頁、停留多長的時間、有沒有離開網站，和花多少時間考慮。最理想的情況是，顧客發現自己需要一雙耐吉（Nike）運動鞋，大約花十五分鐘在Google搜尋，然後發現你的商店，瀏覽你現有的耐吉女性跑鞋，選了一雙，新增到購物車，然後結帳。

如此順暢的購物流程十分少見。反之，大多數消費者總會在購物途中，碰到無數阻力，其中一些阻力會迫使顧客離開你的網站，例如網頁寫得不清不楚、購物時按錯鍵、網頁沒有正常運行、鞋子種類太多導致選擇困難。

網站伺服器所蒐集的資料，會透露這些阻力。從顧客在每個頁面停留的時間，就可以看出瓶頸所在。譬如，數百名顧客瀏覽前幾個頁面很順暢，但到了購物車頁面卻經常遇到困難。顧客可能平均花十分鐘結帳，但大多數人在完成購買前，在購物車和網頁之間來回兩三次。更糟糕

的是，顧客明明把商品放入購物車了，最後卻沒有購買。

阻力稽核正是為了達成三個目標：找到這些阻礙，然後設法補救，例如化繁為簡，或者把卡卡的地方變流暢，然後再確認這些補救措施有沒有效。就這樣而已，只有三個步驟，正確完成後，企業表現和個人生活會大為不同。

幾年前，我曾經跟商業房地產公司共事，其中一些專門經營購物商場。他們注意到，有一些顧客來購物中心，在店鋪和走廊閒逛數小時，原本打算購買的東西也沒有買，就突然匆匆離去。店家始終想不透，為什麼要浪費數小時閒晃，最後貿然離開呢？答案不令人意外，因為我有兩個小孩，就是小孩在旁邊吵鬧，大人才會盡快離開。如果只是逛一下，小孩子並不會在意，但如果逗留的時間太久，小孩就會崩潰了，然後就輪到你崩潰。由於家長中斷購物行程，有些購物商場每個月損失數十萬美元，這就是阻力稽核的第一步：找出阻力。

第二步是想解決方案。如何安撫崩潰的小孩？答案很簡單，也不用花什麼錢。只要投資幾千美元，在商場蓋一個兒童遊樂區，例如在購物中心的中央設立兒童攀爬架，暴躁的孩子以及心煩的家長就可以在此休息，而非直接離開。

宜家家居（IKEA）早就知道這件事，設立了兒童遊戲區，叫做「斯莫蘭魔法森林」（Småland），功能類似免費的日托中心，官網這樣解釋：「斯莫蘭魔法森林的工作人員，可以免費為您照顧孩子一小時。」德國、中國和印度的購物中心和商店，也引進類似斯莫蘭魔法森林的服務，只不過是針對不愛購物的丈夫，中國稱為「丈夫寄放處」，提供啤酒、遊戲主機和全天候播放體育節目的電視。無論你看法如何，這些解決方案確實有效，讓顧客留在商場更久，否則顧客早就離開了，而且經營斯莫蘭魔法森林和「丈夫寄放處」的成本低廉，跟店鋪和商場的額外收入比起來根本微不足道，因為顧客終於可以好好購物了。

阻力稽核的流程，不只是簡化銷售流程，還可以應用到生活的各個層面。阻力是困境的核心，做了阻力稽核，你等於握有一套演算工具，找出並且清除討厭的阻力。你甚至可以自行製造阻力，以免你做一些無益的行為。假設你飲食不良，或者困在令人痛苦的工作中，又或者找不到時間運動，阻力稽核可以揪出問題，提醒你從何下手。

比方我個人的缺點，就是吃太多巧克力。大多數人會飲食不良，主要是缺乏阻力，太容易取得該避開的食物。對我來說，吃巧克力太容易了，有幾個原因。我家經常放著巧克力，走一下就拿得到。我通常放在食物儲藏室的某處，所以我很清楚哪裡有巧克力。每次吃巧克力都讓我感覺很好，吃太多巧克力的長期壞處，也不會立刻顯現出來（我猜想，如果吃每一口食物，都會自動顯示體內的微小變化，大家可能會選擇吃更健康的食物）。

以前我運用阻力稽核，來降低巧克力的攝取量。我針對上述三個問題下手，包括停止購買巧克力；如果家裡已經有巧克力，就放在不容易找到的地方（以免無意識地拿來吃）；還有一個關鍵，就是凸顯吃巧克力的負面後果。有些專家建議一個小祕訣，把巧克力放在靠近鏡子的小櫃子，當你取用巧克力，就不得不面對自己，看著自己的眼睛。如果你也在戒巧克力，從櫥櫃取出巧克力時，強迫自己面對鏡中的倒影，這是出奇有效的阻力。

阻力稽核是一種簡化工具，幾乎任何人都可以使用，但是為了掌握得宜，仍有賴藝術和科學。大多數簡化工具都是如此。如果真的有公式，為什麼不是每個人用起來都有效呢？既然波爾特的醫學診斷法遵循一套公式，為什麼其他醫生無法套用相同的公式，來解開一些棘手的診斷問題？既然法律案件無非是幾個重點，為什麼不是每個律師都可以在半小時通勤途中，吸收上千頁的呈堂證供呢？當中必定有什麼差異，導致某些醫師和律師會成功，其他人卻卡住，想不出解決辦法。

這些公式很強大，如果其他醫生和律師也會用，就可以解決八成的問題。教育大致都這樣運作，提供架構和工具，讓學生掌握新技能，進而學以致用。雖然不可能移山倒海，但是會成功，偶爾能突破難關。

動畫帝國皮克斯的說故事原則

想見證公式的力量嗎？你只要向專家討教，問他們如何化繁為簡。比方說故事和敘事。說一個精彩的好故事，正是商業帝國的基石。迪士尼的成功，就是建立在出色的故事上。要不是擁有好故事的知識財產權，迪士尼徒有動畫和製作公司，也發揮不了技術實力。理論上，定義一個好故事的敘事弧數量沒有上限。地球上數十億人各有各的人生，故事也會因此蜿蜒曲折成種種不同的敘事地圖。世上沒有兩個人的生活一模一樣，但是寫故事卻要依循幾個範式和原則。

二〇一一年，迪士尼的子公司皮克斯，有一位故事藝術家叫做艾瑪．考茲（Emma Coats），發表了二十二篇推特文章，總結皮克斯說故事的方法[4]。每篇貼文都介紹一種「敘事規則」，這是考茲和同事構思影片故事的基礎。她說，自己也是從資深同事身上學到的。這系列貼文引發熱烈關注，因為考茲和皮克斯團隊，可是說故事的專家！皮克斯顛覆動畫產業，推出《玩具總動員》（*Toy Story*）、《怪獸電力公司》（*Monsters, Inc.*）、《超人特攻隊》（*The Incredibles*）、《海底總動員》（*Finding Nemo*）等系列電影，考茲本人則參與過皮克斯的《天外奇蹟》（*Up*）、《勇敢傳說》（*Brave*）、《怪獸大學》（*Monsters University*）。

下面列舉幾個規則：

4. 從前有一個______。每一天______。有一天______。因為那樣，______。因為那樣，______。最後，______。

第四個規則非常公式化！追根究底就是，有趣的敘事一定要有變化，包括背離過去，以及背離之後，造成什麼結果。考茲的第六個規則也同樣公式化：

6. 你的角色有什麼才能和習慣？扔給他們一些相反的東西，挑戰他們！他們會如何應對呢？

這個規則主張，拿困境來挑戰角色，如果結合第四條和第六條規則，故事會在對立和對比中前進。故事中的不變和強項，在遇到改變和弱點時，碰到了自己的對立面，故事就有趣了。

有很多敘事規則都在探討困境。考茲知道寫故事很辛苦，寫故事的人，也偶爾會碰到傳說中的撞牆期：

5. 簡化。聚焦。合併角色。繞過彎路。你以為正在失去有價值的東西，卻反而解放了自己。

9. 卡住的時候，列出接下來不會發生的事，這時候幫助你突破的素材，通常會冒出來。

11. 寫下來，才有機會修正。如果完美的想法只停留在腦海中，你永遠沒機會跟別人分享。

這二十二條規則，都是擺脫困境的公式。雖然考茲沒有這麼說，但確實有這個功用。如果寫故事寫到卡住，希望可以突破或寫出東西來，不是只有這些規則而已。編劇宮本研（Ken

Miyamot）整理過去一百年最偉大電影的十大敘事結構。宮本研開門見山地說：「劇本結構不一定要有神話，也不是非要拯救貓不可。這取決於編劇的基本選擇，決定要怎麼說故事。這其實很簡單！你只要確定有哪些結構就夠了。」

其中一個結構叫做三幕式結構（鋪陳、衝突、解決），動作片《星際大戰》、《法櫃奇兵》（*Raiders of the Lost Ark*）、《終極警探》（*Die Hard*）都是如此。相反地，實時結構就不一樣了，會順著當下的事件走，例如《十二怒漢》（*12 Angry Men*）、影集《24反恐任務》（*24*）。除此之外還有其他敘事結構，例如多時間線、倒敘、循環（電影的結尾又回歸到起點）。

有一些編劇的敘事規則，偏向整體和全面，而不是結構。《南方四賤客》（*South Park*）的創作者特雷．帕克（Trey Parker）與麥特．史東（Matt Stone）[5]訪問紐約大學電影學院，跟學生解釋他們的敘事流程。帕克說：「我們發現一個非常簡單的規則，就是善用節拍，亦即劇情大綱的節拍，如果在這些節拍之間都是用『然後』連結，你就完蛋了，你大致會得到相當無聊的東西。你應該在節拍之間，填入『因此』或『但是』。」

他舉了具體的例子：「假設你有一個故事構想，發生這件事然後發生那件事，這樣不行！你應該寫的是發生這件事，因此發生這件事，但是發生這件事，因此發生那件事。我們會寫下來，確認自己有沒有做到。」史東接著說：「有很多新銳編劇的作品，會寫成『發生這件事，然後發生這件事，然後再發生這件事……』，你看完會想：『媽的，我到底看了什麼？』」

我們傾向用加法而非減法解決問題

簡化很有效，但大家不太會追求，因為有違直覺。人基於各種原因，傾向把情況複雜化，再來才是刪減或簡化。幾年前，工程師和行為設計專家雷迪・克羅茲（Leidy Klotz）[6]觀察兒子伊斯拉（Ezra）玩樂高積木。克羅茲說：「當時我兒子兩歲半，我們一起用樂高積木蓋橋樑，其中一根樑柱特別長，為了讓橋面保持水平，我轉身取別的積木。當我轉過身來，那根比較長的樑柱，早已被伊斯拉拿掉了！」

克羅茲領悟到，去除多餘的元素經常會改良設計，他突然驚覺自己傾向加法，而非減法。他說：「滑步車是很好的例子，沒有腳踏板的迷你腳踏車，讓兩歲兒童學習騎乘。當你看著兩歲小孩在騎，你會很扼腕，為什麼自己小時候沒騎過這種東西。這個突破就在於拿掉腳踏板。」數十年來，工程師一直在添加輔助輪，但拿掉腳踏板，更有助於小孩學習平衡，平衡感是騎乘腳踏車的基本能力。

克羅茲帶著這份觀察去實驗室，向兩百位受試者提出一個謎題。他用樂高積木蓋一個搖搖欲墜的小建築，天花板下方還有一個小人偶。天花板下面有一塊小積木，然後小積木下面，還有一大片穩固的積木。受試者的任務，就是在天花板上方擺一塊積木，但建築物不可以坍塌。為了達成這個任務，有兩個可行的方法，一是蓋座高塔，撐住屋頂；二是拿掉小積木，讓天花板靠在一大片穩定的積木上。

克羅茲告知受試者，完成這個任務，可以贏得一筆小獎金，但是每增加一塊積木，就要多支付十美分。最後，僅有四一%受試者拿掉小積木，其餘受試者都罔顧成本，拚命增加積木，可見人傾向加法，而非減法。（但如果克羅茲刻意提醒：「拿掉積木不需要付費」，六一%受試者就會拿掉小積木，可見溫和的提醒，可以化解一部分的錯誤直覺。）克羅茲和同事做了八個實驗，都證實了這個效果：除非鼓勵減法，否則人們傾向用加法來解決問題，而非減法和簡化。

克羅茲的研究非常有趣，也很重要。加法勞民傷財，在克羅茲所處的工程產業，如果傾向加法，可是會浪費原料。**如果你卡住了，加法會害你越陷越深，唯有簡化、減法和精簡，才是突破的動力，更可能帶領你繞過或克服阻礙，而且成本更低。**

簡化是很棒的起點，但徒有算法和公式並無法進步，否則每個律師、醫師、編劇、工程師，只要遵循同一套權威手冊就好了！顯然，最優秀的人會做不一樣的事，皮克斯編劇考茲就有這個領悟。雖然她在推特刊登的文章被譽為「規則」，但她不久就改口了，在推特個人簡介重申[7]：「前皮克斯員工……寫的『二十二個寫故事的規則』，應該要稱為大方向。」對考茲來說，這些大方向只是跳板，雖然有價值，但不是聖旨。最優秀的編劇知道何時該遵守、何時該放棄，以及如何融合正統和反傳統。規則、大方向、公式、算法，無論你那個領域會如何稱呼，這些都是珍貴的輔助工具，但是把這些奉為圭臬也不行！關鍵是學會何時遵守，何時違抗。如何嘗試違抗呢？最簡單的方法，竟然是對自己施加限制。

讓自己「受限」，反而能夠突破

畫家菲爾．韓森（Phil Hansen）多年來實行點畫法，反覆用筆刷戳紙張或畫布，畫出一系列不同距離的點，拉遠才看得出來在畫什麼。成千上萬的點，竟然可以畫出李小龍，或者米開朗基羅的大衛像。韓森技藝高超，逐漸贏得創新青年才俊的美譽。

有一天，韓森發現自己畫的點，竟然看起來像蝌蚪。以前他可以畫出密密麻麻的完美圓點，而現在的圓點卻拖著明顯的波浪線。他罹患顫抖症，但他的藝術手法必須高度精確，對他打擊很大。二〇一三年加州長灘舉辦的TED大會上，他向觀眾坦承：「這毀了我成為藝術家的夢想。」[8]

起初，他奮力對抗疾病，緊握著筆刷，試圖靠意志力克服顫抖症，結果卻更加惡化。他關節疼痛，加上重複性勞損，反而加重顫抖症，不只握不住鋼筆和筆刷，也握不住任何東西。他失望至極，放棄了藝術學院，離開藝術界。

可是，韓森想念他的藝術。他渴望重新發揮自己的藝術實力，但雙手就是不停顫抖，他不知道該如何在畫布繪製小圓點。他預約神經科，聽到令人沮喪的消息。顫抖症永遠不可能痊癒，令他更傷心的是，神經科醫師告訴他，長年在畫布繪製圓點，對他的神經造成慢性傷害。他準備離開時，醫師說：「既然這樣，何不跟顫抖共處？」

韓森背負非自願的限制，而這個限制因素，妨礙他以自己渴望的方式作畫。一個講究精確的畫家，卻罹患慢性顫抖症，這是多麼深刻的限制因素啊！「跟顫抖共處」，有一種奇特詭異的效應，韓森開始關注自己做得到的事。藝術家最需要的是視覺，看見自己腦海中希望畫出來的圖畫。你必須確認什麼是你希望創造的圖像，什麼是你極力避免的其他圖像。韓森可以看清這個世界，也可以把願景化為藝術，這就是作為藝術家的關鍵才華。更重要的是，他這些能力依然完整無缺。

他看完醫生回到家，立刻拿起鉛筆。他回想：「我任憑自己的手顫抖，畫了很多塗鴉。雖然這終究不是我熱衷的藝術，但是感覺真好！更重要的是，一旦我接受顫抖這件事，我終於明白，我還可以繼續創作，只是我要找到新的方法，來創作我想要的藝術。」

韓森想創作的藝術，依舊是破碎的小點。他就是喜愛「看著微小的點聚集成為一體」。他不再用手作畫，而是腳踏黑色顏料，用腳底繪製圓點。他也拿二乘四寸的木塊作畫，甚至拿噴燈燒焦畫布。現在他的作品更大了，因為他的繪畫方式改變了，但依然保留他早期作品主打的碎片化和視覺效果。

韓森重拾畫筆，有一陣子過得頗為開心，但等到最初的興奮感退卻，他又碰到創作瓶頸。他以為問題出在工具不好，因為他一直使用高中和大學留下來的舊畫具，現在他有工資，買得起更好的畫具，於是他去藝術用品店瘋狂掃貨。他買了任何想像得到、買得到的用具，卻還是卡關。他添購新工具，**試圖給自己更多選擇，卻害自己越陷越深。複雜化不是解答，限制才是關鍵：**

這些前所未有的選擇，反而困住了我，我這才想起那雙顫抖的手，「跟顫抖共處！」我終於明白，如果想找回創造力，我必須停止跳脫框框，我反而要跳回框框。我不禁好奇，訴諸限制，會不會激發我的創造力呢？要是我只用一美元的美術用品，可以畫出什麼作品來？

有一天晚上，韓森去附近的星巴克，向店員索取五十個免費紙杯，店員也沒有多問就給了他，所以他那個藝術專案只花了八美分。「我頓時想清楚了，唯有先限制自己，才能夠無限發展。」

不久後，韓森聞名於世的不是點畫法，而是他給自己強加的限制。他回想：「我在畫布作畫，會強迫自己在框框內思考。我甚至想過，要是我不畫在畫布，只能在胸膛作畫呢？於是我畫了三十幅圖像，一次畫一層，層層堆疊，每幅畫都象徵影響我人生的事件。我也想過不用筆刷作畫，要是我仿效空手道的姿勢劈出手刀呢？於是我雙手沾滿顏料，直接劈向畫布，結果我太用力了，小指頭關節瘀青，好幾個星期都無法彎曲。」

韓森殘疾纏身後，卻意外發現，討厭的限制可以促使他簡化。在另一個平行宇宙，他可能一直是幸福的點畫家，但在這個宇宙，他不得不適應新限制，結果帶來全新的繪畫方式，古怪又有創意，讓他有別於其他藝術家。自從一八八六年印象派畫家喬治・秀拉（Georges Seurat）和保羅・席涅克（Paul Signac）發明點畫法以來，世上有無數個點畫派畫家，但唯獨韓森有那樣的繪畫風格。

沒有明星球員的比賽表現更好

韓森的例子告訴我們，限制是突破的原動力，一部分是因為人迫於限制，會放棄顯而易見的選擇，進而追求新奇。這也可以套用到團隊成員上。以職業籃球隊為例，賽季幾乎每一分鐘，都是靠一兩位明星球員撐著，其他次要隊員則輪流上場。幾乎每場比賽都看得到明星球員，每次隊員傳球時，總會先想到明星球員，但要是他們受傷了呢？

有個研究團隊在一九九二年至二〇一六年，觀察兩萬八千場籃球賽[9]，確認球員受傷對球隊表現的影響，尤其是明星球員暫時離場的時期。假設場上有A、B、C、D、S五位球員，S代表明星球員，球通常會這樣傳：A傳給S，S傳給B，B傳給S，S傳給C，C傳給S，S傳給D，D傳給S。明星球員總是拿得到球，碰到球的次數，竟然是周圍A、B、C、D球員的兩三倍！

這些球員習慣傳球給明星球員，以及從明星球員手上接到球，彼此之間卻不會合作。久而久之，對手會覺察這個習慣，預測球隊的球路。一旦明星球員表現不佳，球隊就慘兮兮，要是連續好幾場比賽，明星球員受傷無法上場，球隊就不得不換個策略。這時場上有A、B、C、D、E（暫代明星球員）五位球員，既然沒有明星球員在場，傳球情況會更加公平，球的傳遞路徑會變成：A傳給B，B傳給C，C傳給D，D傳給E，E傳給C，C傳給A，A傳給E，E傳給D，D傳給B，依此類推。

球隊要改變策略很困難，但長期來看，面對這項限制，反而對球隊有益。球隊會適應更多的球況，不容易被對手料中，終究會超越明星球員受傷前的表現。這裡有個最佳證據！明星球員回歸後，他會立刻上場，但他碰到球的機會，比他受傷之前還要少，球隊卻贏了更多場比賽，整體表現更好。由於球隊突然面對限制，認為「不可以老是靠S解決問題」，反而解放了球隊，放下志得意滿，看見了全新的策略選擇。

拿掉明星選項，在其他情境也說得通！二〇一四年二月五日至六日，工會罷工四十八小時，導致倫敦地鐵停擺，關閉了六三%的車站。對許多人來說，那些關閉的地鐵站，就好比「明星球員」，是介於家裡和公司的交通樞紐。在罷工期間，無數倫敦人只好嘗試新的通勤方式，改從其他不受影響的地鐵站搭車。如果你看過倫敦地鐵路線圖，那是一堆刻意拉直的彩色路線，並沒有充分呈現路線的曲折度，換句話說，路線圖是為了清晰呈現，而非準確標示各站之間的距離，除非通勤者親身嘗試，否則會固定搭某條路線，浪費無謂的通勤時間。

一群經濟學家不禁好奇[10]，那場罷工有沒有帶來意想不到的效益，於是調查罷工結束後，有多少通勤者繼續搭新發現的路線，以及新路線為他們節省多少時間。結果發現大約五%通勤者選擇新路線，每個工作日加起來，總共節省大約一千五百小時。通勤者原本勉強選擇替代路線，卻因為放棄顯而易見的解決方案而解脫。

不在選項之間糾結，反而集中在最佳決策

這裡列舉的限制，舉凡神經損傷、運動傷害和地鐵罷工，都是不請自來，但有些人會刻意為自己加諸限制。這需要洞察力，你必須理解一件弔詭的事：限制可以解放你。最知名的例子，莫過於商業巨頭華倫．巴菲特（Warren Buffett）奉行的「二十個打孔法則」（twenty-slot rule）[11]。巴菲特的左右手查理．蒙格（Charlie Munger），曾經在三十年前某場商學院畢業演講解釋這個法則：「（巴菲特說過）給你一張有二十個格子的票券，每投資一次就打一個孔，每個人一輩子只有二十個投資機會，這絕對會改善你最終的財務狀況。打了一個孔，就少了一次投資機會，基於這個規則，你會認真考慮自己的投資行為，集中投資你認真想過的選項，所以投資績效會更好。」

頓時間，巴菲特的策略一清二楚：交易人必須關注最重要的事項。如果一輩子只能投資二十

次，就不會受限於某些小策略，或妄想預測急劇波動的短期股價。巴菲特比任何人都清楚，賺（大）錢的關鍵正是不作為，坐擁可靠的投資，長達數天、數周、數月、數十年，直到「複利奇蹟」發揮作用。

相同的法則，也適用於創意領域。一九七九年起，法國藝術家皮耶．蘇拉吉（Pierre Soulages）只使用黑色顏料作畫[12]。蘇拉吉簡化自己的調色盤，二〇一九年迎來百歲生日，他說自己的作品，透過光線跟各種質地的黑色顏料交互作用，營造出各種情感體驗。他說：「大家總以為藝術家的生活一團亂，顏料到處亂丟，我才不信這一套。」對很多藝術家來說，選色是重要的決策，這是法國印象派運動的基礎，在蘇拉吉出生不久前達到高峰，像莫內之類的畫家，把各種想像的顏色，厚厚塗在畫布上！蘇拉吉則堅持使用黑色，如此一來，他的藝術能量就可以用來做其他決策。

作家也會拿規則來限制自己，例如正式的俳句，必須由字數五、七、五的三行詩句組成；或者寫詩要押韻，例如常見的五音步，罕見的五行詩、九行詩，甚至費波那契（Fibonacci Sequence）數列的六行詩。你不妨試試看六字文（six-word memoir），逼自己關注最重要的幾個核心元素。這些規則都在限制藝術家，但居然有解放的效果。一旦選擇範圍縮小了，你就可以在剩餘的選項內盡情發揮創意。

這種靠限制來簡化的人生哲學，適合廣泛應用，把生活中許多事項盡量自動化。自動化會消除決策點，限制你的選擇，例如不用在一堆選項中糾結，只要追求預設選項。你經常丟手機嗎？挑選一兩個預設位置，一整天都把手機放在那裡。你看太多影集，超乎你的計畫嗎？設定每天不超過一兩集的預設選項，訂鬧鐘提醒自己，或者善用APP防止自己花太多時間。拿不定主意要吃什麼午餐或晚餐，或者穿什麼衣服嗎？自動預設選項，設定周一至周日的選擇，這樣就可以把有限的決策資源，集中到更重要的決策上。基於這套人生哲學，巴拉克・歐巴馬（Barack Obama）有一組西裝輪著穿，賈伯斯一再穿著他招牌的黑色高領衫，進而保留精力，應付更重要的任務。

簡化是靈活強大的工具，也是突破的關鍵第一步。然而，接下來我們要整合剩餘的選項，找出最佳組合。這個組合和配置，比大家想像的重要多了！這是人類創造力的核心。每一個別出心裁的新產品誕生之前，幾乎都融合了至少兩個現有的構想。

第八章

不再追劇到凌晨的萬靈丹——「轉向」技巧如何推動你前進

卡關分成兩種，一是真正卡關，二是自我要求太高，因而感覺無法達標。比方創意人士說自己遇到創作瓶頸，其實是達不到自己的高標準。畫家總是可以在畫布作畫，作家總是能夠把詞語串起來，只不過畫出來的圖畫，以及寫出來的句子無法撼動世界。對高標準的專家來說，這似乎沒有價值，但其實很重要，因為降低自己的標準，即使只有一下子，經常會產生偉大的構想和產品。如果你習慣用原創性來衡量成功，這個方法對你就更重要了！在許多領域，原創性都是極度罕見的。為了突破困境，追求原創性的最佳方式，其實是整合兩個舊構想，形成一個新構想，而不是直接追尋一個獨創的好點子。一九六〇年代，有一位年輕歌手正是如此，他正要開啟輝煌的歌唱生涯。

一九五〇年代末至一九六〇年代初，勞勃．齊默曼（Robert Zimmerman）是明尼蘇達大學（University of Minnesota）的大一新生。不久，齊默曼到附近的咖啡廳彈吉他唱歌，偶爾會自稱巴布·狄倫（Bob Dylan），但是一九六二年之前，他仍使用齊默曼這個名字。有一天，他聽到一張唱片，開始考慮另一種音樂風格，從搖滾風轉向民謠風，改變了西方流行音樂的發展方向。

齊默曼逛附近的唱片行[1]，買了民謠歌手歐蒂塔（Odetta）的專輯，一九五七年推出的《抒情與藍調》（*Ballads and Blues*）。後來，齊默曼回想自己初次聽到她的聲音：「我立刻出門，把電吉他和音箱都賣了，換成一把木吉他，吉布森品牌的平滑弦款式……立刻學習專輯上幾乎每一首歌，甚至還借用了她的捶弦技巧。」當年歐蒂塔剛好路過明尼蘇達州，跟齊默曼短暫碰面，隨即讚揚這位比自己年輕十歲的音樂家。

齊默曼回憶他「愛上」歐蒂塔的歷程，大一快要尾聲時，他暫停學業，搬到紐約發展音樂路。一九六一年，他跟歐蒂塔再度相見，她正在演唱反奴隸制的聖歌〈不要再有奴隸拍賣會〉（No More Auction Block for Me），黑人士兵在南北戰爭期間，一邊哼著歌，一邊行軍，哀悼過去為奴的生活，發誓不要再回去「拍賣場」，也就是奴役的起點。這首歌深深感動齊默曼，牢牢鎖在他的記憶中，潛伏了幾年，直到他發行首張錄音室專輯，正式改名為巴布·狄倫，成為一個商業明星。他籌備第二張專輯時，錄製了第一首暢銷單曲〈隨風飄揚〉（Blowin' in the Wind）。

大家對狄倫的描述，總是稱讚他的獨特性。無論他的音樂給人什麼感受，聽眾就是找不到跟狄倫一樣的歌手。電影製作人大衛·林區（David Lynch）也是獨特的人，他曾經這樣說狄倫：

「他找到一股創作靈感，然後一直創作下去。沒有人像他這樣，他是獨特的，而且很出色。」搖滾名人堂成員傑克森．布朗（Jackson Browne）也說：「我在各個人生時期，分別受到幾個人影響，但對我影響最大的人，莫過於狄倫，我十二、三歲時，他出現在我的生命裡，改變我寫歌的規則。」音樂家約翰．麥倫坎普（John Mellencam）稱讚狄倫是「極限作曲家……沒有人可以寫出跟他一樣好的歌，沒有人可以寫出比他更好的歌」。

雖然大家稱讚他獨創，但〈隨風飄揚〉這首歌聽起來，跟〈不要再有奴隸拍賣會〉竟然極為相似，開頭的旋律差不多，整首歌的結構也雷同。狄倫知道這一點，歐蒂塔也心知肚明。她幽默以對，但她也承認，這兩首歌有所重疊，絕不是巧合。二〇〇八年歐蒂塔過世，《紐約時報》（*The New York Times*）刊登歐蒂塔近期的訪談影片：

> 訪談者：「他從妳那邊偷了很多東西……」
>
> 歐蒂塔笑著說：「不不不，我們民謠音樂……不說剽竊或挪用，這是在『沿續民謠的傳統』，重點不是你說的內容，而是你說的方式，對吧？那個影響就像一把鑰匙，打開了他內在固有的東西……他聽了會如何解讀，都不是我的功勞。」

世上沒有真正的原創性！

就連狄倫這麼有獨創性的人，也有挪用、借鑑或「延續民謠傳統」的傾向。為什麼會雷同呢？下面提供三個解釋，從嚴格再到寬容。第一個解釋，創意人士就是愛作弊、說謊和剽竊，別再天真以為，創意人士都追求原創性了。這種觀點認為，音樂家、藝術家、作家等進行創作的時候，天性貪圖方便，喜歡從過去的成功經驗挖寶，然後再改造一下。我猜這很少見，只有極少數的創意人士，會積極抄襲別人的作品（更何況剽竊的懲罰很嚴厲，也容易被抓包）。

第二個解釋，人天生有潛隱記憶（cryptomnesic）[2]。所謂的潛隱記憶，就是把遺忘的記憶，誤認成自己的新構想，這是意外抄襲的可能主因之一。假設你小時候聽過生日快樂歌，過了幾十年，你長大了，突然想起這首歌，但你忘了童年有聽過，還以為是自己無中生有，如果剛好在創作新旋律，無意間可能會抄襲生日快樂歌。

我們經常有這些新構想，只記得內容，卻把來源、時間和管道都忘了。既然忘了來源，通常會忘記在哪裡聽過它，誤以為這憑空出現，是腦袋瓜莫名其妙閃過的創新想法。第二個和第一個解釋的差別，在於潛隱記憶是無心的，不像故意剽竊那麼不誠實。我相信潛隱記憶比較常見，可以解釋為什麼有些歌曲、書籍和藝術作品明顯雷同。

創意人士之間有明顯的重疊，還有第三個解釋，最符合我的看法。如果你正在尋求突破，這將是最重要的解釋。**世上並沒有真正的原創性，唯一的差異只有重疊程度**。說得簡單一點，一切都是混搭。狄倫混搭歐蒂塔，歐蒂塔混搭她一生中遇過的無數藝術家。有些混搭特別明顯，但任何一件藝術作品，都是站在前人作品的肩膀上。

當今最知名的創意人士，大多認為借鑑很普遍！當聽眾批評奧莉維亞．羅德里戈（Olivia Rodrigo）抄襲艾維斯．卡斯提洛（Elvis Costello）的歌曲〈加油〉（Pump It Up），卡斯提洛本人卻說：「這沒有什麼！音樂創作就是這樣，拿一些有趣的碎片，創造一個全新的玩具。」

超脫樂團（Nirvana）的鼓手大衛．格羅爾（Dave Grohl）寫出吸引人的節奏，催生〈少年心氣〉（Smells Like Teen Spirit）這首歌，成了超脫樂團一九九一年的熱門單曲。格羅爾卻跟大家坦白，他從一些最難以想像的地方借點子[3]，例如迪斯可樂團，這跟一九九〇年代頹廢搖滾（Seattle grunge）的曲調和風格天差地遠。格羅爾接受訪問，跟大家坦承：「我從（迪斯可樂團）Gap和Cameo，以及（迪斯可鼓手）湯尼．湯普森（Tony Thompson）的身上，吸收很多東西。」

當代樂手奎斯特拉夫（Questlove）十分博學，不僅是作家，也是會演奏六、七種樂器的音樂家，還是七、八個樂團的台柱，他也承認明顯的原創性背後，隱含著多方的借鑑：「每一首歌的DNA都源自另一首歌，而所有的創意，都是從其他創意衍生而來。」

第三個解釋如此淡化原創性，非常有意義！這帶來莫大的解脫。一心想做嶄新的事情，只會感到無力。我碰過無數新創企業和創業家，都在追尋新穎和與眾不同，我給他們建議時，發現他們最常見的阻礙，就是想追求深度的原創性，放棄了人們真正需要的漸進式創新，獨鍾沒有人需要的激進式創新。**大多數時候，成功來自巧妙的調整，重新整合兩個以上既有的元素，或者改良不完善的點子或產品，得到更好的版本。**

不信的話，去觀察現在最成功的產品和理念吧！我出一道難題給你，有哪些產品和理念是真正深度的原創，跟過去的發明家和創意人士毫無關聯呢？第二章就提過Google，它是進入搜尋引擎市場的第二十二家公司，做得比之前的搜尋引擎更好，但絕非徹底的創新！亞馬遜不是第一家網路商店，也不是第一家網路書店，但是在貝佐斯的監督下，成為全球最優秀的產品經銷機構。以前產品從一個地方運送到地球上另一個地方，要耗費幾個星期，如今在亞馬遜購物，只要幾小時或幾天就到貨了。

蘋果和微軟並非首家電腦公司，他們旗下的產品，從作業系統到平板電腦、手機、筆電，也不是市場首見，但蘋果和微軟超越前輩，借鑑前輩的優點，去除缺點。如果你心想：「如果再繼續追溯這些產品和公司的源頭，就會發現原創的來源。」那你注定會失敗。就算找到最早的電腦，剖析創造者的頭腦，他依然是受到自身或相關領域的影響。我們總以為，天才具有高度的原創性，但這是假的！事實上，天才只是比一般人更會借鑑而已。

結合現有事物，重組出最創新的解決方案

這種原創性稱為重組（recombination），把兩個以上現有的東西（所以並非原創），以全新的方式組合。格羅爾結合龐克和迪斯可，創作出超脫樂團沉悶的鼓聲。蘋果結合智慧型手機和筆電，推出iPad平板電腦。

我最喜愛的重組例子，莫過於阿琳．哈里斯（Arlene Harris）的創意[4]，她五十七歲創立科技公司，成為第一位躋身無線名人堂（Wireless Hall of Fame）的女性。科技創業家大多是二、三十歲的年輕人，注意力放在他們比較熟悉的市場，亦即其他二、三十歲的年輕人。科技業特殊的人口組成，導致一大堆產品都是瞄準年輕人，只有極少數為老年人量身打造。沒道理啊！老年人的消費能力比年輕人更高，而且你問老年人，他們總是渴望市面上有滿足其需求的產品。

科技產業忽視老年人，哈里斯注意到了。她聽說主流手機做得太複雜，按鍵太小，如果老年人突然不會用，旁邊也找不到人幫忙。傾聽邊緣客群的心聲，不是在做善事，而是精明的創業行為。哈里斯說：「一直在創新突破的人，忙著創造人們想要的東西，卻忘了看後照鏡，想想：『有沒有什麼東西遺漏了？現在有更好的科技，就可以做得更好。』一個是投資酷炫的產品，另一個是投資改善生活品質的產品，後者會建立更美好的人類文化。」

為了建立更美好的人類文化，二〇〇五年哈里斯和無線產業先驅馬丁．庫珀（Martin

Cooper）聯手成立手機公司GreatCall，推出老人機Jitterbug，一點也不新穎原創，屬於傳統翻蓋式手機，有著大號的橡膠按鈕，以及明亮的大螢幕。Jitterbug的電視廣告中，二戰時期的年輕人跳著爵士舞，標榜Jitterbug用戶能透過專屬熱線，取得個人服務。廣告中，有一位代理商戴著耳機說：「凱莉夫人，很樂意幫您打電話。」

哈里斯向二、三十歲的企管碩士班學生展示廣告，學生起初都笑了，但後來得知哈里斯靠這支手機賺大錢，就鴉雀無聲了。哈里斯以獨創的方式，結合了兩個元素，包括傳統手機和邊緣市場。哈里斯的Jitterbug手機，不擠進白熱化的手機市場，因為市場已經被蘋果、三星等大公司把持，因此她鎖定小眾市場。不久，哈里斯開始設計新產品，從智慧型手機到個人緊急呼叫器，最後貝思買（Best Buy）以大約十億美元收購了GreatCall。

重組出奇簡單！無論在商業、藝術、音樂等領域，只要把兩個以上既有的概念，重新結合在一起。哈里斯改造以年輕人本位的產業，瞄準可支配所得高一點的老年邊緣族群。狄倫想出新方法，結合藍調、詩歌和原聲民謠，音樂事業正式起飛。哈里斯和狄倫在各自產業突破的原則，也可以套用到其他領域，就是找到兩個現有的概念，重新組合，創造出有價值的新東西。

這種對原創性的理解，可以幫助自己突破。這裡分享一個好方法：試著把好點子和好意見記下來，從中汲取靈感。這件事我做了很多年，現在習慣成自然。每次我看到好點子（例如產品、藝術作品、解決方法、好文章），我就存在一份通用文件檔。現在這份文件有將近二十年的歷史，收錄無數好點子。幾年前，我決定整理一下，讓它變得更有用，按照主題來分類。每次我寫到棘手的段落卡住了，或者要為客戶的問題思考解決方案，我會從文件中隨機挑選兩個點子。下面的例子，就是從「科技」的主題，挑選兩個點子：

編號四八七號點子[5]：鬧鐘墊。你必須站在上面，才可以關掉鬧鐘，以免按下貪睡鈕，不小心睡過頭。

編號五二二號點子[6]：Netflix的「自動播放」功能。原本預設選項是「按下播放鍵，才會繼續播下一集」，現在改為「下一集在十五秒內自動播放」。

我之前寫過一本書《欲罷不能》（*Irresistible*）[7]，探討人類為什麼花那麼多時間盯著螢幕。二〇一二年起，Netflix引進自動播放功能，大家開始花很多時間追劇（追劇一詞，二〇一二年還很少見，這一切多虧了Netflix）。自動播放的功能，阻斷我們停止看電視的能力。新一集開播後，通常過了幾秒鐘或幾分鐘，就會有新的劇情出現，讓人想看到該集或該季結尾為止。這就是劇情的刻意安排，要不是這些勾人的情節，一開始就抓住我們的注意力，我們恐怕會提早棄劇。

鬧鐘墊似乎跟Netflix沒有明顯關聯，卻可以輕鬆打破自動播放的誘餌。熟睡的人必須移動身軀，才可以關掉鬧鐘墊的鬧鐘，這會有兩個重大影響：一是避免按下貪睡鈕睡過頭；二是強迫人站起來，活動身軀。Netflix的自動播放功能，正是要讓人每看完一集，就不知不覺繼續看下一集，就像輕鬆按下貪睡鍵一樣，反正「只是多看一集」。結果到了凌晨四點，就不自覺看了六集。

有一個反制辦法：先確定你要看的集數，設定好鬧鐘，這些集數播完鬧鐘就會響。現在關鍵來了！把鬧鐘放在另一個房間，或者距離電視夠遠的地方，你必須起身，走去關鬧鐘。鬧鐘在旁邊大響，你不可能繼續漫不經心看下去，而是會站起來關鬧鐘，打破影集對你的控制。這是輕鬆對抗數位問題的模擬方案，結合了自動播放的害處，以及鬧鐘墊的益處，形成了一個不是那麼原創，卻有效的創新解決方案[8]。

用靈活思維，「轉向」締造全新出路

結合兩個點子，想出一個新點子，必須放寬你對這些點子的設限。如果思想太僵化，只想到原來的用途，會忽視其他可能的交互作用。這裡從高爾夫球界借用一個隱喻，大家就明白何謂靈活思維。

我打高爾夫的機會很少（而且打得很爛），自從我聽了薩姆．斯尼德（Sam Snead）的建議，我的球技突飛猛進。斯尼德是美國的高爾夫球員，稱霸球壇數十年，從一九三〇年代至一九七〇年代。斯尼德的揮桿動作，巧妙展現了優雅和力量，美國職業選手傑克．尼克勞斯（Jack Nicklaus）稱其「完美揮桿」，南非職業選手蓋瑞．普萊爾（Gary Player）也稱其「人類史上最偉大的高爾夫揮桿」。

大家追問斯尼德的祕訣，他說關鍵在於握桿的方式：「你握高爾夫球桿的手勁，就像捧小鳥一樣，要握得夠緊，以免小鳥飛走，但也要夠輕柔，以免壓傷小鳥。」[9]我從未捧過小鳥，但我每次揮桿，都會想像手中有一隻小鳥，結果提升了我的球技（但進步有限啦）。

斯尼德的建議，不只在高爾夫球界管用，還可以幫助你打破僵局。哈里斯打算瞄準老年人科技市場，或者狄倫把電吉他換成木吉他，都是展現了靈活的思維，就像捧著小鳥一樣，堅定卻溫柔。哈里斯設計和販售科技產品，一方面堅持自己的經驗，但另一方面放棄教條，不認為科技是年輕人的專利，她面對新觀點的態度是輕柔的。她勇於接納新的見解，狄倫也是如此，他踏入了原聲民謠的新世界，願意嘗試新事物。

總而言之，溫柔捧著小鳥，就可以做好轉向（pivot）的準備。轉向是至關重要的認知能力，可以克服慣性。為了轉向，你必須願意犧牲今日的前進，以求明日朝著新方向大躍進。為了找到新方向，你必須接納一件事：你一直以來走的路，可能不是最好的前進方向。

說到轉向（就像溫柔捧著小鳥，握著自己鍾愛的點子），最引人注目的例子，莫過於化學家大衛．布朗（David Brown）[10]。一九九〇年代初期，布朗在一間大藥廠工作，八年來，他的團隊努力研發一款心臟藥物。為了一個結果耗費八年未免太漫長了，但對於化學家布朗來說，沒有什麼大不了，因為開發新藥可以拯救無數人的性命，這比任何事都重要！只可惜仍然沒有進展。布朗心知肚明，如果他的團隊再沒有突破，就必須解散。

布朗的研發團隊測試過數百種配方，始終沒有達到預期效果。布朗回想：「我站在臨床開發委員會前面，因為浪費研究經費，一如往常地遭各方抨擊，我接到最後通牒：『九月如果再沒有好數據，這個計畫就結束了。』」布朗的團隊心想，既然終究要結束，何不放手一搏，做完最後一次實驗。布朗回憶：「距離失敗太近了，大家都懶得來開會。人聞到失敗的氣味，就自動鳥獸散。沒錯，就是這麼近！」

這是布朗研發團隊的轉捩點。他最後僅存的希望：一種代號為UK—九二四八〇藥物，專門治療胸部壓迫和胸悶，從一九九三年開始測試，有一群威爾斯的礦工願意參加藥物實驗。十天後，礦工分成幾個小組，來到藥廠的研發總部。布朗參加最初的小組會議，得知藥物沒有效，難掩失望之情。小組會議結束，他突然詢問在場的男性，有沒有發現其他特點，想在會議中提出來。其中一位男性舉手說：「我發現服藥的那一天晚上，勃起的次數似乎特別多。」布朗始終記得，場上其他人也笑著說：「我們也是。」

布朗有顆冷靜的頭腦，靠著即興提問，帶來了數百億美元的商機。他的團隊無意間研發出的，正是威而鋼（Viagra）。

布朗的團隊成員大多感到沮喪。布朗在輝瑞製藥的同事伊恩．奧斯特洛（Ian Osterloh），覺得這個團隊玩完了。布朗說：「當時沒有半個人認為：『太棒了！這是好消息，我們有突破了，現在要改變計畫的方向。』」但布朗可以接受換一個新方向，對他來說，最新的阻礙並非失敗，因為在某人眼中尷尬的副作用，可能是另一個人的天賜之物。

布朗懇求管理階層，繼續資助往後的研究。布朗跟研發部門主管說：「我需要十五萬英鎊，來做勃起功能障礙研究，我會在辦公室一直等，等到你願意給錢為止。」一九九三年底，在布里斯托爾（Bristol）展開第一輪試驗，後續還在法國、挪威和瑞典測試。多虧了布朗的洞見，一九九八至二〇一八年，輝瑞賺了將近四百億美元，吸引原廠藥和學名藥廠商搶攻市場。

失敗心臟藥物的灰燼中，竟然有治療陽痿的解方，而且可以賺大錢。布朗從心臟藥物轉向勃起障礙療法，至今仍是商場的佳話。每次我跟企管碩士班學生聊到，學生總以為自己有布朗的特質，相信自己可以從「失敗」的藥物試驗中，看見閃閃發亮的機會。

事實上，布朗的能力很難得，對大多數人來說，這有違直覺。其他團隊成員坦承，要不是布朗選擇轉向，而非直接放棄，這世上就不會有威而鋼。布朗一系列的能力，讓威而鋼能夠研發成功，包括他懂得從失敗中看見機會；即使初步試驗不斷失敗，他依然有決心，爭取進一步試驗；他可以按捺失望的情緒，提出正確的問題，關注那些答案。

布朗具備的能力，大家也學得會。主要就是挑對時機，提出正確問題，養成這樣的習慣。每次嗅到失敗的氣味，或者發現阻礙迫在眉睫，不妨問自己幾個關鍵的轉向問題：**第一個問題，這個計畫有沒有值得保留的地方？**換句話說，雖然計畫不如己意，但最好的地方是什麼？有沒有一線希望？**第二個問題，做點適度的小改變，有可能改變結果嗎？**你可以做什麼不一樣的嘗試呢？在製藥產業，威而鋼不是唯一化失敗為成功的例子，因此藥物試驗出差錯時，追問什麼問題就很重要了！布朗深知這個道理，注意到這個藥物可能有意外的用途，帶來潛在利潤。

看見潛在的其他機會，隨時預留改變空間

轉向法不限於製藥產業。早在布朗成功轉向之前，小威廉．瑞格理（William Wrigley Jr.）提早一百年做了這件事。他從費城來芝加哥賣肥皂。一篇刊在《紐約時報》的訃聞寫道：「他從零開始[11]，除非區區三十二美元也叫做資本。他沒有後台，也沒有影響力。他唯一擁有的是勇氣、創業精神以及永不放棄的樂觀精神。」

瑞格理的父親賣過肥皂，他很自然也想賣肥皂，但肥皂產業很競爭，因為肥皂容易製作。只要遵循一些基本化學定律，拌入適當比例的成分，就可以得到一條去汙肥皂，也就是一八九〇年代瑞格理等人販售的產品。每個品牌的去汙肥皂，品質都差不多，瑞格理創造了一項差異，跟其他產品有所區隔。《紐約時報》提到，競爭很激烈，但瑞格理做得不錯，他的每一條肥皂，

還附贈一小包泡打粉。

拿泡打粉當贈品，還真是聰明！十九世紀末至二十世紀初，烘焙變成一項熱門的消遣活動，因此瑞格理的贈品成了一大賣點，過了不久，泡打粉的詢問度比肥皂還要高。瑞格理跟輝瑞的布朗一樣，對這些線索特別敏感，於是瑞格理的肥皂公司，變身成瑞格理泡打粉公司。

瑞格理賣泡打粉時依然附贈小禮物，每一大包泡打粉，就附贈兩包口香糖。第一條口香糖，是在一八七〇至一八八〇年代出現，一開始是甘草口味，再來是果汁口味，瑞格理看上口香糖的新奇和便宜，認為這是最完美的贈品。他是對的！似曾相識的情況又出現了，口香糖比泡打粉更受歡迎，瑞格理展開第二次轉向。他不賣肥皂或泡打粉，只賣白箭（Spearmint）和黃箭（Juicy Fruit）口香糖。

瑞格理的銷售天才，不只是產品轉型。他起初把口香糖視為衝動消費，也就是去超市排隊結帳時會隨手購買的東西，但衝動消費是有限的。在瑞格理的心目中，他希望大家會主動搜尋他的口香糖，而非純粹缺乏自制力而購買。他向無數美國家庭發送樣品，甚至抵押自己的房子，支付鋪天蓋地的廣告費用。經過他的宣傳，《紐約時報》解釋：「原本（吃口香糖）只是壞習慣，現在卻成了一股風尚。」

瑞格理主張，飯後嚼他家的口香糖，口氣更清新，牙齒更乾淨、更健康；如果吃得太飽，嚼口香糖會緩解脹氣和不適。第二次世界大戰期間，他還說服軍隊嚼口香糖可以解渴以及鎮定神經。他強調的這些特色，不是衝動購物的特性，而是必需品的標誌，於是他的產品價值飆升，一九二九年，他還登上了《時代雜誌》封面。

布朗和瑞格理的轉向方式，令人印象深刻，但並不罕見。如果人生都不轉向，意味著每次做的決定，無論是從商或人生其他層面，總是一次就選對。回顧過去，你會發現無數次轉向。不轉向的人，永遠不會改變心意，跟第一個約會對象結婚；追求童年夢想的第一份職業；一輩子都在同一個城鎮生活等。一般人會隨著年紀增長，不斷發展，變得更成熟，所以偏好和態度會跟著改變。我們會學習和成長，所以改變是必然的。

布朗和瑞格理的靈活性，完全展現斯尼德的格言，只不過把「高爾夫球桿」替換成「點子」而已：「你握點子的手勁，就像捧小鳥一樣，要握得夠緊，以免小鳥飛走，但也要夠輕柔，以免壓傷小鳥。」實際做起來，你必須知道哪些面向要緊握，哪些面向要輕握，預留轉變和成長的空間。布朗並沒有一夕之間改行做藝術家或會計師，他依然是化學家，只是把能力發揮到其他的目標上。瑞格理賣過三種產品，但每次都「發給顧客贈品」，同時傾聽顧客的意見。

就算你不從事製藥產業，也不販售口香糖，仍要記得這些觀念，輕鬆應用到任何情況。只有三個步驟，跟上一章的阻力稽核有所雷同：**發現問題，列出潛在的解決方案或前進路徑，然後從中挑選最佳的解決方案。**

荷蘭自行車公司VanMoof創辦人提斯．卡利爾（Ties Carlier）[12]，二〇一五年正是運用這個方法，來解決昂貴自行車送達美國消費者家中時，經常變形和受損的問題。VanMoof官方部落格對外解釋：「二〇一五年起，我們開始把自行車賣到美國，唯一的問題是自行車交到新顧客手中，大多數都受損了，這對顧客來說很困擾，對我們也是一大筆開銷。我們猜想，美國貨運人員可能沒有我們想像的小心。」

既然問題很明確，卡利爾開始考慮有哪些選項。他試過好幾家貨運公司，結果還是差不多。接下來，他的團隊設計各種新包裝，考慮過更沉重、更堅固的箱子，甚至是比紙箱更堅固的包裝，但這兩種選擇都太昂貴、太笨重了，而且這些做法都默認自行車在運送過程中，必定會遭碰撞的事實。真是令人失望，包裝再怎麼升級，受損的情況依然嚴重。自行車顯然要裝紙箱運送，但卡利爾該如何確保紙箱可以被善待呢？

卡利爾問自己一個簡單的問題：什麼情況下，貨運公司會善待紙箱呢？他做了一些研究，發現他們自行車的損壞率，遠超過電視產品，但是裝電視的紙箱並沒有比較堅固，形狀也不特別。電視送到消費者手中，很少有損壞和受損的問題，是因為電視的紙箱，大聲喊著：「我是易碎品！」送貨員也耳聞處理不當，導致電視碎裂的事端，所以會特別小心。卡利爾選擇一個最便宜也最簡單的做法：他麻煩紙箱廠商，在紙箱印上電視的圖片。他並沒有欺騙送貨員，因為紙箱仍印著自行車的圖片，說明紙箱內裝著一輛自行車，只不過也印著大大的電視圖片。

VanMoof在部落格解釋：「小小的調整，發揮巨大的影響。一夕之間，運輸損壞率下降七、八成，我們有高達八成的自行車都透過網路銷售，這些紙箱至今仍印著電視的圖片。VanMoof送到消費者手中的自行車，已經突破六萬大關。」但是卡利爾有一點不悅，因為過了不久，其他公司也開始仿效。卡利爾受訪表示：「我們想盡量瞞久一點，可是有一天，一位記者在我們紐約分店發推特，將這件事公諸於世……如果越多公司這樣做，這方法的效果就越差。」卡利爾重新設計紙箱，完美展示斯尼德堅定而彈性的哲學！卡利爾堅持用紙箱運自行車，卻擁有靈活的思維，重新設計紙箱，溫和鼓勵貨運公司要小心對待自行車。

不讓專業知識，限制你思考的廣度

無論是狄倫、布朗、瑞格理或卡利爾，都有一個共通點。他們都放棄了自身的專業，擁抱初學者的狀態。狄倫擅長電吉他，卻願意嘗試木吉他。布朗花十年開發心臟藥物，卻願意轉一個彎，去研究勃起障礙。瑞格理賣泡打粉之前，本來是肥皂專家，後來轉行賣口香糖。卡利爾對腳踏車瞭若指掌，對於包裝卻一無所知，但他願意做功課，想出一種包裝方法，降低八成運輸損失。

這四個人頓時成了新手，但新手比起專家，有一個意想不到的優勢：新手不會受制於知識的枷鎖[13]。已知的知識，不可能隨便抹滅，但這些既有的知識，往往會限制你的創造力。平時這不是問題，過去有效的方法，通常到了未來，還會繼續有效，但如果你想追求突破，尋找新的創意路徑，專業知識有可能會限縮你思考的廣度。

有了專業知識，你就擁有認知科學家司馬賀所謂的「階層資訊架構」（hierarchical information structure），懂得分辨各種觀念之間的關係。一九六二年，司馬賀提到製錶專家組裝手錶時，究竟如何發揮階層資訊。手錶很複雜，內含無數小零件，宛如複雜的拼圖，包括錶耳、錶冠、按鍵、擺輪錘，在專家看來，這些都是微小的子零件，共同組成一支手錶。手錶的測速計，顧名思義是用來測量速度，也包含了十幾個零件。手錶的秒針，背後的機械裝置又是數十個零件，族繁不及備載。如果製錶專家正在組裝特定的子零件，突然被一通電話打斷，他還可以從中斷的地方繼續組裝，頂多損失幾分鐘的時間，他之前組裝好的部分並不受影響。

相形之下，新手缺乏階層資訊，難以統整製錶知識。組裝手錶是極其複雜的拼圖，恐怕要有人在旁邊指導，才能夠逐步組裝完成，在新手看來，每一個零件都完全獨立。如果中途被電話打斷，可能要從頭組裝一次。

組裝手錶這件事，並不需要創意。如果你單憑創意，重新組裝手錶的部分零件，手錶不可能正常運轉。製錶講究精確和靈巧，卻排斥創意。然而，有些任務沒有這些限制，所以會獎勵你的創新而非精確，這時候採用階層資訊架構，可能適得其反。

有一項研究召集兩組學生[14]，在一小時內用數百個樂高積木組裝外星人，其中半數學生是新手，對他們來說，桌上的樂高積木只是雜亂無章地混在一起，相當於司馬賀所謂的「平坦資訊結構」（flat information structure）。「專家組」就不一樣了，積木依照形狀和顏色分成四十八小堆，猶如六十年前司馬賀觀察的手錶子零件。換句話說，在新手眼裡，這些積木雜亂無章，專家卻把積木仔細分門別類。

你可以想見，對專家來說，這個任務特別容易，他們整理好積木，唯一的工作就是組裝外星人。反之，新手缺乏資訊結構，才會創造出古怪的外星人。獨立評選人看了之後，認為新手組裝的外星人特別有創意，跟地球的生物比較不相似。這似乎是因為新手花了更多時間，對這項任務進行更深入的思考，比專家探索更多選項。**知道得越少，掙扎得越多，反而會激發更多的創意。**

所知越少，並不一定是弱點

這在實驗室以外也說得通。一九九四年，流行歌手席爾（Seal）發布歌曲〈玫瑰之吻〉（Kiss from a Rose），贏得三座葛萊美獎，連續數周蟬聯全球排行榜榜首，全球大賣數百萬張。席爾在一九八〇年代末寫了這首歌，跟流行音樂榜上的其他歌曲迥然不同。

音樂製作人兼YouTube名人瑞克・比托（Rick Beato）[15]，二〇二一年發表三十二分鐘的影片，專門探討〈玫瑰之吻〉的魅力。比托完美分析〈玫瑰之吻〉的魅力所在，但除非你是音樂專家，否則你肯定看不懂他大半的樂評，可見這首歌真的很複雜。比托解釋：「〈玫瑰之吻〉是調式互換（modal interchange）的完美案例，我一直愛討論歌曲的學理，正因為這些學理，這些歌才會成為神曲。」他繼續探討「主和弦」、「降六和降七和弦」、「轉位」等樂理奧祕。

不過，比托的影片有一段重點，就是他跟席爾本人的對話。比托先表達他的欽佩之情：「這段旋律真複雜，音程跳躍很特別，你怎麼想到的呢？」席爾這樣回答：

> 我想到一個最棒的解釋。我當時並不覺得這是辦不到的事情，或者不尋常的事情。我寫歌的時候，只覺得這樣寫是對的……很快就寫完了，我在某天下午花了兩、三個小時，而且我並沒有認真考慮旋律。

席爾可能出於謙虛，但是他的天真與比托的複雜，形成了鮮明對比。比托花在解析歌曲的時間，似乎超過席爾寫歌的時間。席爾寫歌的方法，正是擺脫理論和專業的限制，所以寫出了一首悅耳的歌曲，聽起來有別於數十年來的流行樂。

這就是比托關注的主題，他採訪完席爾，過了幾個月，他採訪另一位風格獨特的流行歌手史汀（Sting）[16]。比托再度針對史汀的創作手法，進行複雜的解析。

〈你的心周圍的堡壘〉（Fortress Around Your Heart）這首歌的旋律太美妙了，卻變調三次。（和弦進程）很奇特，卻沒想到很順耳。再來是副歌，有G調、E小調、D／F#和弦、G調，再來是C調、A小調、C調、D調……，你怎麼想出來的？

史汀的回應聽起來跟席爾很像：

一開始是三個和弦，然後我就開始大冒險，我就找到它了，它就自己寫出來了。你必須處於寬容的狀態，音樂就會告訴你下一步……我不是受過專業訓練的音樂家，我只是相信，和聲會帶領著我，找到正確的方向。我羨慕一些人（受過專業音樂訓練），具備另一種音樂才能。我認識一些了不起的音樂家，可以演奏任何曲子，但是從不寫歌。

對史汀來說，旋律是藝術，而在比托眼中，音樂是帶有科學嚴肅氣息的藝術。比托的強項就是樂理，但史汀是抗拒的。他就跟席爾一樣，認為最佳的旋律不是專業知識的產物，而是天真和探索的結晶。我無意詆毀比托，他輕鬆駕馭分析能力，本身也富有創意，因此握有專業知識，不一定是弱點，只是史汀和席爾的例子告訴我們，有時候所知不多，也不一定是弱點。

這八章介紹的音樂家、創業家和科學家，為了擺脫困境或避免卡關，展現出武術的特質。他們面對阻力時，並沒有拚命掙扎，而是放輕鬆一點。有些人像狄倫和哈里斯，接受漸進式的獨創，認為新點子幾乎都來自舊點子，這樣看起來，絕對原創性是一種迷思，如果把激進式創新當成唯一的路，反而會動彈不得。

此外，放輕鬆一點，有助於轉換策略或方法，例如布朗和瑞格理。缺乏專業知識不一定是壞事，這樣想有一種解脫的快感，因為大多數人只擅長幾個生活領域，在其他很多領域只是新手。有一定的知識是好的，但深度的專業經常會令人僵化，結果越陷越深。為了避免這個問題，團隊成員必須有各自的專業，換句話說，在一個多元的團隊裡工作，靠別人來彌補自己的不足，齊力擺脫困境。本章介紹的成功人物，背後都有一大群支持者。下一章將探討群眾的力量，為什麼可以推動突破。

第九章
邊緣NBA球員創造的驚人勝率——讓多元性突破現狀

人腦是世上最機智的機器。有了它，人類治好了病，統御國家，發明可以載人往返太空的火箭。可是，人腦很貪婪，每天要提供它數百卡路里的熱量，還要把時間、注意力和精力，投注到你要求腦袋完成的事情上。

人類為了兼顧這些需求，養成特定的模式和習慣，雖然不完美，但平時用起來綽綽有餘，例如從琳琅滿目的選項中挑一瓶汽水，你不會每次都仔細檢查標籤，而是回想過去喜歡的選項，從中挑選一瓶。大家平時走路和開車，都是處於「自動模式」（autopilot），這就是為什麼走路和開車會神遊，讓你有多餘的腦力資源，處理其他事情。活在自動模式有個缺點：難免會墨守成規。雖然策略和習慣會簡化日常生活事務，卻有可能根深蒂固，等到你要嘗試新事物時仍難以擺脫。

幸好，每個人的策略和習慣可能不太一樣。我們面對不同的條件，也過著不同的生活，個性、才華、態度和價值觀都不同。我的習慣可能導致我守舊，你的習慣卻可能解救我。這正是過去六十年，電視劇《超時空奇俠》（*Doctor Who*）創作者們所經歷的情況[1]。

《超時空奇俠》是全球最長青的電視劇。一九六三年十一月二十三日傍晚五點十六分播出第一集，比原定時間延後八十秒，因為英國廣播公司電視台（BBC）正在播報前一天甘迺迪（John F. Kennedy）遇刺的消息。《超時空奇俠》的主角是一個外星人，稱為「博士」，透過藍色電話亭穿越時空，但博士對地球特別著迷，於是他化身人類，跟著人類同伴一起闖蕩江湖，拯救無辜受害的民眾。他活了幾個世紀，因為每次他受重傷快死了，靈魂就會轉移到另一副人體。這種奇幻的設定，讓這齣電視劇萬年長青，就算主演的演員辭演了，製作團隊也可以找別的演員來飾演博士。這部劇播出六十年間，總共有十三位演員演過博士，有的演員只參演一部劇場版，有的連續演出六年多。

《超時空奇俠》總共拍了三十九季，以及十八個特別篇，在一百多個國家播出。這齣電視劇帶來了博物館展覽、衍生作品、同人小說、書籍和商品，也曾經在《辛普森家庭》（*The Simpsons*）、《南方四賤客》、《蓋酷家庭》（*Family Guy*）、《飛出個未來》（*Futurama*）和《銀河飛龍》（*Star Trek: The Next Generation*）亮相過。一九七〇年代是巔峰時期，每集平均吸引一千一百萬觀眾，雖然如今觀眾只剩下一半，英國觀眾欣賞指數（British Audience Appreciation Index）仍有九十分（滿分一百分），彰顯《超時空奇俠》在英國的受歡迎程度。

《超時空奇俠》的製作團隊和演員陣容一樣，也是持續更迭。每一集的幕後功臣，包括製作人、導演和編劇三大「核心」職位，由二至五位創意人員擔任。這些創意人員就如同任何藝術家，擁有個人風格，運用個人經歷、專業培訓過程、表現風格，來構思每一集作品，例如格雷姆．哈珀（Graeme Harper）執導過十五集，他具備狄更斯的戲劇背景；菲爾．柯林森（Phil Collinson）執導過四十七集，擁有情境喜劇和喜劇背景。約翰．納森—特納（John Nathan-Turner）製作了五十集，偏好暴力情節，主張《超時空奇俠》應該瞄準有利可圖的美國市場。

可是，《超時空奇俠》經歷許多困境（可能是因為太長青了）。一九八〇年代，觀眾差不多掉了七成，ＢＢＣ決定無限期停播，停播時間長達十六年。二〇〇五年《超時空奇俠》捲土重來，引發轟動，每當收視率下滑，外界就傳出停播的消息。

《超時空奇俠》起起伏伏，引發團體動力研究者的關注。《超時空奇俠》何時表現得最好呢？難道是創意團隊志同道合的時候嗎？或者，多樣性才是優勢呢？你可能以為，志同道合是加分，導演面對熟悉的編劇，知道如何激發出好點子，製片人了解編劇和導演的個性，知道誰可以寫出精彩的故事情節。這樣看來，面臨難關時，有一個熟悉的團隊，說不定就是「突破」的不二法門？研究人員整理《超時空奇俠》長達五十年的劇集，也提出同樣的問題：創意人員在熟悉或封閉的社交圈合作，對於長期播出的電視劇來說，這究竟是受困的原因，還是蓬勃發展的動能呢？

研究人員先累積每一集的各種數據，例如創意團隊有哪些成員？這些成員在其他集數（甚至《超時空奇俠》以外的電視劇）合作的機會多不多？觀眾對這一集的感受怎麼樣？根據《超時空奇俠》專家的評估，這一集的創意程度高不高？（研究團隊中，有一群熱衷《超時空奇俠》的學者。）回顧過往的《超時空奇俠》，這一集的構想是否與眾不同，還是仍延續類似的主題（相對缺乏創意）？有了這些數據，研究人員開始評估「人際網絡的不重複性」（network nonredundancy）。簡單說就是，《超時空奇俠》漫長的播放歷程中，對創意團隊有利的因素，究竟是新血注入，還是封閉的人際網絡呢？

答案相當明確。雖然創意人員大多喜愛熟悉的團隊，但如果彼此太熟悉，反而容易有摩擦。最棒的劇集誕生，是因為有新血注入。研究團隊指出：「**藝術家周圍的人際網絡越封閉，作品就越沒有創意。**」創意人員跟新成員合作反而有好處，尤其是在不同圈子工作過的隊友。不重複（nonredundancy），或者說新奇（novelty），帶來了突破，有時甚至讓《超時空奇俠》擺脫停滯期，進入創意復甦期。

追求「不重複」，激發創造性突破

跟新人合作，可以激發創造性突破，至少有兩個原因。首先，新人帶來了新的想法。新人的創意內容不一樣，新想法在兩個以上的人之間來回穿梭，會開啟更多新點子。其次，稍微調整一下是有利的。假如受困的其中一個原因是放不掉舊習慣，新人加入團隊，會迫使你採取新的思維方式。研究團隊認為，**這不只帶來新內容，還會重組舊內容**。在新血的刺激之下，人會「採用新的觀點和看法，因此（創意人員）會換一個方式，來發揮舊概念」。

你會在《超時空奇俠》以外的例子，一再發現「不重複」的價值。二〇〇〇年，皮克斯動畫工作室正在風頭上，一九九五至一九九九年間推出《玩具總動員》、《玩具總動員二》、《蟲蟲危機》（*A Bug's Life*），這三部動畫改變同行對動畫的認知，以前總認為動畫是小孩子看的，只探索一些簡單的創作理念，繪製平面的動畫角色，來吸引年紀小的觀眾。

然而，一九九五年上映的《玩具總動員》，屬於長篇動畫電影，探索大人和小孩都有共鳴的主題，一次吸引了兩種客群。雖然視覺效果不太逼真，卻實現了前所未有的３Ｄ立體效果。一九七二年，奧斯卡新增特別成就獎，每隔幾年頒獎一次，表彰對電影的重要貢獻，肯定一些超越極限的電影。一九七七年，《星際大戰》因為「外星人、生物、機器人聲音」獲獎；一九九〇年，《魔鬼總動員》（*Total Recall*）因為「視覺特效」而獲獎，一九九五年輪到《玩具總動員》，因為「首部長篇電腦動畫電影」而獲獎，成為第十五部獲得這個殊榮的影片。

皮克斯推出三部成功的動畫，應該要繼續做自己擅長的事情：編寫精彩的故事，以精美的動畫呈現。但是，皮克斯創辦人追求「不重複」[2]，擔心工作室會變得懶散或自滿，於是找來布萊德．博德（Brad Bird），為團隊注入新血。他是局外人，做事風格跟大家很不一樣。博德回想，皮克斯三位創辦人賈伯斯、艾德．卡特姆（Ed Catmul）、約翰．拉賽特（John Lasseter）找上門時說：「我們唯一擔心的就是自滿，自以為什麼都搞定了。我們希望你來打破現狀，如果我們覺得你的做法沒道理，我們會提供合理的論據，但只要你可以說服我們，我們願意換個方式做事。」

皮克斯旗下的藝術家，對於每部動畫的每一個畫面，都是百分之百投入，這情有可原，皮克斯的招牌是絕妙的動畫，所以這些藝術家力求純粹，這正好是一九九五年奧斯卡特別成就獎所肯定的優點。如果畫面沒有完美呈現，皮克斯的動畫師經常會卡住。博德對此有不同的看法：

> 我必須打破他們的純粹主義——基本上，我就是嚇唬他們，如果他們在電腦繪圖耗費太多時間，我就揚言用下三濫的「作弊手法」。我可能會說：「水的效果沒必要用電腦模擬程式做，如果程式行不通，我可以接受在游泳池拍攝水花，然後把畫面合成。」他們聽了很害怕。我從未拍過游泳池的水花……但是我這樣提議，大家就會明白，沒必要每個角度都完美呈現！每個鏡頭並不平等，有些鏡頭必須完美，有些必須非常好，但有些只要夠好就行了，完全不影響觀影體驗。

博德掌握動畫電影的製作流程，為了準時完成優秀的作品，唯一的辦法，就是加快動畫製作。他也很肯定「不重複」，於是他引進一群新動畫師（套句他的話是一大群「異類」），準備來打破現狀。博德回想：「他們有許多人都不滿足現狀，擁有很多新想法，但因為既有的做法行得通，他們沒機會實現自己的理念。我們給這些異類一個機會，去證明他們的看法正確，改變了這裡原有的做事方式……多虧皮克斯的上位者，讓我們盡情嘗試瘋狂的理念。」

博德在皮克斯參與的前兩部電影，分別是《超人特攻隊》和《料理鼠王》（*Ratatouille*），這兩部動畫分別在二〇〇四和二〇〇七年贏得奧斯卡最佳動畫電影。《料理鼠王》特別值得一提，博德剛參與製作時，這是一部失敗的半成品，他帶來許多改變，例如要求主角小米（Remy）以外的老鼠，一律用四腳行走，唯獨小米用兩腳行走，這是《料理鼠王》成功的關鍵；但博德最大的改革，其實是跟「異類」動畫師合作，令他在業界聲名大噪，這些外人提供不同的觀點，亦即其他導演所忽略的想法。

博德就是看上「異類」的與眾不同，不管他們在創意產業是不是最有才華，光憑差異性這一點，就足以迫使創意團隊換個觀點看事情。他領悟到，當他的團隊碰到創意瓶頸，異類是絕佳的突破動力。顧名思義，異類不太可能是主流的成功者，所以打不進既有的人際網絡，也不太在意既有的規範。異類的主要功能是提供新觀點，亦即研究團隊所謂的「**正面衝擊**」（positive shock）。套句《超時空奇俠》研究團隊的話：「為既有的人際網絡增加新連結，也就是帶入正面衝擊，迫使網絡中的每一個人，重新思索自己的做事和合作方式。」

與眾不同的力量，比菁英更強大

不過，還有一個關鍵。為什麼卡住的時候，必須問外人的意見呢？研究證實，就連無能的外人，也可以帶領團隊前進。異類不必是預言家或天才，只要與眾不同就夠了。根據一份研究[3]，大家總以為表現優異者的建議比較好，但其實跟表現平庸者一樣好。以拼字遊戲為例（比方把MYRDEA重新排列成DREAMY），你期望專家給出更好的建議，但完成任務本身，跟解釋任務如何完成，需要不同的能力。唯一的差異是，表現優異者給出更多的建議（而非更好的建議），只是我們誤以為多就是好。

另一項研究召集陌生人，共同解開網路謎題。這些陌生人並不會互動，但可以看到其他人的動作。唯有團隊合作，才可以解開謎題。任務很困難，有時會失敗，經常要多嘗試幾次，才會找到解決辦法。其中一個實驗版本，玩家都是人類，一起找出解答。另一個實驗版本，把一些玩家換成「喧鬧的機器人」，或者AI代理人，時而做一些低劣的決策。這些喧鬧的機器人，相當於適度無能的異類，唯一的功能是隨機行動，擾亂其他玩家，迫使他們探索全新的解題策略。

機器人可能一直在「喧鬧」，卻有助人類玩家以更快的速度，找到更可靠的解答[4]。研究團隊寫道，「機器人」不僅把任務變簡單了，還影響人與人之間的互動，引發連鎖效應。縱使擾亂的人（或機器人）沒有用處或能力，擾亂這件事仍是有益的。重要的不是機器人的績效，而是它的**與眾不同**。

如果你卡住了，解決辦法很明顯：找一個跟你不同的人，訴說你的情況。找明智的專家聊一聊，沒什麼害處；但即使你的聊天對象不是特別有知識，教育程度不是特別高，仍對你有益。我們經常對自己的習慣和模式視而不見，但這些習慣和模式，卻老是害我們陷入困境，這時候不重複的外人，反而督促我們超越本能的預設，激發出潛藏的點子。

不重複還有另一個常見的說法，叫做多樣性（diversity）。找越多不重複的外人討教，接收的訊息就越多樣化，越容易超越個人固有的偏見。數千年來，人類一直在受困和突破，但大部分時間裡，人是在一小群思維相近、同質性高的群體中解決問題。這種群體缺乏多樣性，因為彼此非常熟悉，經常住得很近，有時候還是親戚或好朋友。

即使人類走向科學方法，放棄反覆試錯，科學研究團隊的同質性仍然很高，大多是年長、富裕、接受傳統教育的白人男性，直到一九八〇至一九九〇年代，更多女性進入醫學界，終於有人關注女性的疾病和健康問題，例如骨質疏鬆症、更年期和乳癌。這樣的轉變是因為女性加入醫學研究團隊，引進新的研究方向，否則以前備受男性研究人員忽視[5]。

以前就連人類行為試驗，也是以男性受試者為主。一九五八年巴爾的摩老齡化縱向研究

（Baltimore Longitudinal Study of Aging, BLSA），旨在探討「一般人類老化」，最初二十年竟然只招募男性受試者。家醫保健研究（Physicians' Health Study）也有類似的問題，建議大家每日服用低劑量阿斯匹靈，宣稱可以降低心臟病風險，但是背後的數據卻來自兩萬兩千名男性與**零位**女性。一九八二年多危險因素介入試驗（Multiple Risk Factor Intervention Trial）探討飲食和運動對心臟病的影響，也是招募一萬三千位男性，**零位**女性受試者。

有個研究團隊受不了零散的案例，於是整理將近七百萬篇論文，探討醫學團隊的性別多樣性，究竟跟創新程度有什麼關係。這些論文是在二〇〇〇至二〇一九年，由七百萬名不同的醫學家發表，散布於一萬五千種期刊。時間一久，學術圈會有回音室效應（echo chamber）。一小群研究人員互相引用，提出的問題越來越狹隘，進步的幅度越來越小。一次思想大躍進，可能會激發無數的相關論文，但終究會碰到思想障礙。

怎樣的學術圈不會卡關呢？必須廣納相關領域的新研究者，吸引不重複的研究人員爭相引用，以免發生回音室效應。因此，多樣性研究證實，如果一個學術團隊有男有女，比較有可能進行創新的研究，吸引不同領域的新研究人員。一個多樣性的團隊，影響力通常比較大，比起單一性別的大團隊，更容易發表「熱門」論文（頻率超出一六%）。

商業界也是如此[6]。有一份研究探討全球三十五個國家、二十四個行業、一千多家企業的績效，結果發現什麼呢？在普遍支持職場性別多樣性的國家，性別多樣性跟公司卓越績效有關。

另一份研究格外謹慎，把創業家隨機分配到性別多元或單一的團隊，確認多樣性會不會刺激創新。經過一年觀察，性別均衡的團隊表現比較好，勝過性別失衡的團隊。至於第三份研究，把研究員隨機分配到性別多元和不多元的團隊，再次證明多元性是創新的助力。**多樣性會消弭群體、團隊、公司或整個圈子進步的絆腳石。**

與眾不同的平庸球員，如何打造超高勝率

多樣性是突破的因子[7]。NBA籃球員尚恩．巴提耶（Shane Battier）就是絕佳的例子，他打球的期間介於二〇〇一至二〇一四年，依照傳統籃球的指標來看，他的球技平庸。麥可．路易士（Michael Lewis）在《紐約時報雜誌》（*New York Times Magazine*）簡述巴提耶這位球員：「他的得分不多、籃板不多、阻攻不力、抄球不多、助攻不力。」巴提耶為休士頓火箭隊效力時，球隊總經理也說：「他充其量只是一個邊緣NBA球員。」

然而，從其他層面來看，巴提耶確實與眾不同。NBA球員大多很聰明，但巴提耶屬於**學者型**。他從底特律鄉村日間學校（Detroit Country Day School）畢業時，學業平均分數（GPA）拿到三．九六的高分，品學兼優，贏得校長獎。每次比賽開打前，教練交給他一份對手的資料，列出每位球員最有可能及最不可能得分的位置，以及他們最擅長和最不擅長的投籃方式。

巴提耶的教練說：「這份資料只給他看。他拿到如此大量的資料，懂得自行篩選。大多數籃球選手，就如同高爾夫球選手，無法一邊揮桿，一邊想事情，但是巴提耶做得到。」

巴提耶每晚整理資料，學會利用對手的特點來對付他們。他可能會發現特定的球隊只仰賴一兩個球員，於是他的防守策略就會側重這些人。他也可能發現某個球員擅長從左邊投籃，他就逼那個人從右邊投籃。因此，他的有點與眾不同，給隊友更多發揮的空間，因為他的打球風格會因時制宜。對他來說，每個對手都是獨立的挑戰，各自有些可利用的弱點。這種對細節的掌握，剛好跟巴提耶的無私不謀而合，這在體育圈很難得。職業運動員大多是自我本位，但巴提耶似乎總是把團隊擺在第一位。他寧願在每個晚上，平均為球隊多爭取幾分，不惜採取會降低個人得分的策略。他的無私究竟有多大的貢獻，不容易衡量。傳統統計數據不在意「無私」，因此必須發明一種新的統計工具，叫做「正負分值」（plus-minus），來衡量他的魔力。

「正負分值」所衡量的是，特定球員上場時，球隊的得分情況，例如一位正負分值為五的球員，意謂他上場打球，球隊比對手多得五分。這麼說來，加總整個聯盟所有球員的正負分值，必須是零分。一個球季打下來，一位優秀先發球員的正負得分，可能是正二；全明星球員可能會得到正四；全明星NBA球員可能是正六。巴提耶職業生涯中，平均正負分值就是正六！他的巔峰甚至達到正十，媲美麥可．喬丹（Michael Jordan）和雷霸龍．詹姆斯（LeBron James）的巔峰時期。

巴提耶的正負分值堪稱天文數字，尤其是跟他其他平庸的數據相比。他待在火箭隊的教練說：「我叫他樂高，每次他上場，所有積木就會拼在一起了。」從統計學來看，場上有一個正六的球員，賽季獲勝的場次可以從四十一場增為六十場。這就是引進與眾不同球員的效果，一是他在防守策略上更能夠阻撓對手，二是他超級無私。

巴提耶的突破效果，令人驚艷！曼斐斯灰熊隊（Memphis Grizzlies）選中他，勝率原本只有二八%，他加入後三年，勝率暴增為六一%。後來他跳槽到休斯頓火箭隊，原本勝率只有四一%，他加入的第一個賽季，勝率飆升至六三%，下一個賽季成長至六七%，其中包括二十二連勝的佳績，這在聯盟成立七十五年來，只有另外三支球隊超越過。巴提耶上場時，球隊更容易贏球，即使對手陣容堅強，配備全明星球員，似乎也打得很辛苦，主要因為他是與眾不同的球員，打破現狀，帶領隊友突破，讓他們好好發揮天賦。

巴提耶對球隊來說，無疑是一份禮物，但與眾不同要付出代價，這可能會有損團隊的凝聚力。想像一下，籃球場上有五個像巴提耶的異類，每個人都照自己的方式打球。雖然巴提耶可以打破現狀，為傳統球員製造發揮長才的機會，但如果有五個巴提耶，並無法組成一支優秀的球隊。

多元的想法究竟在何時最有用，有大量的研究探討這個主題[8]，這些研究都一致認為，面對複雜的任務（而非簡單的任務），多樣性格外管用，因為有足夠的創新，來抵銷慣性和根深蒂固的策略，特別能夠滿足解決問題、創新和創造的要求。凡是需要突破的任務，都會有這些要求，否則行之有年的老方法，通常敵不過困境的摧殘，這時候就要靠創意和創新。

從「不專業」的群眾身上找出解答

比方有個人生病了，一直找不到病因。創業家賈里德．海曼（Jared Heyman）的妹妹，花了十萬美元看病，依然一無所獲，臥病在床三年，深受罕見遺傳疾病所苦，還好她夠幸運，引起一大群跨領域專家的關注，大家合力解開她的病因，這促使海曼在二〇一二年，成立群眾診斷平台「群醫」（CrowdMed）[9]。

群醫的誕生，是為了擴大規模，把診斷這件事變成集體智慧，類似維基百科，把百科全書變成集體創作。病患登錄群醫的服務，必須支付月費，分享自己的病例，等待群醫上萬名「偵探」幫忙診斷病情。群醫在官網寫著，群醫有一個特點，這些偵探之中，有四分之一不是「醫療從業人員」。這些不重複的少數異類，正是群醫的競爭優勢。

群醫執行長丹妮爾．瓊斯（Danyell Jones）表示，這聽起來有違直覺，但這就是多樣性的價值所在：「如果（主流醫療專業人員）始終找不出病因，這個問題會不斷重現，但還好群醫有少數偵探，來自一系列擦邊球的專業領域，例如『針灸師』、『聽力學家』、『牙醫』、『教育心理學家』、『足科醫師』、『專業臨床諮商師』、『語言病理學家』」。

這些偵探都有精挑細選過，如果提出有價值的建議，可以獲得獎勵。一旦成功解開謎團，會獲得獎金，還會提升評級。為了避免古怪的建議，群醫針對每個病例，特意指派一位主持人。群醫一部分用戶看了診斷建議，會打賭哪個最可能是真的，這種獨家的打賭流程，造就卓越的結果。群醫的官網宣稱：「有超過七五%的患者，經過醫師確認後，證明群醫的建議是正確的，這可是業界最嚴謹的標準！」二〇一三年五月至二〇一五年四月，有一份獨立學術研究調查群醫，也獲得類似的數據。近四百人在群醫偶然找到病因，其中大多數人在這之前至少看過五位醫生，至少支付一萬美元的醫療費。數百人參與病例診斷，幾乎每個人都回報，多虧了群眾外包機制（crowdsourcing），他們才會更貼近正確的診斷結果。

一般人試過所有平凡的管道，最後才會去求助群醫，但資料顯示群醫確實有助突破。這些病患受苦多年，有些甚至耗了大半人生，所以迫切需要解方。平凡的路徑沒太大意義，如果答案那麼平凡，其他醫生早就發現了。

靠群眾外包來突破，並不是新鮮事。早在一七一四年，英國政府為了找到簡單的方法來追蹤船隻位置，提供現金獎勵給知道方法的人民。如果準確度還可以的話，會拿到一萬英鎊獎金（相當於現在的一百五十萬英鎊），如果誤差值低於三十五英里，甚至會拿到兩萬英鎊。這是可行的，畢竟在十八世紀，政府是少數可以觸及群眾的機構之一。

一般民眾呢？現在是群眾外包最可行的時代，幾乎每個人都能上網，聚集一大群人。MetaFilter、Ask.com、Amazon Mechanical Turk、Reddit等網站，吸引數十億人關注無數的問題，其中有許多問題，都是來自卡關和失意的人。就連不急著解決問題的人，也可以透過群眾外包的建議走出困境，例如菁英運動員崔吉米（Jimmy Choi），罹患早發性帕金森氏症，他在TikTok分享健美和運動的成就，以及他跟帕金森氏症共處的日常，擁有二十萬追蹤者。二〇二〇年十二月二十七日[10]，崔吉米發表一支短片，主要拍攝他的手試圖從塑膠藥瓶取出小藥丸，他這樣描述：

> 藥商高階主管：「大家一起來設計超迷你藥丸，給帕金森氏症患者服用吧！」
> 藥商……可以有點腦子嗎？多認識帕金森氏症！抱歉，我動作不順，就會有一點生氣。

崔吉米的貼文，引發無數設計師和工程師的關注，相信可以為帕金森氏症患者設計更好的藥瓶，攝影師布萊恩．艾德里奇（Brian Alldridge）正好是其中一位，他有平面設計的經驗，卻沒有當過產品設計，但經過反覆修正，終於設計出3D列印的藥瓶，似乎解決了問題。

使用起來很簡單，藥丸會掉入瓶底的小凹槽，因為小凹槽的上方，有一根垂直的管子，就像伏特加一口杯原理，藥丸會從管子掉到小凹槽。艾德里奇使用3D列印的經驗有限，所以他起初嘗試失敗，這時群眾外包就發揮魔力！TikTok的3D列印愛好者接手這個項目，例如安東尼・桑德森（Antony Sanderson），有一天晚上，花了數小時完成原型藥瓶，其他人繼續接手，稍微調整設計，增添九十度旋轉功能，以免藥丸灑出來。

崔吉米看到最終產品，欣喜若狂。他說，有了這個藥瓶，「我不再焦慮了。我不會再浪費時間，我在公共場合服藥時，藥丸也不會灑到地上了。」這個藥瓶可以在Etsy買到，收入全數捐給麥可・J・福克斯帕金森氏症研究基金會（The Michael J. Fox Foundation）。艾德里奇正在申請專利，打算推廣到公共領域。

崔吉米有幸吸引到合適的群眾，但有時候就是無法觸及呀！人基於各種原因，經常單打獨鬥，但即使你孤軍奮戰，仍有辦法仿效崔吉米解決藥瓶困境，創造出一堆多元意見。這就是「內部群眾」（internal crowd）的智慧。

切換成另一個人的視角，汲取「內部群眾」的智慧

本章主張群眾比個人更有智慧，尤其是群眾多元的情況下。誠如群醫執行長所言，一群相同的聲音，可能反覆犯下相同的錯誤，越陷越深，而不是解決困境。我們都只有一個人，這跟「多樣性」的定義相去甚遠。我們看待每一個問題，都是經由單一的視角，受到我們生命經驗、個性、才華和缺陷所影響。我們不可能在一夕之間，獲得新的專業知識，或者去除今日妨礙我們

的偏見和心態。我們唯一能做的，就是質疑那些反覆困住自己的偏見和心態，重新調整視角。

說到自我稽核，有一個版本是成為自己的心理治療師。二〇一九年[11]，一群心理學家打造虛擬實境的空間，讓大家切換虛擬化身，一下子是自己（看起來酷似本人），一下子是西格蒙德・佛洛伊德（Sigmund Freud）。佛洛伊德的化身，有著招牌的白鬍鬚，身穿灰色西裝和細黑領帶，在開始之前，先坐在受試者的對面。人們最常見的困境，主要是社交焦慮、家庭問題、工作問題，例如：

「我在大家面前演講，會感到緊張，不知所措。我擔心表現不佳，開始玩弄手指，手心出汗，我希望可以控制自己的情緒。」

「每當我考慮找工作，我就會不安。我認為自己還沒準備好面對一份不熟悉的工作。」

一半受試者只使用自己的化身，佛洛伊德的化身則坐在對面，給予一般性的指導，鼓勵受試者深入思考問題，例如主動招呼受試者，請他詳細說明問題，甚至換一個新角度來看待。

另外一半受試者會切換化身，一會兒扮演佛洛伊德，一會兒扮演自己，跟自我進行高效的溝通，彷彿房間裡有兩個獨立的人（當受試者扮演佛洛伊德時，平台會改變聲調，營造一種跟別人交談的感覺）。

有切換化身的受試者，深受這段經歷所感動。一個星期後，回到實驗室討論那次對話的影響，比起跟一般佛洛伊德化身聊過的人，改變行為的機率是三倍，解決部分問題的機率是四倍，專心解決問題的機率是兩倍。

就算沒有虛擬實境頭盔，你也可以做到！你只要跟自己對話，有一方扮演魔鬼代言人，比方你把自己的處境怪到別人頭上，魔鬼代言人會要求你，重新考慮你在其中的角色。如果你焦慮或害怕，魔鬼代言人可能會質疑你：「什麼是最壞的情況？」這種經歷之所以有用，一部分是因為扮演另一個人，你會擺脫很多情緒包袱。當你扮演虛構的心理治療師，你會比自己更理性和超然。

化身佛洛伊德的實驗，執行的難度和費用很高，研究團隊只招募不到六十位受試者，但後來有更大規模的研究，也得出類似的結果。二〇〇八年[12]，兩位認知心理學家提出「**內在群眾智慧**」（wisdom of inner crowds）的假設，邀請民眾針對同一件事做兩次預測，結果發現這兩次預測的平均值，比單次預測更準確！

研究團隊會詢問：「美國機場占全球機場的比率？」、「全球會閱讀寫字的成人占比有多少？」一半的受試者做完第一次預測後，隨即進行第二次預測；另一半受試者延遲到三周後。延遲是有價值的，因為會忘了第一次預測，讓第二次預測更獨立、不受干擾，彷彿是另一個人做的預測。連續做兩次預測的人，比單次預測的精準度提升六%，間隔三周的人提升更多，高達一六%。

二〇〇二年有後續實驗，研究結果類似。有六千人參與這項實驗，想像做第一次預測的那個人，是跟自己意見不合的人，結果兩次預測的平均值，果然比單次預測更準確了。這種不苟同的心態，激發他們反省第一次的預測可能有錯，進而克服最初的偏見和誤解。

內在群眾智慧是最後殺手鐧，但找別人討教其實更有效！研究團隊估計，一是相同的問題自問兩次，二是隨便找個人問，再結合自己的答案，但第一種做法的準確度，只有第二種的十分之一，如果你是結合自己三周後的答案，準確度會進步到三分之一。問題在於自己重新考慮過的答案，依然會跟第一個答案互相重疊，因為過了三星期，你還是同一個人呀！偏見和缺點始終存在。

其他研究人員鑑於這項研究，不禁好奇如何向內在群眾討教。如果把自己一分為二，可以提出哪些問題呢？下面這份對話腳本特別值得參考：

首先，假設你第一個估計是不準確的。

第二，找出幾個可能的原因。哪些假設和想法可能有錯呢？

第三，新的想法在暗示你什麼呢？第一個估計是不是過高或過低？

第四，根據新的觀點，做第二次備選的估計。

這個方法也適合無關數字的問題。另一份研究，研究團隊要求受試者「想一個跟原本想法相反的觀點」，或者「暫時想像你錯了，你會錯在哪？」向內在群眾討教，其實很彈性，你可以因應目前正在克服的困境，隨時調整你的腳本。重新考慮一次，經常是值得做的事，因為你後續的回答，有時候會比第一次更珍貴。

有一個實驗要求受試者發明四種健身設備，人們總以為第一個點子是最棒的，但經過獨立消費者評選後，第二個點子竟然優於第一個。第二個想法更抽象、更不平凡，在許多方面更令人驚嘆，因為發明者必須超越自己對健身設備的舊觀念。

人類蓬勃發展數千年，絕非偶然。無論是在部落或大都市，我們團結在一起的表現更好，因為會彌補鄰居的弱點，反之亦然。越是複雜難解的問題，越需要多元的意見，進而凸顯群眾的價值。即使你身邊沒有群眾，你還是可以拿同一個問題追問自己兩次，絕對好過你仰賴第一個直覺。

同一個問題追問自己兩次，做起來很簡單，但我們天生不太會質疑自己的直覺，除非當下有人引導，或者刻意學習。然而，有一些天生的實驗家，每次遇到困境，就把握機會嘗試替代方案，確認前進的路。接下來三章正是要探討這些人，到底跟其他人有什麼不同呢？為什麼他們卡關的機率較少，時間也較短呢？他們突破困境的方法，可以教會我們什麼呢？第一個人就是運動員戴維·伯科夫（David Berkoff），他不斷嘗試，最終進入一九八八年美國奧運隊。

Part IV

突破難關的實際行動

第十章

不浮出水面的游泳選手——勇敢實驗，挑戰現有選項

頂尖的男子游泳選手，通常人高馬大、肩膀寬闊、心思專注[1]。那些締造世界紀錄的選手，體重平均九十公斤，身高一百九十公分。每次訓練可以游十二英里，每星期訓練十次，經常從清晨四點，就開始進行兩次日常訓練。沒有游泳的時候，就是在鍛鍊身體；沒鍛鍊的時候，就是在進食；沒進食的時候，就是在補眠。

伯科夫天生的體格不高大，專注力也不足。他是一九八五年左右的大學仰泳選手，胸懷大志[2]，但比起大多數菁英游泳選手，他的身高矮了不少，體重少了二十公斤，而且他討厭游泳訓練。一九八八年澳洲游泳教練勞里．勞倫斯（Laurie Lawrence）初次見到伯科夫[3]，他環顧游泳池畔，一堆巨人走來走去，伯科夫的個子顯得很矮小！勞倫斯說：「他那種身材，女孩子不會看第二眼，我當時心想，這傢伙不該出現在這裡吧。」

頂尖游泳學院招募人才時，看不上伯科夫，於是他憑藉優秀的學業成績，而非出色的泳技，

進入哈佛大學就讀。伯科夫告訴我：「我不是第一眼會被相中的頂尖選手。我高中時期的游泳生涯還不錯，但是不出色，沒有受到太多關注。」哈佛大學以學術聞名，對菁英游泳選手來說並不合適。伯科夫說：「哈佛大學沒有獎學金，所以你參加練習，是真心想要加入游泳隊，而不是有人付錢叫你出席。」伯科夫面臨這些挑戰，仍夢想加入一九八八年美國仰泳奧運代表隊。

伯科夫的困境，包括情緒、心理和生理。他對成功不夠渴望，內心感到挫敗和沮喪，身材不夠高大，也不確定該如何進步。他跟我說：「游泳很無聊，我討厭訓練，教練總是叮嚀我再努力一點。」伯科夫曾經有一陣子，在美國仰泳選手排名前五、六名，表現不錯，但這樣的成績不夠好，沒資格進奧運代表隊，導致他練習的意願更低了。他必須想個辦法，激勵他去訓練，並且超越身材的限制。

雖然伯科夫有各種缺點，卻有無比的好奇心。他相當聰明，又勇於嘗試。其他游泳選手接受當時主流的泳技，但伯科夫習慣質疑一切。如果可以找到更棒的技法，何必執著某一套技法，跟其他人爭輸贏呢？這種實驗心態剛好跟喬．貝納爾（Joe Bernal）一拍即合，他是哈佛大學的游泳教練，富有創新精神，他知道伯科夫喜愛嘗試新泳技，但就是討厭練習，於是他會在漫長的訓練之後，教伯科夫一些新技法，鼓勵他多練習。他們一起透過適度的小調整，來精進伯科夫的游泳技巧。

伯科夫回想：「喬是願意花時間嘗試新技巧的教練，他告訴大家要做些新嘗試，為自己爭取優勢。」首先，他們把仰泳的過程，從頭開始拆解。仰泳選手在水底停留的時間很短，但伯科夫經過計算，發現身體完全浸入水中，比起在水面游泳，速度加快八二%。游泳比賽以毫秒定勝負，八二%的差距很可觀。伯科夫為了追求突破，必須盡可能拉長在水中的時間。

在水中停留聽起來簡單，但伯科夫差一點要放棄。每次他在水中停留的時間拉長幾秒鐘，身體就開始抗拒。沉入水中後，人體會擔心沒有新鮮的氧氣導致窒息，而迅速衝上水面，這也難怪伯科夫突破之前，人有數千年的時間都在水面上游泳。游泳比賽很累人，因為一開始比賽，人體就立刻渴望氧氣，為了吸氧氣，只好浮上水面。伯科夫訓練自己的身體克制這股衝動，拉長自己在水中海豚踢的時間。起初他只踢了十五公尺，就不得不浮上水面，經過數個月訓練，他的身體可以在水中連續踢四十公尺，相當於奧運游泳池第一圈的八成距離。

伯科夫的首次突破，發生於一九八七年，德州奧斯汀舉辦的美國大學體育協會（NCAA）全國錦標賽，他在一百碼仰泳比賽打破大會紀錄。隔年，他在為一九八八年奧運做準備的選拔賽，兩度打破一百公尺世界紀錄。他在四X一百公尺混合泳接力賽獲得奧運金牌，卻在一百公尺仰泳奧運決賽，慘遭日本的選手鈴木大地（Daichi Suzuki）擊敗，因為鈴木觀看模糊的比賽影片，學到伯科夫的技巧，第一圈幾乎都在水中游泳。

評論員把這個技巧稱為「伯科夫衝刺」（Berkoff Blastoff），完全顛覆了仰泳這項運動。

一九八八年奧運一百公尺仰泳決賽，評論員注意到：「大家看！比賽進行到十、二十公尺，只有三名選手在水面上，其餘五名在水中。」另一位評論員說：「（伯科夫）顛覆這場比賽，三十五公尺都在水中游，其餘六十五公尺才在水面游。」三位選手站在頒獎台上，分別是鈴木、伯科夫和伊戈爾．波利揚斯基（Igor Polyansky），比賽的前三分之一，他們都待在水中。

「伯科夫衝刺」太有效了，震撼了泳界。一九八八年起奧運游泳管理機構，亦即世界水上運動總會（FINA），在原本四項仰泳規則外增加第五項規則：

> 比賽過程中，游泳選手必須有部分身軀浮出水面，但轉身的時候可以完全浸入水中，亦即開賽和轉身之後，沉入水中游的距離，不得超過十公尺（後來延長至十五公尺），一旦超過這個距離，頭必須浮出水面。

《紐約時報》發表一篇文章，名為「最快的仰泳選手輸掉一場革命」，指出世界水上運動總會最後決議，這項技巧對年輕的游泳選手太危險，認為「這根本不是仰泳」，令伯科夫大感不悅，這冒犯他一直以來的想法，因為對他來說，創新和嘗試是追求成功的合理途徑。他說：「總會的做法令我不滿，太荒謬了，但是我沒差，因為我早在一年前就決定，這次比賽後就退役，但我憐惜未來的游泳選手，那群嘗試新技巧的孩子們。」

在伯科夫看來，成功有兩個元素：游得快，游得聰明。伯科夫告訴我：「總會的作風一向保守，從不鼓勵創新。」他認為速度和智慧都沒有違規，但總會把傳統看得比創新更重要，降低了仰泳的價值，以致天生具備完美身材的游泳選手，永遠優於伯科夫這種靠後天努力的人。靠後天累積才華，才稱得上民主。凡是有合適的技巧和進取心，就有機會成功。然而，如果只吹捧萬中選一的天生體格，根本稱不上民主。

拒絕接受現狀，打造成功的OODA循環

相較於嚴謹的體育運動，藝術、音樂、商業、寫作、育兒和人際關係，就沒有太多嚴格的規則，因此很多情況下，絕對有更好的做法，變革並沒有什麼錯。最出色的突破者渴望嘗試，勇於接納新技巧和新策略，所以更容易突破，因為嘗試過後，比起堅守現狀的人，找到了更多解決辦法。

約翰．博伊德（John Boyd）上校是戰鬥機飛行員，他就跟伯科夫一樣拒絕接受現狀[4]。博伊德在戰鬥機武器學校名列第一，成為戰鬥機飛行員教官。他有別於伯科夫，天生才華洋溢。他的反應和機動性，比其他飛行員更快，他當教官的時候，主動拿出四十美元的獎金，鼓勵學生挑戰模擬空對空戰鬥，只要學生可以躲過他的追擊超過四十秒，就可以獲得獎金，但大多數學生不到二十秒就掛了，沒有人撐過四十秒。那些最接近勝利的學生，會一起去酒吧，回味每一

個動作。

雖然他有天賦，但依然不滿足。他就跟伯科夫一樣，忍不住想多方嘗試，試試看新方法，記錄並分享最有效的策略。他取得工程學位，一九五九年開始為美國空軍撰寫第一本戰術手冊，他花了一個月寫大綱，每天晚上只睡兩三個小時，然後對著錄音機口述自己的想法，最後寫出一百五十頁的《空中攻擊研究》（*Aerial Attack Study*）。一夕之間，這成為空軍飛行員的黃金標準，初版印了六百本，師生們太期待了，一天內搶購一空。

博伊德的方法，反映他對實驗的熱情，以及他受過工程師的訓練。久而久之，他的空中戰鬥技巧日益完備，提出四步循環（four-step loop），這適合在戰鬥中反覆操作。四步循環是為了指導飛行員戰鬥，但也可以應用於「商業競爭、體育運動、個人關係」。博伊德建議，成功的關鍵，是比對手更快速、更高效完成四步循環，無論是在空中或商場。

四步循環有四個階段，分別簡稱ＯＯＤＡ，亦即**觀察**（Observe）、**定位**（Orient）、**決策**（Decide）、**行動**（Act），合起來就是完美的突破方法。第一步是**觀察**，盡可能準確判讀情勢，像伯科夫必須覺察兩個困境，一是他討厭傳統的練習，所以逃避；二是他個子不高，無法靠天賦跟別人競爭。如果不清楚卡住的原因，就不可能突破。

二是**定位**，這大概是博伊德最重視的步驟。等你評估完情勢，必須制定有效的行動計畫。你的個人定位受制於早年各種因素：文化信仰、心態、個性、學歷、遺傳背景等。伯科夫格外聽明且有好奇心，受過良好教育，只是天賦不太突出。因為這些特點，他是理想的實驗人選，把他原本討厭的訓練，變成新泳技的實驗場。這種定位幫助伯科夫克服了兩大困境，因為他喜愛嘗試，為自己找到技術優勢，來彌補體格限制。

接下來是**決策**。伯科夫評估各種選擇，發現在水中游泳速度更快，他當然要善用這個被對手忽略的訊息。他決定磨練自己的水下泳技，進入**行動**階段：制定具體的計畫，執行他的決策。他聽了教練的建議，制定水中訓練計畫，並且堅持執行，拉長他在水中游泳的時間。

博伊德將OODA視為一個循環，因為空中戰鬥猶如人生，情勢永遠在變。如果阻礙發生改變，你不可能再繼續維持原訂計畫，恐怕要調整一下，返回第一個階段，參考全新的事實，重新觀察情勢。伯科夫也有類似經歷，當年總會禁止他的新泳技，他並沒有放棄游泳，而是嘗試新的泳技，換了一個新教練，來執行全新訓練方案。伯科夫說：「一九八八年奧運後，總會禁止我的泳技，一九九〇年我決定復出，下定決心參加一九九二年奧運，贏得獎牌，向總會和那些懷疑我的人證明，我可以按照他們的方式游仰式。」

如果換成其他運動員，可能就永遠退役了，但伯科夫不只聰明，也富有好奇心，還是一個頑固和自豪的人。伯科夫說：「我回去找我的老教練狄克．肖爾堡（Dick Shoulberg），基本上就是重新學習傳統的仰式。」雖然他是參加一百公尺比賽，但他有一年的時間，每次訓練都游一百公尺以上，稱為超距離訓練法（overdistance training），類似之前提過的困境疫苗。

伯科夫還發揮了其他天賦，他個子小又特別靈活，可以更貼近牆邊快速轉彎，在每次比賽中段，多爭取寶貴的幾分之一秒。伯科夫再度成功執行OODA循環，一九九二年巴塞隆納奧運上，伯科夫在四X一百混合泳接力賽奪得金牌，又在一百公尺個人仰式奪得銅牌。

OODA循環的前兩個階段，以嘗試為主。觀察是為了確認問題，針對潛在解決方案蒐集資料。定位是分析資料，參考你特殊的背景、能力和經歷，決定你的下一步。博伊德受過工程師的訓練，所以他相信蒐集資料和做嘗試，可以在任何情況下求取進步。如果你不清楚有哪些選項、哪個選項最可能達成你期望的目標，怎麼可能進步呢？

實驗主義認為，仔細比較兩個以上的選擇，就可以找出最佳的前進路徑。如果連試都沒試過，怎麼知道該走哪條路？事實上，蒐集資料有兩個原因，一是從一組方法中，挑選最佳辦法；二是如果你心裡早就有答案，經過實驗就可以說服別人，你的方法比較好。

讓實驗結果為你的方法大聲背書

正是這種人生哲學，促使英國酒商史蒂芬．斯伯里爾（Steven Spurrier）[5]，在一九七六年籌劃現在流行的品酒會。斯伯里爾在巴黎開了葡萄酒店和葡萄酒學校，這個城市充斥著舊世界葡萄酒（Old World Wine），來自法國、義大利和西班牙的傳統製酒國家。如果銷售相似的酒款，根本沒什麼競爭優勢，因為太多商家都在賣類似的酒，價格也差不多。

斯伯里爾有幾個選擇。一是為他的店鋪和學校製造曝光度，二是說服巴黎市民購買加州的新世界葡萄酒（New World Wine），在他心目中，這就跟舊世界葡萄酒一樣好。為了一石二鳥，斯伯里爾打算舉辦蒙瓶試飲會，品鑑十款白葡萄酒和十款紅葡萄酒，其中各有六款是加州產，其餘各四款才是法國產。他邀請法國最傑出的九位葡萄酒專家，一起來品嘗和評比，記錄這些酒到底是有法國還是美國的感覺。這場活動的效果出奇地好，《時代》雜誌記者也來報導這場知名的「巴黎審判」（Judgment of Paris）。

一九七五年左右，任何懂葡萄酒的人，都認為法國做得比加州好。斯伯里爾邀請的評審也不例外，從第一杯開始，評審顯然遵循著「法國產＝好酒」的原則。然而，這在過去可能說得通，但是近年來，加州葡萄酒生產者和成品越來越精湛了。一位評審啜飲加州那帕谷（Napa Valley）的夏多內（chardonnay）後，竟然說：「啊！回到法國了！」另一位評審喝了法國巴達—蒙哈謝白酒（Bâtard-Montrachet），竟然說：「這顯然是加州酒，沒有香氣。」當天品酒會結束，有兩款酒一致獲得評審讚揚，分別是一九七三年蒙特雷納酒莊出產的夏多內白酒，以及一九七三年鹿躍酒莊出產的卡本內蘇維翁（cabernet sauvignon），都是加州那帕谷生產的葡萄酒。

斯伯里爾做簡單的實驗，頓時瓦解數世紀以來，大家對新世界葡萄酒商的抗拒。就連頑固的舊世界葡萄酒粉絲們，也不得不承認，新世界葡萄酒還真的有獨到之處。雖然愛好法國酒的人，不可能一夕之間轉向加州酒，但轉變已經開始了！蒙特雷納酒莊經營者之子博・巴瑞特（Bo Barrett）表示：「我們一舉成名。」一九八三年，鹿躍酒莊創辦人華倫・溫尼亞斯基（Warren Winiarski）也說：「電話很快就響了起來，加州酒真的開始走紅了。」

斯伯里爾的實驗，達成了兩件事：一是向大家證明，新世界葡萄酒可以跟舊世界的優秀酒款競爭；二是向葡萄酒界證明，新世界葡萄酒值得重新關注。第二個效應確實是突破，改變了葡萄酒愛好者對新世界葡萄酒的評價。這正是蒙瓶試飲會的解放力量！拿掉了酒瓶的標籤，只留下無可辯駁的真相。

正如斯伯里爾的品酒會，實驗真的是絕佳的工具，可以質疑我們對世界秩序根深蒂固的假設，例如已開發國家堅持所謂的全職工作必須周休二日，每天工作八小時[6]。事實上，我們奉行這個工作結構，並沒有什麼好理由。十八世紀，大多數美國人每周工作六天，每天十二小時，總工時七十二小時，唯獨周日做禮拜休息。隨著工業化發展，一八六〇年，每周工時縮短為六十八小時。一九九〇年縮短為六十五小時，一九三〇年又更短了，只剩下五十小時。經濟大蕭條期間，每周工時平均縮短為四十小時，至今過了一世紀，仍保持不變。然而，一九三〇年代以來，職場其實變化很大，為什麼工作時程表仍原封不動呢？

比方，為什麼不改成周休三日？二〇一八年二月，紐西蘭有一家遺產規劃公司「永恆護衛」（Perpetual Guardian），連續六周試行周休三日。創辦人安德魯・巴恩斯（Andrew Barnes）讓旗下兩百四十位員工，每周多挑一天休假，並且承諾薪資不變。巴恩斯這麼做，不只是善待員工，而是他相信周休三日在商業上是合理的。巴恩斯在官網說：「周休三日不僅是每周多休假一天。這是為了提高生產力，滿足客戶的標準，實現個人和團隊的目標。」**生產力**一詞，貫穿了這家公司對於「周休三日」的解釋：「我們試圖在公司上下實驗，驗證我們對生產力的假設……獲得實用的數據和分析，跟其他想要提振生產力和工作彈性的公司分享。」

二〇一八年三月至四月，永恆護衛進行這項實驗，並且跟紐西蘭兩所大學合作，共同監測這對生產力和員工滿意度的影響。果不其然，員工回報有更多時間，可以花在「陪伴家人、嗜好、完成待辦事項、做家務」。巴恩斯仔細觀察員工的產出，發現工作效率提高了，跟客戶的關係更緊密，壓力減輕了，而且員工回報工作和生活之間更加平衡。公司營收仍維持穩定，但成本下降了，因為電費帳單大幅減少。後來巴恩斯宣布永久施行，並且成立非營利社群，名為「全球周休三日組織」（4 Day Week Global）。周休三日的好處，到了二〇一九年依然存在，甚至在疫情期間深化。「全球周休三日組織」這樣解釋：「六三％實施周休三日的企業，更容易吸引和留住人才，七八％周休三日的員工，感到更幸福和壓力減輕。」

這當然有質疑的空間。周休三日不見得適合每個工作場所、產業和國家。周休三日的好處，一部分可能是霍桑效應（Hawthorne effect），只要公司告訴員工，員工的福祉很重要，工作效率正受到監控，就可以提升生產力以及員工回報的幸福度。然而，周休三日的好處，不可能只是霍桑效應而已。永恆護衛的周休三日政策施行多年，公司確實從中獲益，全球其他機構也紛紛回報周休三日的長期好處。二〇一五至二〇一九年，冰島有一%的勞動力周休三日，幸福感、生產力和工作效率都提升了。二〇一九年日本微軟、二〇一三至二〇一七年甘比亞公務員、二〇一八至二〇一九年英國一系列企業，都陸續實施周休三日，也有類似的效應。

重點並不是周休三日特別好，而是做實驗這件事，可以迫使政策制定者去重新思考與質疑幾十年來公認的做法。學者撰寫的理論白皮書，絕對不敵現場實驗的說服力。為了推動變革，或者說服民眾去質疑現狀，懷疑有沒有變革的需要，很少有工具比實驗更有說服力了！永恆護衛的巴恩斯深諳此道，四十年前的斯伯里爾也領悟到，除非有蒙瓶試飲會的推波助瀾，否則菁英對新世界葡萄酒的心態不太可能改變！

實驗的方式有兩種。第一種是伯科夫、斯伯里爾和巴恩斯那一派，去比較各種可能的解決方案。第二種是廣泛的好奇心，把人生當成一場長期實驗，這個方法的好處是不容易陷入僵局，還可能有意外的突破。

好奇心讓你一年學會十二種技能

只有極少數成年人擁有廣泛的好奇心[7]，但幾乎所有的孩子都是好奇寶寶。根據估計，五歲的孩子平均每天會提出兩、三百個問題，反觀成年人平均只提出二、三十個問題。人類長大以後，天生的好奇心下滑九成，真是可惜啊！好奇心是驅動創意的主要原動力，因此是我們突破困境的最佳工具。

你偶爾還是會碰到異常好奇的人，他們拒絕接受預設和傳統，只因為這些東西早已淪為常規。我在疫情初期，曾經跟麥克斯．多伊奇（Max Deutsch）聊過，他就是這樣的人[8]，當時是二〇二〇年五月，多伊奇困在位於舊金山公寓。他其實是在二〇一六年十一月走紅的，決定花一年時間，嘗試學習十二種新技能，稱為「月達人」（Month to Master）計畫。

第一個月他透過自學，練習在兩分鐘內，記住一副撲克牌的順序，他在個人部落格記錄每日的進步和阻礙，到了第五天，他的信心「毫不動搖，仍有九〇%」，可是到了第七天，他只有六五%的信心，相信自己可以在月底前完成挑戰。到了十一月二十四日，他克服初期的不安，成功在一分四十秒內，記住一副撲克牌的順序。

我詢問多伊奇，十一月他花多少時間磨練記憶技巧。我以為有數百小時，沒想到他竟然說，他太忙了，每天只能抽出不到一小時。他說：「某幾天我只花了四十五分鐘做訓練，我總不可能把生活都耗在那裡。」他太忙碌了，以致他大部分的訓練，都是在加州通勤列車上完成。他會坐在車上，戴著一副奇怪的「記憶眼鏡」，低聲背誦一連串牌卡，其他通勤乘客看了很困惑，但仍假裝視而不見。

十二月多伊奇決定透過自學，學會繪製逼真的自畫像。他說自己有「不錯的藝術天分」，但就在十二月第一天，畫了第一張自畫像，他坦言「不太像我，慘不忍睹」。十二月大多數時間，他都在上繪畫課，畫了英國魔術大師達倫．布朗（Derren Brown）的肖像畫，令人歎為觀止。就在十二月下旬，多伊奇花了八小時，繪製一張逼真的自畫像，最終在聖誕節當天完成畫作。

隔年，多伊奇大部分的時間，都拿來挑戰十件不同的事，其中一些跟體能有關（三月是後空翻，八月是連續完成四十個引體向上），一些跟藝術有關（比方三月獨奏吉他藍調，九月是唱即興饒舌），一些跟智力有關（比如六月完成《紐約時報》難度較高的周六填字遊戲，四月用希伯來文討論未來的科技）。

多伊奇順利完成十一個挑戰，但最後一項看似是不可能的任務：

第十二個月：打敗西洋棋冠軍馬格努斯．卡爾森（Magnus Carlsen）。

如果對西洋棋有一點概念，肯定聽過卡爾森。這位來自挪威的世界冠軍，奪冠的時候只有二十六歲，十三歲就成為特級大師（西洋棋界的最高頭銜），二〇一〇至二〇一二年，他曾經在三場不同的西洋棋比賽奪冠，然後始終保持這三個排名。在西洋棋的歷史上，只有一位棋手，超過他待在排行榜的時間。

多伊奇在部落格提到，他當然不可能跟卡爾森當面下棋，卻可以挑戰一款具有卡爾森實力和棋風的電腦程式。到了第十二個挑戰，多伊奇的部落格已經吸引很多人關注。他說：「這個計畫引發很多人共鳴，第一天本來只有十個人追蹤，到最後有六百多萬人。」他的部落格大受歡迎，《華爾街日報》記者主動牽線，介紹卡爾森的經紀人給他認識。大家都知道，卡爾森「有一點喜歡受人注目」，於是他答應了，二〇一七年十一月中，兩位背景截然不同的棋手，在德國漢堡的酒店房間見面，進行比賽。

多伊奇並非優秀的棋手，但他延續前幾個挑戰，報名了速成課程，學會看經典的棋局和棋盤位置。不久，他已具備跟卡爾森下棋的實力。卡爾森跟比爾·蓋茲下過棋，下了九步就贏了，可是跟多伊奇對弈時，他竟然在第九步，犯了致命的小錯誤。雙方總共下了三十九步棋，挑戰者跟卡爾森的實力相差懸殊，有這個表現還真是厲害！因此卡爾森對多伊奇刮目相看，答應等他學更久之後再來對弈。

說到多伊奇，大家要明白，「月達人」計畫不只是噱頭。多伊奇跟我說：「這是我一生都在做的事，只是在這個計畫發揮到極致。我只是覺得用這種形式，更有系統地記錄下來，應該會很酷！」

多伊奇說的這段話，就是徹底的實驗主義：天生有做實驗的衝動，嘗試新的嗜好、消遣和技能，這從他小時候就開始了。「我從小就是很有好奇心的孩子，童年總是在找樂子。我七、八歲的時候，生日禮物拿到一台便宜的攝影機，接下來十年裡，我到處拍影片，學習視覺特效。後來我愛上音樂，學習各種樂器。還有藝術、寫作、魔術方塊、戲法……」多伊奇列舉了一堆技能，就像「月達人」計畫一樣豐富。

實驗主義為多伊奇打開了其他人打不開的大門，他甚至有機會跟卡爾森對弈，但他勇於實驗的好處，何止是炫耀和短暫的快樂！多伊奇每次做實驗，都是在嘗試新身分，好比在試衣間穿新衣。他經過十二個「月達人」任務，得到一個結論，影響他的後半輩子。他發現自己喜愛創業，一來可以學習，提升自己的內在；二來可以維生，獲得外在的報酬。

於是多伊奇創立了「學習三十天」（Monthly），幫忙配對學員和專家，讓大家在一個月內，學會一項創意技能，從音樂創作、繪畫、唱歌到影片製作。「學習三十天」受到創投支持，而且有在盈利，也是麥克斯的全職工作，回顧最初的原點，你會看到一個七歲小男孩，拿著一台攝影機，正準備展開二十年的實驗旅程。

三種方法提升好奇心，淬鍊突破難關的工具

你不必顛覆生活，也可以像多伊奇一樣富有好奇心。多伊奇擅長的是推翻常規，還有深入探究，就像小孩子一樣，拚命追問「為什麼」和「為什麼不」。相反地，大人可能會接受現狀。有

幾種方法可以培養好奇心，**第一個是針對理所當然的傳統觀念，不斷提出質疑**。我有個朋友喜歡質疑大家公認的傳統，例如我們一起吃午餐，他拒絕在整點見面，建議約十二點四十八分，這不是一般人會約的時間。他想出這個奇怪的點子，是因為他好奇：「為什麼大家都要約整點？追隨這個傳統有好處嗎？」不久他就明白了，盲目從眾會適得其反，於是他跟別人共進午晚餐時，習慣打破常規。

第二個方法是瀏覽，而非搜尋。為了搜尋，你對你正在探索的主題，必須有足夠的了解，才會有一個概略的搜尋目標。搜尋會加強專業化，這是有好處的，卻不太可能接觸新觀點。科技終究會引導我們去搜尋，相反地，傳統世界仰賴的是瀏覽，例如逛實體的圖書館或書店，你可能找到早就感興趣的書籍，也可能偶然發現全新的主題。你透過瀏覽的動作，勾勒出興趣以外的世界，進而激發好奇心。如何實際操作呢？就是少用搜尋框，盡量下拉選單或按鈕，閱讀你從未想過的主題，而不是深入研究你今日關注的一小撮主題。

第三個方法是持續記錄你想不透的事實、想法和經驗。我們所不知道的，遠超過我們知道的，但大家總是讓這些時刻溜走，沒有停下來深入探究。小時候，父親在冰箱上貼了一堆國名、首都名、冷僻字，每次碰到新詞彙，或者在報紙或電視聽到新國名，就會把它加上去。這些字直接擴大我的詞彙量，加深我對世界地理的理解，長期下來，還會激發我的好奇心，鼓勵我去探索，而不是維持一模一樣的世界觀。

好奇心是有效的突破工具，因為會刺激「**思想連結**」（idea linking），就是從某一個概念跳到下一個概念。每一次跳躍，你都會更遠離起點，最後這些概念會密密麻麻串連在一起。

以萊特兄弟為例，他們家開腳踏車店，所以他們想像人騎著有翅膀的腳踏車飛行，等到他們建好原型才恍然大悟，飛行腳踏車不可能保持平衡。腳踏車在地面上經常左右偏移，可是在空中飛，即使只偏移一瞬間，翅膀都會不由自主地傾斜和下墜。萊特兄弟把自己的失敗，對照鳥類的成功，發現小鳥可以在空中完美保持平衡，這下他們明白了，從腳踏車發想飛機是錯的！小鳥的翅膀動得很快，而且不只是上下拍動，而是沿著三個維度扭轉翅膀，一部分的翅膀朝著某個方向，另一部分又朝著截然不同的方向。從此以後，萊特兄弟建造了滑翔機，有一對靈活的翅膀，距離長途飛行更近一步，這完全偏離原本的有翅腳踏車。他們的思想地圖，越來越豐富而深入，串連了腳踏車、鳥類和平衡的概念。

比空氣更重的載具要在空中飛，不是只有一個方法，但是每個問題總有個**正確**答案吧！說到刺激的職業籃球，大約半數的比賽，都只有八分以下的差距，三分之一的比賽，差距甚至低於五分。投籃成功會得到一至三分，所以五至八分的差距，相當於三、四個關鍵得分機會。只差幾分就敗北的比賽，要是可以稍微提高得分效率，球隊就有望扳回一城。

幾年前，大家還不太重視得分效率[9]。每位球員似乎都有自己偏愛的「甜蜜點」，亦即投籃的出手位置，有的球員喜歡站在籃框下，有的喜歡從籃框的右側或左側，有的偏好長距離三分投射。如果你把二十一世紀初每個球隊的投籃位置標記下來，會得到一堆隨機的小點。

後來，籃球界掀起效率的熱潮。數學家開始計算籃球場上最有效的投籃位置，而不是建議球員從自己喜愛的位置出手。從籃框下方出手得分最高：平均每次投籃，得分超過一．二分。這並不奇怪（近距離投籃，得分率當然高），但如果面對堅定的防守，要闖進這個區域就困難了！

另一個有利的區域就是在三分線外，靠近球場的角落，平均投籃一次，大約回報一．一至一．二分；反之在顯眼的無人區投籃，回報降至〇．八五分，這涵蓋籃框下方以外絕大部分的兩分區。因此，回顧二十一世紀初最熱門的投籃區域，有些得分效率很高，有些效率很低，有些介於兩者之間。

這些區域的差異可大著呢！從高效的區域投籃一百次，比起從低效的區域投籃，可以多得四、五十分，而且通常只要往左或往右挪幾步而已。本來沒有任何一支NBA球隊在優化效率，突然有一天，每支球隊都注意到得分效率的數據。二〇一七至二〇一八年賽季全新投籃圖顯示，幾乎每個球員都從場上最高效的區域投籃。

這個方法不只適用於NBA策略專家。比方萊特兄弟，有足夠的好奇心，就有辦法質疑現狀。現狀是最好的嗎？還是乾脆放低標準，接受現狀呢？如果你正好卡住，就更需要尋找新方法。發揮好奇心，再加上適當的實驗，得到適當的數據，就更有機會找到突破的路。實驗本身不用花大錢，也不用太密集。實驗可以很簡單，簡單到只是調整你處理某件事的時間、你完成一系列任務的順序、你跟別人互動的心態，或者你如何為創意工作做準備。每個情境都可以做實驗，你至少可以實際確認，你目前使用的方法，是不是所有選項中最有效的。

實驗是有價值的，但你終究要下定決心，追求那個最佳結果。多伊奇在執行「月達人」期間，嘗試了十二件事，最後他決定創立數位事業。伯科夫嘗試各種泳技，但那段時間只足以發現，最好拉長在水中停留的時間。實驗是發散的過程，如果做得好，你會接觸一堆多元新穎的想法和解決方案，但如果**想避免卡關，訣竅是找出最佳的時機點，從實驗切換到執行，下定決心實現你的選擇**。要是伯科夫沒有訓練身體，忍受待在水中的不適，壓抑爬蟲類腦浮出水面的衝動，絕對不可能奪得奧運獎牌，打破世界紀錄。實驗有可能會突破，但除非你勇於執行，否則沒有突破的一天。

第十一章

找到價值連城的白松露——探索與開發才能命中靶心

二〇一八年，研究團隊探討無數藝術家、導演和科學家的事業軌跡[1]，結果發現大多數人在職業生涯中，都歷過黃金時期，大約占了職涯兩成的時間，其餘八成的時間，只生產品質較低的作品，其中一些人經常卡關，幾乎沒什麼優質的作品。創意人士在黃金時期的產量並沒有比較多，只不過作品更為創新，更有影響力，並且成為他們最知名的作品。

然而，有個細節令研究團隊想不透。黃金時期似乎是隨機出現的。黃金時期很常見，在研究團隊所調查的職業生涯中，有九成的人至少發生過一次，只是時機難以預料。有的發生在起點，有的發生在終點，還有一些是在中途出現，為什麼黃金時期的落點如此不同呢？

原班人馬組成另一個研究團隊[2]，開始深入探究。如果可以準確測量，就可以知道有哪些行為預告了黃金時期。有了這個資訊，初出茅廬的藝術家、導演、科學家，便可以自行開創黃金時期，而不是傻傻等著它發生。

三年後，第二項研究找到了答案[3]：按照順序做兩件事，似乎會開創黃金時期。第一件事是「探索」，第二件事是「開發」，兩者的因果關係，似乎是先探索再開發，然後進入黃金時期。研究團隊表示：「藝術家、導演和科學家這三種職業仍有差別，但探索、開發和黃金時期之間的因果關係，似乎放諸四海皆準。」

探索和開發正好相反。研究團隊指出：「探索的時候，個人會超出目前或過去的能力範圍，廣泛實驗和搜尋。」這會有風險，有時候你就是找不到需要的東西，但唯有經由實驗，才能夠改進不適合你的做法。伯科夫在探索期發現新泳技，成就了「伯科夫衝刺」。然而，人生不可以只有無止盡的探索。一旦伯科夫發現水中游泳的魔力，就必須反覆訓練，進入開發期。依照研究團隊的說法：「開發的時候，個人會累積特定領域的知識，久而久之，那部分的能力會精進。」為了開發，你就必須努力，連續訓練數小時，反覆精進和微調。**要不是探索期，你根本不可能突破；但一探索完畢，就要馬上進入開發期，精確瞄準目標。**

導演彼得．傑克森（Peter Jackson）憑著探索和開發，一路邁向成功。他的黃金時期落在二十一世紀初，當時他因為《魔戒》（*Lord of the Rings*）三部曲，贏得一系列獎項。傑克森憑著《魔戒三部曲：王者再臨》奪下奧斯卡最佳導演獎，提到他早期的電影「還好沒有被奧斯卡學院看見」。

他早期拍的電影屬於探索期，包羅萬象，包含了喜劇恐怖片、自我反思的偽紀錄片、灰暗的真實犯罪傳記作品。這些影片風格各異，傑克森從這段過程中，愛上了創造豐富細膩的世界，應用於二十世紀末的一系列電影，這象徵他進入了開發期，他在開發期跟別人一起成立特效工作室，還拍了一些電影，不斷精進技法，到最後拍出成功的《魔戒》三部曲。研究團隊認為傑克森的例子很有趣，因為他的事業軌跡跟「探索—開發—黃金時期」的模式不謀而合。二十世紀末他花很多時間探索，到了二十一世紀初，他幾乎都是在開發，並且進入黃金時代。

傑克遜．波洛克（Jackson Pollock）也是先探索後開發。一九四二至一九四六年，他嘗試各種新技法。他跟紐約市佩姬．古根漢美術館（Peggy Guggenheim's gallery）簽約，得以繪製從小到大、從具象到抽象、從現實到超現實的作品。他不僅繪製大壁畫，也製作精細的小作品。他也嘗試了各種作畫地點，包括曼哈頓的工作室、他跟妻子〔同為藝術家的李．克拉斯納（Lee Krasner）〕同住的東漢普頓家中。每一個技法都沒有持續太久，直到一九四六年末，他發現「滴灑法」（drip），迎來了長達五年的黃金時期。這項新技法象徵波洛克結束探索期，展開五年開發期。他這五年繪製的作品，屬於巨大的概念性作品，雖然滴灑法的視覺效果很驚人，但每幅壁畫都仰賴同一種手法，亦即把顏料直接倒在畫布上。波洛克跟傑克森一樣，他在探索期發現的許多元素，全結合在一起了，但他也很明智，放棄了一些不太成功的技法。

除了這兩位，研究團隊還發現很多創意人士，也是先探索、後開發，最後進入黃金時期。先探索，後開發，千萬不可以搞錯順序。研究團隊指出：「如果沒有先探索，徒有傻傻開發，進入黃金時期的機會恐怕低於預期。」你還不清楚哪個領域特別富饒，卻盲目去開發，成功的機會很低。反之，只探索不開發，也好不到哪去。研究團隊解釋：「探索後沒有接著開發，進入黃金時期的機會可能大幅下降。」

黃金時期的起因一定要搞清楚，這對所有追求突破的人來說，就是夢想和希望呀！如果困境象徵停滯，黃金時期就象徵改變、發展和成長。探索和開發的組合，在二〇二一年經過研究人員保證，確實效果強大，因為這會把停滯期變成轉變期，也可以診斷出什麼行動害你誤入歧途。有些人不斷探索，一個接一個進入新領域，似乎永遠定不下來，你可能認識這樣的人。你還會認識另一種相反的人：非常努力，極度勤奮，一直埋頭苦幹，卻忘了抬起頭反思，如果換一個領域努力，是不是更有成效？這兩種人各有優點，但必須按照正確的順序，交換一下位置，才能夠實現他們夢寐以求的黃金時期。

先探索、後開發，迎來你人生的黃金時期

先學會區分探索和開發，再來反省自己，是不是過度偏向探索或開發？有一個問題特別準！面對機會和請求時，你是經常答應還是拒絕呢？如果你常答應，象徵你正在探索，勇於迎接不確定和新奇。當你答應了，有些活動可能在浪費你的時間，但也可能帶來值得挖掘的新機會，等到

你發現機會了，就可以切換到開發模式，改以拒絕為主，為你節省時間和心力，貫注在你已經發現的領域（想必之前的你，一定是答應居多）。從答應到拒絕，象徵從探索期轉向開發期。

有很多規則指導你何時該答應、何時該拒絕。假設你剛上大學、開啟新事業、搬到新城市，想必會廣泛探索，盡量認識新朋友，接觸新的經驗。假設你滿意現在的事業、朋友圈、居住的城市，或者希望為你重視的人和興趣騰出更多時間，開發就更有價值了，你會以拒絕為主。

一旦你確認自己是在探索還是開發，接下來就要決定何時切換。有沒有在適當的時機切換，其實不容易判斷，但就算時機錯了，也很容易修正，因為你沒有被任何策略綁住。研究團隊發現，人可以在探索和開發之間來回切換，一旦你發現開發期的成果不佳，可以立即返回探索期。如此切換策略，就稱為左右開弓，大多數人和組織之所以做不到，只是因為恐懼和不安。有一份研究指出，不得不切換的人（例如重返探索期，或者從探索期進入開發期）反而更成功。人喜歡慣性，會把很長的時間用在勉強可行的事情。研究人員發現，從探索期跳到開發期，之後再重返探索期，大致都有成效。**你隨時都可以重返探索期，唯一無效的就是懶得切換。**

我二十五年前念大學的時候，還不明白這個道理，但我正在經歷探索期和開發期。美國大學生通常會花幾年探索，然後再選擇主修（亦即開發期），但澳洲學生申請大學時，必須同時決定主修。法律學位的入學門檻比商業學位還高，商業學位又比藝術學位高。我獲得精算學的全額獎學金，這是相當榮耀的事情，卻導致我還沒有探索，就急著進入開發期。

剛進大學的三個月，是我這輩子最不開心的日子。數學教授說的話，以及他使用的教材，我根本難以理解。開學第一周，教授複習了我高中學過的內容，聲稱「先把簡單的解決掉」。我念高中的時候，明明很有幹勁，上大學卻相當厭煩，以致開始討厭校園的氛圍。

我卡關的原因有幾個。這份獎學金不只支付學費，每隔兩個星期，還會發小額津貼，若要拒絕似乎有點沒良心，畢竟我們家並不寬裕，一九八〇年代，我們全家人從南非移居澳洲，不得不拋下多數資產。更重要的是，我沒有備案，我從未探索其他學位，不知道還有哪些選項。

第一學期接近尾聲時，獎學金管理員通知大家，有一星期可以思考要不要留下來。如果留下來，有兩個選擇：一是堅持完成學位；二是四年獎學金結束前，隨時都可以離開，但是要償還領過的獎學金。我面對這些選擇，最後決定離開。

新學期開始之前，我有幾個月可以挑選新學位，更重要的是，我不想再做錯決定了。我進大學幾個月，聽朋友描述其他學科的上課情形，包括藝術、文學、哲學、社會學、法律、心理學、醫學、金融、電腦科學、商業、工程等，但我還是不清楚這些學位（更別說整個職業生涯），於是我決定請朋友幫忙（他剛好也放棄精算學），一起去探索其他學科。

接下來三個月，我們盡可能旁聽其他科系的課，例如認識喬叟和柏拉圖，花一個星期接觸電腦程式和停滯性通貨膨脹，花一個月研究第一次世界大戰和廣告產業。如果我喜歡某門課，還會繼續聽第二堂、第三堂（在探索之後，進行幾波小開發），但如果我不喜歡，就會改上其他課。那個學期末，我知道我想要攻讀心理學和法律，於是花了五年取得這兩個學位，並且繼續在普林斯頓大學完成心理學博士學位。

為什麼探索和開發如此絕配呢？大家先來認識一下賺大錢的松露產業吧！二〇〇四年夏天，我從澳洲雪梨搬到紐澤西的普林斯頓，第一天下午，我跑到超市購物。入口有一張桌子，擺了好幾個玻璃罐，告示牌的內容吸引我注意：「原價：一九九九美元，現在只要：九九九美元。」

我從未見過這麼昂貴的調味罐，一看標籤寫著白松露，後來我才知道，白松露每磅的零售價，竟然高達數千美元。白松露高價的原因除了受人歡迎[4]，還有難以採收。白松露的氣味獨一無二，專家各有各的詮釋，包括大地味、蒜味、堅果味、礦物味、根莖味、青蔥味。白松露也是地球上最稀少的食物。松露生長在地底，貼近某些樹的根部，特別難找到。

數百年來，人類試圖種植松露，卻不容易栽培和管理，所以大部分松露仍是野生的，分布於世界幾個小角落。過去幾個世紀，松露獵人都是靠母豬聞出潛藏的松露，因為松露的氣味類似公豬散發的睪固酮氣味，但狂躁的母豬常自己吃掉。如今特定品種的狗可以幫忙找松露，尤其是在義大利和克羅埃西亞的部分地區。有一種松露犬，叫做拉戈托羅馬格挪（Lagotto Romagnolo），已經培育好幾個世紀，專門為人類獵松露。

套句科技用語，白松露的分布不均勻。在地球上大部分地方，就算有上好的松露犬，你也找不到松露。就連義大利皮埃蒙特（Piedmont）這個最容易找到白松露的地方，也要先找到氣候和土壤最適宜的土地。就連最適宜的土地，也不是每一棵山毛櫸、白楊樹、橡樹或榛果樹根部都有長松露。你必須先探索，排除九九．九九九九%不肥沃的土地，找出一個特別富饒的地方深入開發。然後，開發期就很重要了，因為你找到肥沃的土地，就有很大的機會找到價值數百、甚至數千美元的松露。

白松露分布不均，因此成功的唯一機會，就是先探索後開發。如果在錯誤的地點開發，你找不到半顆松露；如果拚命探索，卻沒有開發特別富饒的土地，肯定會錯失良機。突破就跟白松露一樣分布不均。有很多領域就像射飛鏢一樣，靶心非常小，失敗無數次後，偶爾會命中靶心，彌補之前的損失。

如何在隨機分布的世界裡命中靶心

比喻成靶心，正是八二法則[5]，又稱為帕雷托法則（Pareto principle），意味著大部分企業有八成的銷售，來自兩成的客戶。至於白松露的例子就更極端了，絕大部分的白松露生長在極少數的土地上。除此之外，世上還有其他比例，譬如百分之一的電影，占據了八成的票房收入，基本上就是收入分布不均。在商業界，一部分客戶是消費主力，但多數的客戶買得不多。

如果你是精明的創業家，應該針對關鍵的兩成客戶，用心培養和深化關係。一九九七年理查・柯克（Richard Koch）提出八二法則，主張這在很多領域都說得通：「七百個字，相當於不到一%的詞彙，占據了八成的使用時間。兩成的作業程式碼，占據了八成的電腦處理時間。兩成以下的供應商，滿足了八成的市場需求。」

八二法則提出兩個觀點。第一，正如柯克所言，你應該把時間、精力和心力，投注於兩成的事情上，為你創造八成的利益。第二，反過來說，你大多數的時間可能都耗在八成的事情上，只為你帶來兩成的利益，這就是分布不均的必然結果，也難怪最頂尖的創意人員和科學家，在漫長的職業生涯中，只有一兩個相對短暫的黃金時期；且投資人絕大部分的利潤，來自投資組合中的一小部分。

大型科技公司也不例外，為了改進產品，進行上千次大小實驗。研究團隊探討二〇一三至二〇一六年，微軟Bing搜尋引擎的改進情況，結果發現七五%的進步，來自於二%的微調（七五二法則）。不均無所不在，顯示沒探索初步前景，就貿然進行開發，可能會有危險。

不均的現象有點令人灰心，因為這個世界看起來隨機分布，難以掌握，但這也給你信心，金礦可能就在下一個轉角處，充滿白松露和好點子。你有沒有決定堅持下去，才是你成功和突破的關鍵。你嘗試的次數越多，投擲的飛鏢越多，越有可能投中靶心。

除了偶然，還要有準備好的頭腦

這種「堅持下去」的心態，正是羅伯特．莫頓（Robert Merton）的中心思想[6]。這位美國社會學家鑽研科學突破的起源。一九三〇年代，莫頓正在哈佛大學念研究所，有一天漫步在城裡，他最愛的書店櫥窗裡擺著《牛津英語字典》十三卷，他愛不釋手。六十年後，他回想：「那是非常昂貴的參考書，但我顯然沒有購買的意願、期望和希望。」莫頓買不起全套，但書商同意分期付款：「這真是一筆大投資，我耗盡三分之一的現金，偶然購買了《牛津英語字典》。」

莫頓買下《牛津英語字典》純屬偶然，這讓他明白什麼是偶然（serendipity）。他回想：「我研究se字首詞彙的歷史，不經意發現serendipity這個字，長得很奇怪，念起來卻很優美。」於是莫頓花了六十年研究偶然，以及偶然對突破的重要性。

莫頓認為，偶然是「一種天賦，不經意會發現有用的東西」。這絕非一般不勞而獲的運氣，需要能力作為基礎。莫頓認為，只要條件對了，人可以自行創造運氣，而且追根究底，所謂的條件主要是事在人為。比方，牛頓（Isaac Newton）看到蘋果從樹上掉下來，發現了萬有引力，這絕非單純的意外。有無數人看著物體落下，但自從人類誕生以來，過了兩百萬年，直到一六六六年才終於有人問：「既然蘋果從樹上掉下來，為什麼月亮不會掉下來呢？」牛頓具備了莫頓所謂「準備好的頭腦」。莫頓說，偶然的發現，牽涉到「兩件事，一是被觀察的現象，二是合適且聰明的觀察者」。

頭腦做好了準備，就算你卡住，也不會卡太久。為了做好準備，你的頭腦必須有兩個能力：一是看出相似之處，二是看出差異之處。

以牛頓為例，他可能會問：「世上還有什麼現象，類似蘋果掉落地面？蘋果掉落的現象，跟我看到的其他現象相比，有什麼獨特和差異之處呢？」對牛頓來說，答案是月亮，月亮就像一顆巨大的蘋果掉落地球，可見兩者都受到相同的宇宙力量影響。可是，月亮並沒有真的落地，而是跟地球維持固定距離，沿著彎曲的軌道，繞著地球旋轉，可見地球有一股力量拉住月亮，讓月亮逃離不了地球，又不會像蘋果撞擊地面。

成千上萬的科學家因為偶然而受惠，牛頓只是其中一個。二〇〇二年，英國化學家沃爾特．格拉策爾（Walter Gratzer）出版一本書，談到偶然對科學的貢獻[7]。他寫道：「科學大致進展緩慢，日復一日，缺乏劇烈變化，但世人只會記得突如其來的開悟，尤其是大自然難得的天賜（偶然的天啟）。」

市面上有許多零卡路里的商用甜味劑，比方紐特健康糖（NutraSweet）、怡口糖（Equal）、纖而樂（Sweet'N Low）、善品糖（Splenda），主要是科學家做其他實驗時，淺嘗白色粉末所意外發現。這裡舉一個例子：一位行為不檢的研究助理正在改良退燒藥物，卻在實驗室違法抽菸。微量的藥物粉末附著在香菸上，研究助理隨即發現，香菸尖端有一股噁心的甜味。雖然退燒藥開發失敗，卻催生新的商用甜味劑，叫做甜蜜素（cyclamate）。

一九六五年，一位專門研究潰瘍療法的化學家詹姆斯．施拉特（James Schlatter），他習慣舔一舔手指再翻書，意外發現了某款甜味劑。施拉特說：「我猜是我之前動過的容器（阿斯巴甜結晶），不太可能有毒，於是嘗了一點，果然是我手上的粉末。」施拉特發現的物質，不僅容易合成，甜味還是普通糖的兩百倍。上述這些偶然性，成就了價值數十億美元的人工甜味劑產業。

格拉策爾舉了很多例子，發現一個共通點，正是始終如一。這些科學家堅持提出正確的問題，即使碰到意外，仍進一步深入探究，這往往會創造好運。偶然包括了運氣和能力，就連卡關很多年的人，似乎也能靠著偶然來突破。許多科學發現都是如此，例如發現色盲的原因、冷藏對於保存肉類的功用、腦下垂體的功能、疫苗的功效、潛水後快速上升水面的危險性、維生素對動物健康的重要性、避孕藥、戒酒發泡錠，以及從高血壓到心臟病的無數療法。這些科學家受過高等教育，但他們會有重大發現，主要還是因為堅持和好奇，而非書本的知識和智力。為什麼會開始探索呢？通常是因為恍然大悟，包括遇到意外事件，領悟到這件事的意義。

你不是追求突破的科學家嗎？沒關係，日常生活中的偶然，也可以教會你幾件事，其中一件事格外重要。**詢問你自己，有沒有活得像個孩子，對一切充滿疑問，一直提問到答案完全令你滿意為止？**這是極高的標準，大多數成年人還沒有達到這個程度，就提前放棄了（如果你家也有小孩，你就知道孩子會追問到答案完全滿意為止。換句話說，小孩不停止提問，難怪學習速度比大人快)。

假如你遇到問題,先追問原因,除非你清楚明瞭出錯的原因,保證未來不會再重蹈覆轍,否則不停止深入調查。反之,如果一切順利,也要追問原因,好好記錄下來,繼續複製同樣的奇蹟。這適用於職場的順境和逆境、關係的深化和失敗、如願或不如願的人際互動、勝利和失敗的日子。雖然偶然是跟幸運巧遇,但是要長期成功,必須深刻理解幸運的原因,自行創造相同的條件。

神遊為你帶來二五%的好點子

莫頓研究偶然性,結果發現恍然大悟的時刻難以捉摸。為了追求恍然大悟的時刻,最好的方法竟然是漫不經心!二〇一九年,三位物理學家召集數百位物理學家和專業作家[8],連續一兩周記錄自己的最佳創意。研究團隊之所以選擇物理學家和作家,是因為這兩種人的創造生涯天差地遠,如果恍然大悟的經驗差不多,想必可套用在其他領域,拯救更多卡關的人。每一天,受試者記錄當天最佳的創意,包括何時出現、當時正在做什麼、有沒有解決困境、有沒有讓手邊的案子進展更順利。

廣泛來說,有兩個方法可以產生好點子。一是努力找靈感,埋頭苦幹,直到找到一條有前景的路。這是我們在學校、大學和職場上，不斷學到的正統路徑。二是寄望神遊的時候，讓靈感自然降臨。神遊看似缺點，常遭到詬病。相比之下，埋頭苦幹仰賴紀律和恆毅，神遊是注意力不集中，自我要求不高。如果神遊會打斷進步的過程，當然會背負惡名，研究團隊確實也發現，要是任務進展順利，只有一成的好點子會在神遊時出現，其餘九成的好點子，都是在認真執行任務時出現。

然而，要是物理學家和作家遇到瓶頸，情況就不同了。假設你陷入困境，這代表你現在做的事情沒有用，如果有用的話，你早就進步了。因此，受試者卡關的時候，二五%的好點子會在神遊時出現。研究團隊寫道：「這些發現提供了最直接的證據，證明創造者有一大部分的好點子是在（神遊）當下冒出來。」過了幾個月，研究團隊邀請同一批物理學家和作家，重新審視那些好點子，因為研究團隊好奇神遊想出來的點子是否會比較糟，或者品質打折扣，畢竟是漫不經心的產物。事實上，受試者回報，那些跟專心想出來的點子比起來，一樣有創意和意義。

無數研究證實，神遊會激發創造力，可以幫助人突破。有一份小型研究，找來九位爵士樂手，趁十二個和弦進行中，展開即興創作，研究團隊定期測量他們是不是在神遊。雖然神遊只占了一成時間，但是短暫的抽離，反而產生最有創意的作品。其他研究證實，人在工作的時候神遊，可以想出日常物品（例如磚頭和迴紋針）的創意用途。神遊是有價值的，讓我們暫時脫離根深蒂固的爛點子，考慮更微妙的新想法。一些證據也表明，**神遊會解放頭腦，重新串連腦海**

中各種想法，因為把關係不深的概念串連起來，所以會激發新的解決辦法。神遊也可以為腦袋充電，讓疲憊的頭腦暫時休息，之後再集中思考。

神遊的好處多多，但你不應該整天神遊。專注的時候想出來的好點子，比不專注的時候更多，可是你不可能永遠專注，如果你陷入僵局，不妨暫時抽離，結果反而不賴。在兩周之內，你神遊的時候，可能冒出三、四個解決難題的辦法；拉長到一年，可能會有數十個突破。神遊就像探索期，為開發期做準備。因此，神遊是在探索，如果你越做越順利，就該進入開發期，專注於手邊的工作。

有一個實用的方法可以兼顧兩大策略，分別對應**發散思維**和**收斂思維**。發散思維需要遠見，你必須每隔三到六個月，抽出幾小時，針對人生每個重要的層面，提出一些宏觀的問題。你對於家庭、工作和其他重要領域，是否大致滿意呢？你可以預想未來一年、三年、五年、十年，人生每個領域有什麼進展嗎？如果你的方向錯了，不妨考慮如何調整方向。你可以採取什麼更全面的策略嗎？你是不是該考慮新工作、新關係、新住所？

同時，你也要兼顧收斂思維，因為這會帶來具體的改變。假設先針對每個領域列出困境，然後每隔一兩個月追蹤進度，如果你依然停滯不前，不妨考慮下個月採取具體的行動。突破的關鍵是朝著正確的方向持續前進，即使進度緩慢，也不要讓自己原地踏步。這種方法的進步速度不快，但是有效，這可以解釋為什麼有的人成就非凡，有的人卻成就平庸。無論你是在哪裡卡關，例如工作、家庭、愛情、友誼、創業，都必須在發散和收斂思維之間輪替。只要你相信，無論能力如何，每個人都可以進步，秉持這種心態，來輪替發散思維和收斂思維，你的收穫會最大。反之，如果你相信才華和結果都是天注定，受制於基因和運氣，再強大的策略對你也沒有用處，而且這種世界觀早就過時了。但是在一九三〇年代，俄羅斯物理學家列夫・藍道（Lev Landau）卻基於這種觀點[9]，為同行的成就評級。

藍道天才級別（Lev Landau Scale）考慮同行對物理學的貢獻，還有同行天生的才華。對藍道來說，最偉大的物理學家，基本上跟其他九九・九%同行截然不同。藍道天才級別從〇至五分，唯獨牛頓拿到〇分，絕大多數物理家都屬於「平庸」，只得到五分。愛因斯坦拿到〇・五分，量子物理學之父尼爾斯・波爾（Niels Bohr）、維爾納・海森堡（Werner Heisenberg）、埃爾溫・薛丁格（Erwin Schrödinger）以及理查・費曼（Richard Feynman）、保羅・狄拉克（Paul Dirac），以及「少數幾個人」拿到一分。

藍道本來給自己打二・五分，後來一九六二年，他獲得諾貝爾獎，將評分改為二分。藍道天才級別是對數的概念，因此一分的人對物理學的貢獻，整整是二分者的十倍，依此類推。根據藍道的估計，如果要達到牛頓的貢獻值，需要一百個藍道，或者十萬個平庸的物理學家。藍道深信，物理學界最傑出的十幾位物理學家，遠遠超越其他無數的同行。在他心目中，這些人屬於「超級聯盟」，不只比其他同行聰明，簡直是另一個物種。

藍道天才級別很有趣（一直在物理學界引發熱議），但其實誇大了物理學家之間的貢獻差異。事實上，默默無聞的物理學家，比起諾貝爾獎得主，職業生涯相差無幾。二〇一九年有一份研究，把物理學、化學、生理學、醫學領域的諾貝爾獎得主，對照藍道天才級別可能評為五分的人，結果發現，「這些科學菁英的職涯軌跡，除了得獎作品增添諾貝爾獎的光環，對照其他評分五分的同行，並沒有什麼重大差異」。撇除榮獲諾貝爾獎的作品，這些人的科學生涯跟其他成千上萬的科學家雷同，於是研究團隊下了一個樂觀的結論：「看了這些結果，大家要保持希望，科學家的排名並非固定不變，從五分躍升到其他評級，並沒有想像的困難。」

這套用到其他領域，同樣振奮人心。**表現優異的人和我們普通人的差距，並沒有看起來那麼大**。既然成就通常分布不均，那麼差異往往微乎其微。表現平庸的人，只要轉對一個彎，就可能發現金礦，遙遙領先同行。反過來，成功人士還沒有遇見金礦之前，也曾經卡住過。

有了這份領悟（成功和不斷失敗之間的距離，並沒有那麼遙遠）[10]，研究團隊開始好奇，為什麼有些人可以把失敗轉化為成功，有些人卻老是失敗。研究團隊在許多領域展開績效評估，例如新創企業的表現，或者科學家申請補助的能力，研究結果令人相當驚訝：**最終成功突破的人，並不是失敗次數少，而是失敗次數多。**

「差一點就成功」帶來的禮物

研究團隊這樣解釋：「開始成功之前，經常有超乎預期的連敗」，可見失敗的時間越長，越可能勝利。雖然老是失敗，但只要繼續待在圈子裡，成功的機率就會增加。一來嘗試次數夠多，勝利在望，二來從失敗中學習，通常需要時間。因此，經歷一連串失敗，你會發現失誤越來越小，成功之前的那一個失誤，跟成功往往只有一步之遙。研究團隊發現：「倒數第二次嘗試，比第一次嘗試好太多了。我們發現成功組有明顯的進步，但失敗組卻沒有。」最終成功的企業和科學家，只是更擅長判斷自己跟成功的距離，反之那些持續失誤的人，看不出自己跟成功距離有多大。這份論文指出：「愛迪生說過：『人生中很多的失敗，是因為當事人看不出自己差點就要成功了，所以輕易放棄。』」

差一點就成功，有時候難以察覺，有時候倒很明顯。科學家申請政府補助時，會得到一個分數，告知有沒有獲得補助，跟最低錄取的成績相差多少分。如果拿到很低的分數，心裡會難受，但如果落在錄取邊緣，只跟「錄取成績」差幾個百分點，內心更是痛苦。（有些人的分數超過錄取成績，卻因為其中一位評審給了特別低分，沒拿到補助）。落在錄取邊緣，表示你差不多快成功了，但看了這個結果，你會感到沮喪。

二〇一九年，有個研究團隊探討科學家在職涯初期，曾經差一點就成功，對於科學家長期有什麼影響。答案取決於科學家本身。「差點成功的遭遇，大幅提升放棄的機率，有超過一成的機率會退出業界。儘管如此，差點成功的人比起險勝的人，長期下來的表現更好！」這些人禁得起深入挖掘的痛苦，往往比一開始險勝的人更優秀。研究團隊寫道：「這些研究結果印證了『凡殺不死我的，必使我更強大。』」差一點失敗的申請人，持續遞出申請書，終將獲得大勝利，而且寫出熱門論文的機率，比險勝的人高出二一%。

如果有明確的分數，一眼就看得出來，自己是不是差點就成功了，但就算沒有客觀的意見，也可以參考三個資料來源：背景資料（例如這是一個實質目標，肉眼應該看得出來）；你覺得自己在進步還是退步；還有別人的意見。綜合這三個資料，通常看得出這些日子以來，你是前進還是後退。

差一點就成功，對不同人來說，意義也不一樣。有的人繼續努力，因為這是重要訊號，證明努力的方向是對的，所以對這些人來說象徵著「快要成功了，再做一兩次微調，成功在望」。反之，有些人因為差了一點感到心灰意冷，選擇視而不見，或者忽略訊號，不再繼續努力，而是重新開始探索，在成功即將到來的前一刻注意力渙散，轉換到其他領域，摸索其他的機會。

這時候要溫習愛迪生的名言：「人生中很多的失敗，是因為當事人看不出自己差點就要成功了，所以輕易放棄。」當你只要再努力一兩次就會成功，千萬不要再回去探索期，這時候的重點是懷抱目標去行動，你已經花很多心力研擬突破的策略，現在就繼續做下去！好點子和真突破之間，還缺了一個關鍵原料，那就是採取行動，把理論化為現實。

第十二章

我是跑者，不只是我有在跑步——去除行動的各種阻力

一九七〇年代初，保羅．西蒙（Paul Simon）的人氣很旺，他跟亞特．葛芬柯（Art Garfunkel）合作，剛發行一系列極為成功的專輯，他自己的事業也蒸蒸日上。電視名人迪克．卡維特（Dick Cavett）主持的脫口秀，數次邀請西蒙上節目，討論音樂和創造力，至今網路上仍找得到訪問片段[1]，一開始西蒙總是面露尷尬，坐在卡維特的對面，不確定要看哪裡。一會看著攝影機，一會看著卡維特，一會又看著攝影棚的觀眾等。

西蒙回答卡維特前幾個問題，總是輕聲細語，扭扭捏捏，簡短回覆。有一次訪問，西蒙抬起頭，驚覺麥克風跑到頭頂了，他問：「我聲音太小了嗎？難道是因為這樣，麥克風才升高的嗎？」西蒙擁有卓越的音樂才華，但是他接受訪問時相當不自在，形成強烈的對比。

往後幾次訪問，事情開始出現變化。卡維特會適時拋出有關音樂的問題，西蒙趁機會拿起吉他，比方他怎麼為電影《畢業生》（*The Graduate*）寫出〈羅賓遜夫人〉（Mrs. Robinson）一曲，

或者他怎麼寫出〈憂愁河上的大橋〉（Bridge over Troubled Water），這首歌贏得五座葛萊美獎項，成為一代無神論者的心靈聖歌。

每當西蒙彈吉他，開始**做點什麼事**，不再只是思考或說話，他就變成截然不同的嘉賓了！他舉止迷人，訪談流暢。他的答案變得更長，更容易理解，他整個人光芒四射。許多觀眾都注意到這件事。戴維留言：「他一拿起吉他就綻放了。」有將近五百人按讚。瓊特格林評論另一段影片：「他唱歌過後，講話更自在了，真棒！」有四百人按讚。第三位評論者萊斯留言：「只要吉他在手，他就軟化了，他回到與生俱來的棲地，我就欣賞他這一點。」妮可．瑪麗在下面回覆：「沒錯，西蒙拿起吉他之前，似乎有一點害羞。」

西蒙突破的方法，就是行動。每當他拿起吉他彈奏，就會放鬆下來，講話變得更流暢。看影片觀察西蒙如何綻放，最迷人之處是他自己清楚整個變化。他知道行動會幫助他突破。西蒙帶領著卡維特和觀眾，走過〈憂愁河上的大橋〉的幾個片段，解釋他如何串連這些元素。觀眾對於這個非凡的時刻，紛紛留下評論，表達自己實在太幸運了，能夠跟天才一起經歷他的創作過程。西蒙坦承這首歌起初寫得很輕鬆，後來就變難了。他一邊彈奏，一邊哼唱十五秒的旋律，突然停下來：「我就是卡在這裡，完全想不到別的靈感。」卡維特問：「你為什麼會卡住？」西蒙富含禪意地回覆：「無論去了哪裡，我就是不滿意。」觀眾笑了，卡維特當眾宣布：「這是我一生中聽過最棒的卡關定義。」

卡維特問：「遇到那樣的阻礙，你是怎麼突破的？」西蒙提到，他反覆聆聽輕快的福音歌曲，這可以給他靈感，鼓勵他繼續坐下來彈吉他，後續的發展就是眾所皆知的歷史啦！他很認真回答，但是他突破的過程依然很神祕。西蒙只提到靈感和行動的關聯。行動是關鍵！他拿著吉他坐下來，隨意地彈奏，放鬆身心，進而緩解僵局。

如果突破困境，必須結合情感、思考和行動，背後的驅動力正是行動！情感和思考固然重要，但主要是為行動服務。西蒙寫歌的過程，以及他在鏡頭前，拿著吉他彈奏就放鬆下來，都在證明行動的重要。要不是有吉他在手上，西蒙會害羞內向，一旦他開始行動，就可以寫出傳世之作。

這不僅僅適用於西蒙等音樂天才。心理學家長期以來，一直好奇情感、思考和行動的關聯，其中一個重要的洞察，便是行動至關重要！你可能聽說過[2]，微笑會令人更快樂，產生快樂的想法，微笑的動作太厲害了，就連假裝微笑，也能夠製造快樂的感受。這個基本觀念適用於更廣泛的突破。如果你想用吉他寫歌，光是在腦海中哼了一遍又一遍的旋律，不會有任何進展，還不如拿起樂器開始彈奏。西蒙在福音歌曲找到靈感，於是他聽了數百遍，直到他拿起吉他的那一刻，曲調不再是虛無的靈感。靈感和行動的結合，產生了魔力。

去除卡住行動的阻力

突破困境時，行動的重要性不言而喻。行動是培養好習慣的關鍵，以免長期陷入困境。每天思考和感受固然有用，但每天行動更容易持久。一份經濟學研究連續五年，追蹤一萬三千名醫療人員，在超過兩百萬次輪班的洗手行為。員工不乖乖洗手，這是許多醫院的重大困境。醫院推出「進出都要洗手」的口號，要求員工進出病房都記得消毒雙手，但成果並不顯著，比方這份研究，大多數員工只有做到五、六成，雖然有的員工比較勤洗手，但一億次需要消毒的情況中，醫療人員沒消毒的機率，竟然高達五千兩百萬次。

每次忘記消毒，對免疫系統差一點的病人來說，都是潛在的災難，尤其是醫院正在治療對抗生素反應不佳的超級病菌。有四%的病人因為這類疏失而感染，每年光是在美國的醫院，就有十萬人死亡。每提升一%消毒率，即可降低二%的感染率，可見非常重要！

醫療人員未來會不會乖乖洗手呢？最好的方法是回顧他們過去的行為。[3]如果在特定的病房，醫療人員有更多必須洗手的機會，就會培養自動的習慣，乖乖洗手的機率就會上升。第十次進入那間病房，乖乖洗手的機率就會比最初上升一．五%；到了第三十次，機率又上升二%；再到第五十次，幾乎升高了三%。

醫療人員消毒的次數越多，越不會覺得累，一旦養成行動的習慣，即使連續工作八小時、九小時、十小時，仍會持續消毒雙手；反觀沒有養成習慣的人，工作時間拉長，就會忘了消毒。養成消毒習慣的人，即使休假一星期，仍會繼續消毒，反觀沒有養成習慣的人就容易忘記。推廣活動和吸引人的口號，並不足以提升消毒率，真正重要的是一遍又一遍的洗手行為。

行動也會改變自我觀感，帶領我們突破[4]。如果你偶爾跑步，可能跟別人說「我有在跑步」，但如果你已經養成習慣，比方每星期跑步四次，你可能會改口成「我是跑者」。兩者的差別很微妙，但其實很關鍵。「我有在跑步」，強調的是你偶爾會做的動作。「我是跑者」強調的是你這個人的本質。你貼上這個標籤，無論你現在有沒有跑步，你都是一位跑者。跑步這件事，關乎你的個人認同，因此定期跑步改變了你對自己的想法和感受。把自己看成跑者，而不是偶爾跑步的人，這是突破的一大力量，比方某個人因為長期生病，無法規律做運動，她會覺得自己是最近沒跑步的人，而非長時間不跑步的人，暫時中斷跑步，並無損她作為跑者的地位。

心理學家證實，反覆執行某個動作（從動詞「我有在跑步」，變成名詞「我是跑者」）**可以避免阻力，在許多情況下，可以激勵行動。**例如，自稱「我是選民」的人，比起說「我會去投票」的人，投票的機率更高。自稱「我是省水達人」，比起說「我會節約用水」的人，更可能節約用水。三至六歲的小孩子，自認為是「小幫手」，而不僅是「我會幫忙」，更願意幫大人做事情。

在不同的情境中，「行動」有不同的含義。有時候，找到合適的行為幫助自己突破，還滿容易的，例如坐在卡維特對面的西蒙。有時候卻沒這麼簡單，一時找不到合適的行動。行動要有動力，或者先克服缺乏動力的問題，你還要清楚知道哪一種行動最有效，比方你不是優秀的作曲家，縱然拿起吉他彈奏，也不知道該如何行動。如果你只是游移不定，採取行動準沒錯！

行動有其價值，這跟布萊克主張的「神聖的暫停」並沒有互斥[5]。如果你正在焦慮不安，不知道該如何前進，暫停是有用的；反之，如果你清楚行動的大方向，行動就是實現目標的最佳手段。卡住和前進之間，有一條明確的界線。**只要你採取行動，再小的行動，也會幫助你突破。**無論情況如何，再小的行動都是前進的種子。

以寫作為例。寫作很難，有些人特別會寫，但幾乎每個人都會寫到卡住。對作家來說，小行動就是寫一個字，或寫一段句子，或者連續打字一分鐘。有時候我卡住了，就會把這些小行動當成目標，比方用手錶計時一分鐘，寫到計時器響起為止。我不指望寫很多，但短暫的寫作是我突破的原動力。我從本來的不寫，到提筆開始寫作。如果我覺得一分鐘很快就到了（經常發生），我會忽略計時器在響，繼續寫下去。如果我更強調段落，可能會重設計時器，一次寫作兩分鐘或十分鐘，時間到了再重複這個動作。**重要的不是行動的數量，而是行動的發生。**

靠計時器來管理行為，看似有一點僵化，不適合卡關的時候，但有什麼比僵化更能約束人呢？事實上，當你卡住了，結構反而會解放你[6]。你的結構越多，你做的決策越少，就可以把更多的認知能力，用在你手邊的任務。假設你知道，你只要寫一分鐘，其餘就不用多想，你會傾注所有的腦力，把想法都寫在紙上。你的腦袋可以做到這樣，是因為不用煩惱其他問題，諸如：「我在這一分鐘還能做些什麼？」或者「我在這個任務還要耗多久時間才放棄？」當你卡住了，不妨把小動作串連在一起，寫作幾分鐘，再閱讀幾分鐘，這就稱為「微排程」（microscheduling）。

讓「微排程」指示你應該做什麼

微排程把長一點的時間，分割成短一點的時間，比方每段十分鐘、十五分鐘或二十分鐘。你先把長一點的時間分割，決定如何使用每一段時間，你可能打算花十五分鐘寫作，然後花十五分鐘閱讀，再花十五分鐘休息，然後花十五分鐘散步，諸如此類。如果某個任務需要長一點的時間，不妨把兩段時間合起來。

當你進行微排程，一定要乖乖照著走，任由排程指示你何時做什麼、專心做多久。我們卡住時，真正會困住人的，不是該做的事情，而是一大堆像好奇的禿鷹盤旋在上方的問題，例如：「為什麼這麼難？」、「為什麼我沒有進步多一點？」、「我該換別的事情做嗎？」、「我還要耗多久？」

一旦你開始做微排程，這些問題大多會消失，因為你承諾無論有多難，都會花費一定的時間做完這件事。強迫自己花時間做，去除不參與的選項，就可以解放自己，完全專注於這項任務上。與其做幾個小時，還不如做一下子，以免你束手無策。盡量把目標變得簡單明確，消除腦袋中的質疑聲音，不管產出如何，你只要按照計畫，花預定的時間做某件事就好了。

微排程不適合一般的生活，比方安排休閒時間，太精確的排程會剝奪樂趣，人生安排得越精確，會覺得時間越少。但當你完全卡住了，看不到可走的路，僵化反而有解放的效果。這就是為什麼賈伯斯身處講究創意和差異的產業，效命於「另類思考」的企業，卻每天穿黑色高領衫，他透過「穿制服」來減輕頭腦的負擔。賈伯斯本人表示，他能做到「另類思考」，是因為把任何干擾思緒的事情，委託別人去做，或者省略不做，以免占用創意思維的認知資源。

一旦做了微排程，接下來的問題是，確認哪些動作更能夠幫助你突破。至少有一類動作，確實有突破效果。數年前，兩位建築師研究一組記錄美國公司位置的數據[7]，包含每一區（稱為普查區）的許多訊息，以及每個普查區內企業的創新程度。有一個結果引起研究團隊關注：有些普查區非常適合步行，當地企業申請的專利比較多，特別有創新精神，大勝必須開車或搭乘大眾運輸的區域。這個結果並不是定論，卻表明散步（或者移動）可能會激發創意，幫助人突破。

其他研究也有類似的發現。一位地理學家指出，新創企業通常位於適合步行的普查區，老企業往往聚集在不利步行的區域。他認為：「科學／科技新創企業的步行分數，明顯高於其他公司群體，比成熟的科技公司高出二十個百分點。」依照他的說法，新創企業更需要發揮創意突破，但成熟的企業早已脫離那個階段了。

這些研究仍未有定論，因為方便步行和創新的關係，說不定還有其他因素的影響，例如創新企業可能更願意互動，互相交流意見，單純的步行並非激發創造力的關鍵因素。為了驗證這些觀點，其他研究團隊召集一小群學生，請一組學生坐著看書，另一組在跑步機散步，然後接受記憶力測試；測驗的當下，受試者戴著感測器，監測腦部活動。那些在跑步機散步四十分鐘的學生，比起靜靜坐著的學生，多回憶起三五%的訊息，而且更專心做測驗，有關記憶力和注意力的腦區也更加活躍。

現在無數的研究都證實，身體是解放心智的可靠路徑。你活動一段時間，決策更加快狠準，更容易想出創意方案，解決卡住你的問題，如果你待在創意解決團隊中，合作也會更順暢。

散步有助於突破，有很多原因。散步和活動，帶來了改變和變化，所以有好處。如果你一天久坐幾小時，散步可以打破慣性，這在象徵意義和實際上，似乎都可以打破受困的模式。作家希拉蕊・曼特爾（Hilary Mantel）特別偏愛散步，她建議大家面對寫作困境時，最好直接離開書桌。她說：「去散步，做運動，做什麼都好，就是別困在那裡，對著問題生悶氣。」

如果你正在嘗試突破，流暢的動作就格外重要了！研究證實，自由流動的舞蹈、有節奏的步行，甚至是看著平滑的形狀（而非鋸齒狀），都可以激發創造力和洞察力。然而，其他研究指出，**活動不是對所有思考都有益，而是只對頑固的問題有幫助，例如需要創新、新奇和創意的問題**，但如果是需要專注的問題，就沒有太大助益了，比方解數學謎題，你並不會解得更正確，卻有可能想出磚塊、迴紋針或油漆的其他創意用途。創意工作注重發散思維，你必須盡量廣泛地思考，而非針對某個主題，進行精確的收斂思考。發散思維是突破的關鍵，因為收斂思維（更專心做手邊的工作）可能是你一開始卡住的原因，這時候進行發散思考，可以帶領你超越本能和直覺，發現隱藏的想法和方法。

排空你思想的包袱

當你卡住時，有策略地降低標準[8]，也是另一種向前邁進的好方法。這就是歌手兼吉他手傑夫·特維迪（Jeff Tweedy）的立場[9]，他是圖珀洛叔叔（Uncle Tupelo）和威爾可樂團（Wilco）的團員，曾經寫過一本書，為心灰意冷的創意人士指引明燈。

特維迪談到他長期以來，一直跟成癮和心理健康問題搏鬥，大家總以為他的音樂是苦難的產物。這是其中一種流行的創意模式，主張所有卓越的藝術、音樂和寫作，大多是苦難烏雲中的一線希望。特維迪倒不這麼想，有一次他接受《紐約時報》以斯拉·克萊因（Ezra Klein）採訪，他說苦難並非創意的燃料，藝術才是脫離苦難的良藥。大家都誤解了藝術和苦難的關係：苦難並不會創造卓越的藝術，只是遭受苦難的人，傾向透過創意活動，來緩解自我痛苦。特維迪說：「把創意歸因於苦難，這是可怕的藉口，也是一般人的迷思……如果光憑苦難就可以發揮創意，應該會有更多偉大的藝術。」

對特維迪來說，苦難並非創作的關鍵。面臨創作困境時，他是靠「無我」來克服阻礙，拋棄一切的自我意識，忽視自我在創造過程的位置，任由心中的思緒自由流淌。這就是放下過濾器，不隨便批評新點子「不夠好」。特維迪告訴克萊因，他批評自己的時候，成功的機會最低：「如果我對自己的產出抱持太高的標準，非要有什麼收穫不可，非要寫出一首曲子不可，這樣的目標就錯了！」

特維迪的方法就是持續行動，不自我批判，不自我反思。一大早，他還沒離開床邊，還沒開始滑手機看新聞、打開電子信箱之前，先撥個十分鐘到十五分鐘寫散文或創作音樂。

我就跟其他詩人、作家或作曲家一樣，每天確實很需要一段自由書寫的時間，定期自我宣洩。如果你對這個方法感興趣，先從這件事做起吧！練習**排除自我**。對我來說，這就是鍛鍊寫作能力，不帶批判，沒有預設方向，不刻意引導腦袋去追求自我感覺良好、聰明或優美的東西。這樣的行動，沒有情緒和思想的包袱，幫助特維迪創作數十年，寫出無數的曲子、書本和好點子。他有這些成就，絕非因為他有心理健康和成癮問題，而是創作這件事，幫助他克服了這些難關。

特維迪何止是不帶批判，他還更進一步！他建議大家卡住時，不僅要放過自己，還要每天主動「排空」思想包袱。克萊因坦言，他不太會畫畫或寫詩，令他難以忍受。特維迪卻反其道而行，拚命創作差勁的作品。他解釋：「我會寫自己不喜歡的歌曲，來避免創作困境，比方我想寫一首歌，即使我覺得自己不會喜歡，我還是會去寫，如此一來，我就可以自由創作下一首歌。」

「排空」是突破的魔法，一石二鳥，一次完成大家卡住時，很難做到的兩件事：一是單純的行動，放下情緒和思考的包袱；二是對於行動的結果，不抱任何期待。

寫出最爛的詩或歌曲，或者表現不佳，當然不是你期望的結果，卻可以促使你跳脫慣性，積極行動。你不再困住，因為你在動了！一旦開始移動（排空你腦中最爛的點子），你會為真正的進步做好準備，這受到科學的支持。可笑的爛點子，讓你知道什麼行不通，你就有機會想出好點子來。部分實驗發現，當你對於某一個話題，抱持著堅定的立場，不妨考慮最強大的反對觀點，或者最薄弱的支持論據，來強化自己的知識立場。你會認清什麼行得通，什麼行不通，你還會先逼自己想出沒用的東西，然後再拚命求成，加速學習的過程。這就是利用反面的意見，先打好預防針：先耗盡爛點子，再全力追求成功，以免失敗或「表現不佳」。

行動要重量不重質，還有一個原因：先有數量，才會有品質[10]。如果大家條件一致，有更多創意想法的人，點子特別好。行動也是如此！行動越多次，越可能命中令你突破的行動，你行動的平均品質，就可能提升。數量和品質可能有關聯，因為兩者在很大的程度上，都迫使你放下過濾和約束，否則恐怕會壓抑新點子，只產生平凡的點子，妨礙你解放創意或新奇觀點。

特維迪的創作方法，正是在放下過濾和約束：關閉你腦中批判的聲音，這樣你創作的時候，就不會在意創作的品質。對特維迪來說，爛點子是必要的，這是好點子之母。這裡有一個簡單的法則：如果降低標準之後，行動和思考會變得更流暢穩定，你就應該容許自己，做出「拙劣」、「錯誤」、「差勁」的思考和行為。如果錯誤是正確的前兆，犯錯有什麼不對？

「先犯錯，再正確」，這就是學習的證明！廣義來說，學習新事物有兩個方法。一是累積知識，二是做中學[11]。學校大多遵循第一個方法，但是在現實世界中，做中學才是有效的突破方法。世界上有許多實踐學習者，漢密爾頓・納基（Hamilton Naki）無疑是最成功的一號人物。

納基出生於一九二六年，出生地是南非開普省的小村莊，礙於種族隔離政策和機會有限，他難以接受正式教育，他只上學六年，十四歲就結束學業，只好搬到離家七百英里外的開普敦，做園丁維生。南非實施種族隔離政策，納基不得從事許多菁英職業，這一直妨礙他學習，更別說從事法律或醫學工作了，但納基從小就對醫學感興趣，卻只能從遠處觀察，他最接近醫學生涯的日子，正是在開普敦大學當園丁的時候。

納基快三十歲了，有一天，一位外科醫師來找園丁領班，想找人協助實驗室的日常事務。當天納基剛好有上班，隨後他就開始在大學的實驗室工作，負責動物的餵食、清潔和麻醉。

納基不僅要當園丁，還要去實驗室工作，但醫學實驗室激發他的想像力。久而久之，他花在實驗室的時間越來越長，嘗試越來越複雜的技術，這些都是優秀學生，甚至醫學系畢業生的專利，納基卻熟能生巧。納基出奇靈巧，他的技術如火純青，就連知名外科醫師也找他擔任麻醉助手，後來他成為實驗室主要的外科助理。

一九六五年左右，納基開始跟心臟外科醫師可里斯蒂安．巴納德（Christiaan Barnard）合作。巴納德是知名的外科醫師，擅長器官移植，也是開普敦大學實驗外科系的系主任。一九六七年，巴納德進行全球第一個人體對人體的心臟移植手術，患者罹患了不可治癒的心臟疾病（二○○五年納基離世時，一些報導和訃聞瘋傳他是巴納德的手術助理，但他並未參與）。巴納德的意見舉足輕重，他經常稱讚納基：「納基的技術比我好，他的手藝勝過我，尤其是手術縫合，開刀手法精湛。」有一次巴納德受訪時，又稱讚納基「是心臟移植領域中，有史以來最偉大的研究者之一……如果他有機會念書，應該會成為優秀的外科醫師」。

雖然納基從未動過人體手術，但他開創了一些手術技巧，教導無數的醫學院學生，最後他離開巴納德的實驗室，專攻肝臟移植。納基指導過戴爾．可汗（Del Khan），這個人後來在開普敦大學附設醫院，擔任器官移植部門主任。可汗受訪提到：「美國進行豬隻肝臟移植，需要兩、三位合格外科醫師共同操刀，但納基可以獨力完成。」該醫院肝臟研究部門負責人拉夫．克許（Ralph Kirsch）說：「納基是難得一見的奇才，沒受過什麼教育，卻擁有最高超的手術技巧，傳授給年輕的醫師們。」納基的職業生涯，證明積極行動比被動學習更重要，實作勝過單純地吸收知識。在那個年代，膚色是最大的阻礙，但納基善用機會和經驗，幫助自己突破。

納基的故事，既關乎個人，也關乎社會。他不僅克服個人的阻礙，還挑戰種族隔離政策的強大力量，他是第一個接近醫學研究巔峰的南非黑人。光憑著思想和情感，並無法撼動制度障礙，但納基的故事有一個魅力，令記者和醫學期刊難以抗拒，那就是他的崛起太不可思議了，他憑著具體的行動，從開普敦大學的園丁，一路前進演講廳和實驗室。

有了先驅，才能激發其他人行動

納基證明了，有時候唯獨行動，可以說服人們阻礙是可以克服的。行動解除了個人和群體的困境。跑者羅傑·班尼斯特（Roger Bannister）以及艾德蒙·希拉里（Edmund Hillary）兩大先驅正是如此，大約在一九五五年，改變了世界對於跑步和登山的看法。一九五四年五月，班尼斯特以三分五十九秒的成績跑完一英里，首次打破四分的歷史紀錄。一九五〇年以來，一英里跑步紀錄已經被打破數次，但是要突破四字頭，始終令人難以想像。一九四四至一九五四年，紀錄沒有太大改變，一直停留在四分一秒左右，可是班尼斯特透過行動表明，四分根本沒什麼神奇之處，大家就開始越跑越快了！他跑出三分五十九秒之後，只過了一個月，澳洲人約翰·藍迪（John Landy）跑出三分五十八秒。到了一九六四年，也就是班尼斯特破紀錄後十年，紀錄刷新了五次，來到了三分五十四秒。

一九五三年，希拉里跟雪巴人丹增·諾蓋（Tenzing Norgay），成功攀登珠穆朗瑪峰（Mount

Everest），這兩人登上山頂，等於為其他人打破障礙，不久一些登山者躍躍欲試，後來大家紛紛嘗試這個壯舉，至今有超過五千人登上頂峰。一次成功的行動，尤其是超越明顯極限的大膽行動，會激勵其他有嘗試意願，卻不想當先驅的人。唯有特別罕見的人，才會像納基、班尼斯特、希拉里、諾蓋那樣，在一九五〇至一九六〇年代，挑戰那些可怕的限制，一旦這些障礙被打破了，其他人就會紛紛嘗試。當第一個人很難，可是當第二個和第三個人，就沒有那麼可怕了，因為這件事顯然是可行的，嘗試的賭注就沒有那高了，一來不會像第一個人受到太多關注，二來可以看著別人成功的故事，提升自我的信心。

行動是最佳的突破方法，可以帶來激勵效果。當你行動了，你就不怠惰了，特維迪觀察到，就算寫了一首爛詩或嘗試失敗，仍會慢慢進步。排空腦中的爛點子，以及不熟練的行動，你可以學到什麼才有生產力，從停滯到突破的過程中，練習不批判。為什麼要行動呢？還有一個原因最有說服力：**行動是學習的不二法門，而學習是最佳的突破方法**。你學習之後，會懂得辨別有效和無效，讓自己成為更棒的思想家、伴侶、家長、朋友、創業家、藝術家、作家、音樂家。

結語

一百種突破的方法

我做過數百場學術講座，早年我學到一個規則：「講完令人難忘的部分，盡快說結論。」既然都總結了，聽眾不想再看一堆簡報，一邊盯著時鐘，一邊想著你還要占用多少時間，拖延他吃午餐的時光。我秉持這個精神，不留下傳統的收場。這比較像是一份備忘錄，總結本書探討過的一百種突破技巧和原則。我願你卡關的機會很少，但是當你卡關時，很快就會突破。

前言

1. 突破的第一步，就是接受阻礙無所不在。
2. 當你看見別人成功，記住你只是看到「事後」，「事前」可能有無數你看不到的阻礙。
3. 你會因為內在和外在的原因卡關，學會區分兩者，把精力都放在你可以掌控的原因上。

4. 當你追求長期目標，中途必定會遇到低谷。這是常有的情況，稱為「目標漸進效應」（goal gradient），初期和後期前進速度會加快，但是中期可能會卡住。
5. 為了避免中途低谷，最好縮短中途的時間，把大目標分解成子目標，或更小的目標，直接消除或縮小中途，稱為縮小範圍（narrow bracketing）。
6. 廣義來說，走入高原期是難免的，大多發生在中期，但有些會在早期或後期出現，因此突破困境時，並沒有一體適用的方案。
7. 為了避免停滯期，最好調整你的方法，適時採用不同的新方法和策略。
8. 大多數決策要把眼光拉長，就可以避免停滯期。人偶爾會考慮短期的利益，但只要不短視近利，就不容易陷入困境，可以順利前進。
9. 自然的終點令人感到壓力，例如結束人生每一個十年（二十九歲、三十九歲等），往往會做一些短視近利、目光短淺的決策，因此，學會確認你的決策，有沒有受制於無關緊要的外部因素。
10. 自然的終點也會激勵人心。假如你的人生缺乏動力，這些終點是鼓勵你採取行動的跳板。
11. 每隔一兩年，你可能會經歷適度的人生變化，但每隔十年左右，你會經歷大一點的「人生地震」，沒有人可以倖免，一輩子至少會發生幾次。

12. 人生地震沒有固定的應對方式，但最好要有心理準備，因為接受和承認是突破的第一步。

13. 走過中途低谷之後，人在抵達終點前，通常還會再卡住，尤其是那些把資源分配得近乎完美的人，卻在最後一刻力竭。如果你有看過長跑選手在終點線前方倒下，就能夠明白這個概念。精力分配的能力，稱為「終點預期」（teleoanticipation），雖然人類擅長做這種事，但只要有一點點小誤差，就可能陷入困境。

14. 一些目標並沒有明顯的終點，面對這些沒有盡頭的目標，人更容易陷入困境，這時候不妨自行創造中途的停靠點，把大目標分成幾個小部分。

第二章

15. 在你放棄之前，堅持久一點，超過你自認應該堅持的時間。大多數成功所需的時間，比大家想像的還要長。

16. 大家誤以為，最棒的點子、最棒的作品，都會在早期出現。這是錯的，稱為「創意懸崖錯覺」（creative cliff Illusion）。你最棒的點子，經常是出現在後期。

17. 大家喜歡把挑戰和失敗混為一談，但挑戰（感覺你正在掙扎）其實象徵你正在超越平凡。平凡，不太可能有什麼傑作，所以克服平凡的過程，就是你邁向成功的徵兆。

18. 如果堅持下去的成本，已經超過了利益，學會放棄吧！

19. 時間是你的朋友。你在任何事花越多時間（你的年紀也越大），你累積越多的經驗，越可能克服難關。

20. 放慢節奏吧！成為第一個行動者，長期失敗的機會很大，但成為第二個、第三個或第二十個行動者，對你比較有好處。

21. 持久＝成功。在任何領域堅持久一點，成功的機會越大。

22. 成功分布不均，難以預料。不同的行業和領域，運氣的成分也不同。如果你從事的產業特別講究運氣，堅持就更重要了！

23. 大多數人卡關，是因為時機不對。好點子來得太晚，可能錯過良機；但如果來得太早，也容易陷入困境，因為市場還沒準備好。因此，要學會判斷你卡住的時間點，因為徒有好的想法，但科技、政治、文化和經濟因素尚未到位，這樣的時機也是不對的。

第三章

24. 許多頑固的陷阱，看起來一點也不像陷阱，這就是它們頑固的主因，導致我們反應太慢或忘了應變。

25. 在任何領域，要做到真正的獨創很難。更明智的做法是追求適度的差異和進步，稱為最佳獨特性（optimally distinctive）。

26. 別人理解你的程度，往往比你想像中還要低，尤其是無法面對面溝通時，你看不到對方有什麼反應。先做最壞的打算，不要高估人的理解力以及你的溝通力，大致就可以避開溝通不暢的困境。

27. 微小的溝通隔閡，往往比嚴重的溝通隔閡更可怕，例如兩個人說相同的語言，卻分屬不同的方言，更容易陷入溝通困境；反之兩個人說不同的語言，問題倒容易解決。這就稱為「偽理解陷阱」（pseudo-intelligibility trap）。

28. 我們容易忽視小問題，以致小問題變得難以收拾，甚至演變成難以忽視的大問題。因此，盡快解決小問題，或者至少先研擬解決計畫，待會再來處理。

29. 預防性維護（preventive maintenance）比事後處理更有效。針對未來的阻力點，制定一項應變計畫，以免變成阻礙。

30. 學會拿捏平衡，不要一味追求大躍進，人也要追求平穩、緩慢、持續的進步，否則只追求大躍進，容易伴隨著困境。

31. 超前部署。無論做任何決策，先問你自己，這對於一年後、五年後、十年後、二十年後的你有什麼影響。

32. 我們會陷入困境，經常是因為目光短淺（短視近利），沒有考慮到中長期。因此，做決策或抉擇時，學會在心中生動描繪未來，想像一下這對以後有什麼影響。

第四章

33. 心理陷阱往往比實體陷阱更危險。人面臨實體陷阱，應變速度比較快，反之面臨心理陷阱，應變速度比較慢，甚至不知道如何應變。
34. 提升創意和整體表現（最簡單）的第一步，就是先為自己和他人消除壓力。
35. 我們的文化崇尚英勇，但是英勇跟搶快，經常會誤入陷阱。人不妨保守一點，再謹慎一點，反而是更好的做法。
36. 當你卡在某個決策或任務，先想像一下，接下來可能出現最糟的情況。如果這有轉圜的餘地（你可以回復），或者你可以承受（你處理得了），那就繼續前進。焦慮的時候，採取「全然接納」（radical acceptance）的心態，絕大多數令你焦慮的困境，都可以自然地消除或縮小。
37. 學會判斷何時該拚命追求，何時該知足（找一個夠好的選項）。有時候你應該追求最佳的結果，但大多數時候，知足就夠好了，而且不容易陷入困境。
38. 追求卓越，不追求完美。追求完美，一定會害自己陷入困境。
39. 把大任務分割，一次只專心處理一小部分，切忌同時處理好幾個部分。

40. 人卡住時習慣胡思亂想，只要克服這個衝動，就會立刻突破。

41. 大家會誤信沒用的口號，把標準設得太高。一下子設定過高標準，而非逐步升高，當然會卡住。除非你可以證明，「夠好」還不夠好，否則在大多數情況下，你都應該降低標準。

第五章

42. 大家都渴望進步，習慣用行動的多寡來衡量自己的進度，但長期來看，多花一點時間評估，哪怕只有一分鐘、一天或一年，往往會幫助你突破。多一點準備，少一點盲目的行動。

43. 焦慮的程度因人而異，任何領域的佼佼者，都曾經感到焦慮。卡關時，容許自己焦慮，反而會幫助你突破。

44. 焦慮和緊張的時刻，我們往往把焦點放在自己身上，這時候不妨去關注外在，例如其他人和大環境，其實更有幫助，尤其是你焦慮到停滯不前的時候。

45. 忍受沉默，又稱為「神聖的暫停」。抗拒你為了終結沉默，而發出雜音（例如說話）的衝動。

46. 焦慮的時候，採取RAIN法：辨識（Recognize）什麼正在冒出來、允許（Allow）它存在、探索（Investigate）你的情緒和想法（例如現在身體的狀態）、注意（Note）每個時刻的變化。

47. 面對適度的不適，可以提升你長期的韌性，揭露你隱藏的弱點。

48. 如果沒有人可以控制時機點，那就等到準備好再行動！持續暫停，直到你準備好了，之後困住的可能性會大大降低。

第六章

49. 越是積極進取的人，越可能把自己逼得太緊，但是最成功的人，往往對犯錯的自己出奇寬容。

50. 預留失敗的空間。不僅要接納失敗，還要歡迎失敗。

51. 做任何長期規劃，都要把失敗考慮進去，預期失敗發生的機率，比你最初想像的還要高。

52. 最佳失誤率大概是五分之一或六分之一，以免你喪失動力或陷入困境。如果超過這個失誤率，短期內會卡住；但如果低於這個失誤率，長期下來也會卡住。

53. 人對勝利的反應差不多，對失敗的反應卻五花八門，有的很實用，有的簡直是自我毀滅。你不妨學習實用一點的應變方式。

54. 讓自己接受壓力測試。如果你早就預期有挑戰，先讓自己試試強度大了兩成、五成或兩倍的挑戰。

55. 壓力測試的另一面：如果挑戰太大了，先選擇低強度的版本，降低挑戰的難度，時間一久，你終究可以承受完整的強度。

56. 吝於讚美是錯的。給自己或別人應得的讚美，永遠不嫌多。

57. 如果不先解決基本需求，例如食物、住所、情緒穩定等，根本不可能去應付更高層次的困境。

第七章

58. 主動從挑戰和經驗中，尋找固定的模式。當你找到模式，原本看似新奇的事物，就會變得容易理解和簡單，阻礙也就沒有那麼可怕了。

59. 經常做阻力稽核。尋找阻力點，消滅它，再來評估你是否成功消滅了。一再重複這些步驟。

60. 尋找規則和算法，這會成為你大多數時候的指引。勇於站在巨人的肩膀上，一有機會，就搭順風車吧！

61. 最偉大的突破技巧，不是找出重要的事項，而是找出不重要的事項。無論面對什麼問題，先拆解到最基本的元素，比較容易克服。

62. 解決問題時，我們經常把情況搞得更複雜，但最好的解決辦法是簡化，先試圖簡化，再來提升複雜度。

63. 規則和算法是有價值的——但是選擇權在你身上。別貿然採用某個規則，先問你自己有沒有必要，順便考慮其他替代方案，除非這看起來是一個最好的方法，否則不盲目採行。

64. 偶爾對自己施加人為限制，等到有一天限制解除，你的表現就會提升。你本來一直用相同的方式解決問題，可是多了人為限制，你不得不嘗試略有不同的新方法。

第八章

65. 不要只追求大躍進。前進一小步就好了，壓力才不會那麼大。除非這會妨礙你後來邁開步伐，否則先跨出一小步就夠了。

66. 沒有什麼是真正的原創，不要追求激進的原創，這只會害你原地踏步。

67. 找兩個以上既有的點子，設法重新組合，我們所謂的新穎和創新，大多是這樣打造出來的。

68. 平常心看待你的點子，不放棄任何轉向和調整的機會。

69. 盡量當個初學者。讓自己成為專家，會窄化你的視野。一旦成為專家，幾乎不太可能回歸初學者的拓展思維了。不要急於追求專精和深度（但是有一天，你終究會變成那樣，因為那就是你與眾不同的地方）。

第九章

70. 多徵求別人的意見，甚至超過你自以為需要的數量。你處理任何任務、經驗或問題的前、中、後，都要記得問別人意見。

71. 尤其是聽取新手或外行人的意見，但這些人必須是其他領域的聰明人。

72. 追求不重複性。從四面八方找來一群人，共同批評、評論、驗證每一個想法或前進的道路。雖然朋友會情義相挺，但通常跟你自己或你身邊的人太相似了，對腦力激盪沒什麼幫助。

73. 優秀的異類加入團隊，通常比團隊內部的專家更管用，尤其是內部優秀的專家早已失敗一兩次了。

74. 就連無能或幾乎無能的外行人，也可以為團體注入多樣性，創造價值。

75. 多樣性和不重複的價值，在越複雜的任務，越能夠凸顯出來。反之，簡單的任務適合讓思考行事風格相似的團隊來做，但複雜任務特別需要多元。

76. 複雜一點的問題，需要集思廣益，詢問素未謀面的人，甚至是上千人的建議和意見。

77. 學會當自己的心理治療師，想像聰明的異類會如何質疑你的決策。反覆追問自己複雜的問題，每次都從不同的角度回答，這就是利用所謂的內在群眾智慧（inner crowd）。

78. 內在群眾發揮效用的四步驟：一，假設你本來的估計是錯誤的；二，反省有哪些可能的原因，哪一個前提和考慮是錯的呢？三，重新考慮之後有什麼體會？本來的估計太高還是太低？四，根據這個新觀點，進行第二次估計。

第十章

79. 做實驗吧！知識不斷演進，如果認為目前的做法是最好的，錯誤的機會就相當高。所有想法都要與時俱進，絕大部分的更新，都是來自聰明的實驗。
80. 卡住時，迅速完成OODA循環：觀察（Observe）、定位（Orient）、決策（Decide）、行動（Act）。
81. 如果想解開別人的心結，實驗也是有效的，這是最有說服力的證據，可證明新方法或新點子，優於舊方法或舊點子。
82. 學會像孩子一樣充滿好奇心。人長大以後，好奇心逐漸遞減，雖然可以提高專注力，卻不利於突破困境。
83. 盡可能蒐集一切資料。關於你自己、你的行動和你的想法。

第十一章

84. 先讓自己探索，四處漫遊，但淺嘗輒止。

85. 接下來是開發，一旦確定有潛力的領域，開始深入探究，建立專業。

86. 如果你不確定自己是在探索還是開發，那就問你自己！如果你面對請求和新機會來者不拒，你就是探索模式；但如果你以拒絕居多，你可能是處於開發模式，也可能是對事物不感興趣。

87. 帕雷托原則指出，收穫分布不均。只有一些決策和行動可以帶來豐厚的收穫，但絕大多數都沒有任何收益。只要你能夠確定哪些是有利可圖，投入你的時間，就會有巨大收益，但如果你無法確定，也不要擔心自己付出了大把時間和心力，只取得小小的進展，因為這個世界上就是分布不均，必然有這種趨勢，為了爭取難得的飛速進展，勢必要付出一些代價。

88. 偶然性包括運氣和能力，所以你可以先做好準備。有些人看似比其他人更幸運，但其中大多數的運氣，都是靠能力爭取。

89. 允許自己神遊。很多優秀的點子，都是在看似閒散，思緒神遊時冒出來的。

90. 如何運用「差一點就成功」的經驗，攸關你的表現，甚至有卓越和平庸之別。因此，如果你差一點就成功了，一定要看出來，妥善運用。

第十二章

91. 當你卡住了，採取行動吧！做一些令你自在的行動，最好是你擅長做的事。

92. 行動是培養好習慣，避免長期阻礙的不二法門。

93. 當你陷入困境，用名詞（而非動詞）來描述自己，可以激勵你向前走。例如「我是跑者」這句話，讓你在懶洋洋的日子，有動力去跑步。反之，「我有在跑步」這句話，就沒有這個效果。「我是跑者」說出你這個人的本質，「我有在跑步」只是描述你做的事情。

94. 就算事情嚴重到令你束手無策，你還是可以做一些小事。小事會帶著你走出困境，即使一開始的進展很小，但跨出來本身，就是取得重大進展的第一步。

95. 陷入困境時，僵化（反覆做同一件事，或者恪守嚴格的規範）反而可以解放你。在某些事情僵化，就能夠在其他事情靈活。有選擇地接受僵化吧！

96. 活動筋骨，是解放思維的好方法，如果你長時間坐者（久坐不動），起來活動就更重要了，尤其是做一些流暢的動作。

97. 如果你在追求高品質的作品，卻一直沒有進展，不妨先把爛點子全部倒出來。做一些跟目標相違的事情，「排空」爛點子，解放好點子。

98. 當你追求創意或新穎，質和量會互相重疊。你的想法越多，品質就越高（無論是優異的點子或平庸的點子）。一開始不要太仔細過問，先允許點子自然湧現，稍後再來質疑。

99. 學習和受教育很重要，但實踐你學到的東西也很重要。（這個法則是跟醫學院借來的，醫學院學生為了掌握新的做法，就是看一次、做一次、教一次。盡快消化資訊，轉而付諸行動，學習的速度就越快）。

100. 人為的障礙也是一種困境，比方一英里跑四分鐘。這些障礙大致都是幻覺（一旦有人打破紀錄，馬上會有很多人破紀錄）。千萬不要讓人為的障礙拖累你。

致謝

寫作這件事，是困境與突破的平衡。我很幸運，這本書大致是突破，而非阻礙，這要歸功於我的家人、朋友、同事和無數的作者。

非常感謝Simon & Schuster和InkWell Management的團隊，特別是Simon & Schuster的伊曼·多藍（Eamon Dolan），他為人慷慨，深思熟慮，在我陷入困境時，指引我正確的方向，鼓勵我實現最初模糊的構想。同樣是在Simon & Schuster，我感謝強納森·卡普（Jonathan Karp）、奇波拉·貝奇（Tzipora Baitch）、蕾貝卡·羅森堡（Rebecca Rozenberg）、艾莉莎·迪皮羅（Alyssa diPierro）、莎拉·基臣（Sara Kitchen）、傑奇·蕭（Jackie Seow）、艾琳·凱爾迪（Irene Kheradi）、雅曼達·穆荷蘭（Amanda Mulholland）和麥克斯·史密斯（Max Smith）。

至於在InkWell，感謝我的經紀人李察·派恩（Richard Pine），他睿智慷慨，不僅是我的朋友，還是我的啦啦隊和依地語老師，總會給我出色的建議，以及無庸置疑的好品味。我還要感謝InkWell的雅莉克西斯・赫里（Alexis Hurley）、伊莉莎・洛斯史丹（Eliza Rothstein）、蘿拉・希爾（Laura Hill）、漢娜・萊姆庫爾（Hannah Lehmkuhl）、提森・波普（Tizom Pope）和傑西・索斯泰（Jessie Thorsted）。

我剛寫完這本書的初稿，許多人幫忙閱讀，分享自己的意見，並耐心回答我的問題，特別感謝妮可・艾里（Nicole Airey）、丁恩・奧特（Dean Alter）、珍妮・奧特（Jenny Alter）、伊恩・奧特（Ian Alter）、莎拉・奧特（Sara Alter）、大衛・伯科夫、安德烈・博內茲、班恩・康特（Ben Caunt）、沙伊・大衛達、麥克斯・多伊奇、大衛・愛普斯坦（David Epstein）、布魯斯・費勒、約翰・芬格（John Finger）、史考特・蓋洛威（Scott Galloway）、麥爾坎・葛拉威爾（Malcolm Gladwell）、哈爾・赫希菲爾德、布萊恩・盧卡斯、史蒂夫・麥格尼斯（Steve Magness）、湯姆・梅維斯（Tom Meyvis）、卡爾・紐波特（Cal Newport）、麥克・歐樂斯克（Mike Olesker）、蘇琪・歐樂斯克（Suzy Olesker）、愛紗・夏馬（Eesha Sharma）和查爾斯・姚（Charles Yao）。我還要感謝紐約大學的許多朋友和同事，特別是商學院行銷系人員，他們是這本書許多觀點的靈感來源。

最後，感謝支持我每一次突破的人：我的妻子莎拉、我的兒子山姆（Sam）和女兒伊琪（Izzy）、我的父母伊恩和珍妮，以及蘇琪（Suzy）和麥克（Mike），和我的兄弟丁恩。

註釋

前言

1 關於布麗·拉森的童年和演藝事業，參見A. Radloff, "Meet Brie Larson, the Rising Star You Need to Know About in 2014," *Glamour*, January 14, 2014, https://www.glamour.com/story/the-rising-star-you-need-to-kn; L. Sandell, "Brie Larson's 20-Year Climb to Overnight Stardom: 'I'm Totally out of My Comfort Zone,' " *Hollywood Reporter*, January 20, 2016, https://www.hollywoodreporter.com/features/brie-larsons-20-year-climb-857011; T. Lewis, "Brie Larson Interview: 'I Just Wanted to Do Weird Stuff,' " *Guardian,* October 19, 2013, https://www.theguardian.com/film/2013/oct/20/brie-larson-short-term-12-interview.

2 B. Larson, "AuditionStorytime! (pt. 1)," YouTube, August 13, 2020, https://www.youtube.com/watch?v=zE3t0g jm2tw.

3 B. Larson, "Audition Storytime! (pt. 2)," YouTube, September 3, 2020, https://www.youtube.com/watch?v=t9CcjI0SOcU

4 S. Davidai and T. Gilovich, "The Headwinds/Tailwinds Asymmetry: An Availability Bias in As-sessments of Barriers and Blessings," *Journal of Personality and Social Psychology 111* (2016): 835–51; K. Hansson et al., "Losing Sense of Fairness: How Information about a Level Playing Field Reduces Selfish Behavior," *Journal of Economic Behavior & Organization 190* (2021): 66–75; C. Sanchez and T. Gilovich, "The Perceived Impact of Tax and Regulatory Changes," *Journal of Applied Social Psychology 50* (2020): 104–14.

5 C. McCann, "Scaling Airbnb with Brian Chesky," Medium, November 20, 2015, https://medium.com/cs183c-blitzscaling-class-collection/scaling-airbnb-with-brian-chesky-class-18-notes-of-stanford-university-s-cs183c-3fcf75778358.

6 B. Chesky, "Seven Rejections," Medium, July 12, 2015, https://medium.com/@bchesky/7-rejections-7d894cbaa084

7 Tweet thread begins at @DanRose999, Twitter, September 12, 2020, https://twitter.com/DanRose999/status/1304896586086928384?s=20&t=jnuKEFcoCdIZ4s2QnX9-Iw.

8 "Keynote:FiresidewithJeffWilke,"AmazonSellerUniversity, YouTube, September 30, 2020, https://www.youtube.com/watch?v=bLM Wu90O45U.

9 亞馬遜早期的負面報導，參見M. Novak, "Here's What People Thought of Amazon When It First Launched in the 1990s," Gizmodo, July 3, 2019, https://paleofuture.gizmodo.com/heres-what-people-thought-of-amazon-when-it-first-launc-1836008229.

10 參見A. Tate, "Celebs Who Went from Failures to Success Stories," CBS News, July 12, 2019, https://www.cbsnews.com/pictures/celebs-who-went-from-failures-to-success-stories/2/; "33 Famous People

Who Failed Before They Succeeded," *Business Insider India*, October 27, 2016, https://www.businessinsider.in/careers/33-famous-people-who-failed-before-they-succeeded/slidelist/55102204.cms

11 A. Henry, "Chuck Close's Advice on Inspiration and Getting Things Done," Lifehacker, August 2, 2016, https://lifehacker.com/chuck-closes-advice-on-inspiration-and-getting-things-d-1784527805.

12 S. Marche, "Harper Lee's Last Year Was the Most Interesting of Her Career," *Esquire*, February 19, 2016, https://www.esquire.com/entertainment/books/news/a42282/harper-lee-death-marche/

13 J. Hibberd, "George RR Martin Gets Candid about New Book," *Entertainment Weekly,* November 19, 2018, https://ew.com/author-interviews/2018/11/19/george-rr-martin-interview/; J. Pantozzi, "George RR Martin Is Just Like All of Us," Mary Sue, July 25, 2013, https://www.themarysue.com/grrm-writing-troubles/

14 J. Acocella, "Blocked: Why Do Writers Stop Writing?," *New Yorker,* June 14, 2004, https://www.newyorker.com/magazine/2004/06/14/blocked; M. Castillo, "Writer's Block," *American Journal of Neuroradiology 35* (2014): 1043–44; R. Winston, "How Great Artists Have Fought Creative Block," *BBC News*, July 27, 2010, https://www.bbc.com/news/magazine-10766308; M. Kantor, *Understanding Writer's Block: A Therapist's Guide to Diagnosis and Treatment* (Westport, CT: Praeger, 1995); R. Sharp, "How Pollock, Picasso, and Seven Other Iconic Artists Overcame Creative Block," Artsy, June 30, 2015, https://www.artsy.net/article/artsy-editorial-how-pollock-picasso-and-6-other-iconic-artists.

15 H. Furness, "The Nation's Favorite Paintings Revealed," *Telegraph*, February 22, 2015, https://www.telegraph.co.uk/news/newstopics/howaboutthat/11427972/The-nations-favourite-paintings-revealed.

html.

16 D. A. Prentice and D. T. Miller, "Pluralistic Ignorance and Alcohol Use on Campus: Some Consequences of Misperceiving the Social Norm," *Journal of Personality and Social Psychology 64* (1993): 243–56.

第一章

1 赫爾的研究參見C. L. Hull, "The Goal-Gradient Hypothesis Applied to Some 'Field-Force' Problems in the Behavior of Young Children," *Psychological Review 45* (1938): 271–99; C. L. Hull, "The Conflicting Psychologies of Learning: A Way Out," *Psychological Review 42* (1935): 491–516; C. L. Hull, "The Concept of the Habit-Family Hierarchy and Maze Learning: Part II," *Psychological Review 41* (1934): 134–52. 赫爾的早期生涯與發展參見 C. L. Hull, "Clark L. Hull: A History of Psychology in Autobiography," *Psychological Review 57* (1950): 173–80; C. I. Hovland, "Clark Leonard Hull, 1884–1952," *Psychological Review 59* (1952): 347–50.

2 R. Kivetz, O. Urminsky, and Y. Zheng, "The Goal-Gradient Hypothesis Resurrected: Purchase Acceleration, Illusionary Goal Progress, and Customer Retention," *Journal of Marketing Research 43*, no. 1 (2006): 39–58.

3 A. Bonezzi, C. M. Brendl, and M. De Angelis, "Stuck in the Middle: The Psychophysics of Goal Pursuit," *Psychological Science 22* (2011): 607–12.

4 例如C. E. Cryder, G. Loewenstein, and S. Seltman, "Goal Gradient in Helping Behavior," *Journal of Experimental Social Psychology 49* (2013): 1078–83; J. D. Jensen, A. J. King, and N. Carcioppolo, "Driving toward a

Goal and the Goal-Gradient Hypothesis: The Impact of Goal Proximity on Compliance Rate, Donation Size, and Fatigue," *Journal of Applied Social Psychology 43* (2013): 1881–95; M. R. vanDellen, J. Rajbhandari-Thapa, and J. Sevilla, "Does Serving Vegetables in Partitioned Portions Promote Vegetable Consumption?," *Food Quality and Preference 78* (2019): 103750; A. Emanuel, "Perceived Impact as the Underpinning Mechanism of the End-Spurt and U-shape Pacing Patterns," *Frontiers in Psychology 10* (2019): 1082; Z. Meng, Y. Yang, and C. K. Hsee, "The Mere Urgency Effect," *Journal of Consumer Research 45* (2018): 673–90; M. Lukas, "The Goal Gradient Effect and Repayments in Consumer Credit," *Economics Letters 171* (2018): 208–10; A. Anderson and E. A. Green, "Personal Bests as Reference Points," *Proceedings of the National Academy of Sciences of the U.S.A. 115* (2018): 1772–75; M. Toure-Tillery and A. Fishbach, "Too Far to Help: The Effect of Perceived Distance on the Expected Impact and Likelihood of Charitable Action," *Journal of Personality and Social Psychology 112* (2017): 860–76; C. Teng, "Strengthening Loyalty of Online Gamers: Goal Gradient Perspective," *International Journal of Electronic Commerce 21* (2017): 132–51; V. Kuppuswamy and B. L. Bayus, "Does My Contribution to Your Crowdfunding Project Matter?," *Journal of Business Venturing 32* (2017): 72– 89; T. H. Song, S. Y. Kim, and W. L. Ko, "Developing an Effective Loyalty Program Using Goal-Gradient Behavior in Tourism Industry," *Journal of Tourism Marketing 34* (2017): 70–81; B. Van den Berg et al., "Altering Speeding of Locomotion," *Journal of Consumer Research 43* (2016): 407–28; E. Shalev and V. G. Morwitz, "Does Time Fly When You're Counting Down? The Effect of Counting Direction on Subjective Time Judgment," *Journal of Consumer Psychology 23* (2013): 220– 27; M. Toure-Tillery and A. Fishbach, "The End Justifies the Means, but Only in the Middle," *Journal of*

Experimental Psychology: General 141 (2012): 570–83; D. Gal and B. McShane, "Can Small Victories Help Win the War? Evidence from Consumer Debt Management," *Journal of Marketing Research 49* (2012): 487–501; H. Mishra, A. Mishra, and B. Shiv, "In Praise of Vagueness: Malleability of Vague Information as a Performance Booster," *Psychological Science 6* (2011): 733–38; M. Amar et al., "Winning the Battle but Losing the War: The Psychology of Debt Management," *Journal of Marketing Research 48* (2011): S38–S50.

5 D. Read, G. Loewenstein, and M. Rabin, "Choice Bracketing," *Journal of Risk and Uncertainty 19* (1999): 171–97.

6 參見H. Ebbinghaus, Memory: A Contribution to Experimental Psychology, trans. H. A. Ruger and C. E. Bussenius (New York: Teachers College Press, 1913). 相關資料參見E. C. Tolman, "Cognitive Maps in Rats and Men," *Psychological Review 55* (1948): 189–208.

7 最近的相關研究參見B. Sullivanand H. H.Thompson, *The Plateau Effect: From Stuck to Success* (New York: Penguin, 2013)。

8 A. Hutchinson, "The Data behind a Once-a-Week Stength Routine," *Outside*, February 2, 2021, https://www.outsideonline.com/2420657/ultra-minimalist-strength-workout-research. 亦可參見J. Steele et al., "Long-Term Time-Course of Strength Adaptation to Minimal Dose Resistance Training: Retrospective Longitudinal Growth Modelling of a Large Cohort through Training Records," *SportRxiv Preprints*, January 27, 2021, https://doi.org/10.31236/osf.io/eq485.

9 E. Jaques, "Death and the Mid-life Crisis," *International Journal of Psychoanalysis 46* (1965): 502–14.

10 A. L. Alter and H. E. Hershfield, "People Search for Meaning When They Approach a New Decade

in Chronological Age," *Proceedings of the National Academy of Sciences of the U.S.A.* 111 (2014): 17066–70.

11 B. Feiler, *Life Is in the Transitions* (New York: Penguin Press, 2020).

12 C. Self, "Chandler Self's Dallas Marathon," *Dashing Whippets* (blog), December 18, 2017, https://www.dashingwhippets.org/2017/12/18/chandler-selfs-dallas-marathon-recap/; "Stranger Carries Woman to Marathon Finish Line"（賽爾夫在終點線前跟蹌前行的影片，超過四百五十萬次觀看）, Inside Edition, YouTube, December 11, 2017, https://www.youtube.com/watch?v=-z9NqVYP0XI.

13 H.-V. Ulmer, "Concept of an Extracellular Regulation of Muscular Metabolic Rate during Heavy Exercise in Humans by Psychophysiological Feedback," *Experientia 52* (1996): 416–20; A. Hutchinson, "COVID-19 Is like Running a Marathon with No Finish Line. What Does Sports Science Say about How We Can Win It?," *Globe and Mail*, November 21, 2020, https://www.theglobeandmail.com/opinion/article-covid-19-is-like-running-a-marathon-with-no-finish-line-what-does/; G. Wingfield, F. Marino, and M. Skein, "The Influence of Knowledge of Performance Endpoint on Pacing Strategies, Perception of Effort, and Neural Activity during 30-km Cycling Time Trials," *Physiological Reports 6* (2018): e13892; M. Katzir, E. Aviv, and N. Liberman, "Cognitive Performance Is Enhanced If One Knows When the Task Will End," *Cognition 197* (2020), article 104189.

第二章

1 關於福魯霍爾曼和A-ha樂團，參見T. Gulbrandsen, "Morten Harket Threatened to Quit Due to the 'Take

On Me' Riff"（翻譯自挪威語）, *Underholdning*, September 26, 2014, https://www.tv2.no/a/6051904; D. Kreps, "The Secret History of a-ha's Smash 'Take on Me,' " *Rolling Stone*, May 14, 2010, https://www.rollingstone.com/music/music-news/the-secret-history-of-a-has-smash-take-on-me-95480/; a-ha, "Take On Me" (1984 version), YouTube, 1984, https://www.youtube.com/watch?v=liq-seNVvrM; M. Millar, "Interview: a-ha Cofounder Magne Furuhol-men on Third Solo Album, White Xmas Lies," XSNOIZE.com, October 23, 2019, https://www.xsnoize.com/interview-a-ha-co-founder-magne-furuholmen-on-third-solo-album-white-xmas-lies/; Official Community of a-ha, The Story So Far, "Chapter 3."

2 B. J. Lucas and L. F. Nordgren, "The Creative Cliff Illusion," *Proceedings of the National Academy of Sciences of the U.S.A. 117* (2020): 19830–36; B. J. Lucas and L. F. Nordgren, "People Underestimate the Value of Persistence for Creative Performance," *Journal of Personality and Social Psychology 109* (2015): 232–43. 更多關於創意隨時間演進的研究，參見R. E. Beaty and P. J. Silvia, "Why Do Ideas Get More Creative across Time? An Executive Interpretation of the Serial Order Effect in Divergent Thinking Tasks," *Psychology of Aesthetics, Creativity, and the Arts 6* (2012): 309–19. 更多關於靈光乍現的洞見，參見J. Kounios and M. Beeman, "The Aha! Moment: The Cognitive Neuroscience of Insight," *Current Directions in Psy-chological Science 18* (2009), 210–16; J. W. Schooler and J. Melcher, "The Ineffability of Insight," in *The Creative Cognition Approach,* ed. S. M. Smith, T. B. Ward, and R. A. Finke (Cambridge, MA: MIT Press,1995), 97–133; T. M. Amabile, *Creativity in Context* (Boulder, CO: Westview Press, 1996); A. Newell, J. C. Shaw, and H. A. Simon, "The Processes of Creative Thinking"（一九五八年在科羅拉多大學研討會上發表的論文）, in *Contemporary Approaches to Creative Thinking* (New York: Atherton Press, 1962).

3 數十年研究顯示，在許多讚揚早成和青春的領域，年長一點的人，其實比年輕人表現更好。參見M. Gladwell, "Late Bloomers: Why Do We Equate Genius with Precocity?," *New Yorker*, October 20, 2008, https://www.newyorker.com/magazine/2008/10/20/late-bloomers-malcolm-gladwell; J. Hamilton, "Study Makes Case for Late Bloomers," *All Things Considered*, NPR, March 29, 2006, https://www.npr.org/templates/story/story.php?storyId=5310107; K. Evers, "The Art of Blooming Late," *Harvard Business Review*, May–June 2019, https://hbr.org/2019/05/the-art-of-blooming-late; B. Jones, E. J. Reedy, and B. Weinberg, "Age and Scientific Genius," NBER Working Paper Series no. 19866, 2014, http://www.nber.org/papers/w19866; J. M. Berg, "One- Hit Wonders versus Hit Makers: Sustaining Success in Creative Industries," *Administrative Science Quarterly*, 2022; P. Azoulay et al., "Age and High-Growth Entrepreneurship," *American Economic Review: Insights 2* (2020): 65–82; H. Zhao et al., "Age and Entrepreneurial Career Success: A Review and a Meta-Analysis," *Journal of Business Venturing 36* (2021): 106007; "Science Says This Is How Many Dates You Have to Go On Before You Find 'the One,' " Her, n.d., https://www.her.ie/life/whats-your-number-study-finds-the-average-number-of-dates-and-relationships-before-we-find-the-one-90330; U. N. Sio and T. C. Ormerod, "Does Incubation Enhance Problem Solving? A Meta-Analytic Review," *Psychological Bulletin 135* (2009): 94–120; H. C. Lehman, *Age and Achievement* (Princeton, NJ: Princeton University Press, 1953); D. T. Campbell, "Blind Variation and Selective Retentions in Creative Thought as in Other Knowledge Processes," *Psychological Review 67* (1960): 380–400; D. K. Simonton, "Creative Productivity and Age: A Mathematical Model Based on a Two-Step Cognitive Process," *Development Review 4* (1984): 77–111; D. K. Simonton, "Age and Outstanding Achievement: What Do We Know after a Century of

Research?," *Psychological Bulletin 104* (1988): 251–67; A. Spitz and E. Horvát, "Measuring Long-Term Impact Based on Network Centrality: Unraveling Cinematic Citations," *PLoS ONE 9* (2014): e108857; B. Yucesoy et al., "Success in Books: A Big Data Approach to Bestsellers," *EPJ Data Science 7* (2018): 7; O. E. Williams, L. Lacasa, and V. Latora, "Quantifying and Predicting Success in Show Business," *Nature Communications 10* (2019): 1–8; R. Sinatra et al., "Quantifying the Evolution of Individual Scientific Impact," *Science 354* (2016): aaf5239.

4 M. Janosov, F. Battison, and R. Sinatra, "Success and Luck in Creative Careers," *EPJ Data Science 9* (2020): 1–12.

5 D. W. Weinberger, S. Ute, and J. Weggem, "Having a Creative Day: Understanding Entrepreneurs' Daily Idea Generation through a Recovery Lens," *Journal of Business Venturing 33* (2018): 1–19.

6 關於他詳細的生平，參見A. Smith, *Totally Wired: The Rise and Fall of Josh Harris and the Great Dotcom Swindle* (New York: Grove Press, 2012). 關於哈里斯和其公司的電影可見Pseudo: O. Timoner (director), *We Live in Public*, Interloper Films, 2009.

第三章

1 關於名字的演變，以及彼此之間的相似處，參見J. Berger et al., "From Karen to Katie: Using Baby Names to Understand Cultural Evolution," *Psychological Science 23* (2012): 1067– 73; J. Berger and G. Le Mens, "How Adoption Speed Affects the Abandonment of Cultural Tastes," *Proceedings of the National Academy of Sciences of the U.S.A. 106* (2009): 8146–50.

2 參見T. Campbell, "The Monochrome: A History of Simplicity in Painting," *Artland Magazine*, n.d., https://magazine.artland.com/the-monochrome-a-history-of-simplicity-in-painting.

3 https://www.instagram.com/insta_repeat/

4 參見S. K. Watson, "Why Everything Eventually Becomes a Crab," *Popular Science*, December 14, 2020, https://www.popsci.com/story/animals/why-everything-becomes-crab-meme-carcinization/; J. Keiler, C. S. Wirkner, and S. Richter, "One Hundred Years of Carcinization: The Evolution of the Crab-Like Habitus in Anomura (Arthropoda: Crustacea)," *Biological Journal of the Linnaean Society 121* (2017): 200–222.

5 參見S. Fussell, "Hollywood Keeps Using These Same Thirteen Movie Poster Clichés Over and Over Again," *Business Insider*, May 19, 2016, https://www.businessinsider.com/movie-poster -cliches-2016-5.

6 J. Harkins, *Bridging Two Worlds: Aboriginal English and Crosscultural Understanding* (Brisbane: University of Queensland Press, 1994); D. Eades, "Communicative Strategies in Aboriginal English," in *Language in Australia, ed. S. Romaine* (Cambridge, UK: Cambridge University Press, 1991), 84–93; A. L. Alter, "Aborigines and Courtroom Communication: Problems and Solutions," Australian Human Rights Centre Working Paper 2004/2, 2004; *Rahman v. Minister for Immigration and Multicultural Affairs*, unreported, High Court of Australia, McHugh and Callinan JJ, March 10, 2000, S136/1999. 偽理解也困擾著電子郵件和其他書面交流，我們傾向於認為微妙的情感訊號，對接收者來說比實際情況更清晰。參見J. Kruger et al., "Egocentrism over Email: Can We Communicate as Well as We Think?," *Journal of Personality and Social Psychology 89* (2005): 925–36.

7 M. Fray, *This Is How Your Marriage Ends* (New York: Harper One, 2022); M. Fray, "The Marriage Lesson I Learned Too Late," *Atlantic*, April 11, 2022, https://www.theatlantic.com/family/archive/2022/04/

marriage-problems-fight-dishes/629526/.

8 我們傾向容忍小傷（包括心理和生理），但面對重大傷害，卻會立刻採取行動。D. T. Gilbert et al., “The Peculiar Longevity of Things Not So Bad,” *Psychological Science 15* (2004): 14–19.

9 例如“The A, C, and D of Aircraft Maintenance,” Qantas.com.au, July 18, 2016, https://www.qantasnewsroom.com.au/roo-tales/the-a-c-and-d-of-aircraft-maintenance/; H. Kinnison and T. Sid- diqui, *Aviation Maintenance Management*, 2nd ed. (New York: McGraw-Hill, 2011). 有關工程預防性維護的基礎知識，參見D. Stangier and R. Smith, *Preventive Maintenance Made Simple* (Reliabilityweb.com, 2016).

10 說到千禧年風暴，關於貝默的預測，以及提早行動本身，如何避免了大災難，參見M. Stroh, “Programmer Saw Y2K Bug Coming,” *Baltimore Sun*, April 25, 1999, https://www.baltimoresun.com/news/bs-xpm-1999-04-25-9904250201-story.html; F. Uenuma, “Twenty Years Later the Y2K Bug Seems like a Joke—Because Those behind the Scenes Took It Seriously,” *Time*, December 30, 2019, https://time.com/5752129/y2k-bug-history/; N. Oren, “If You Think the Millennium Bug Was a Hoax, Here Comes a History Lesson,” *Conversation*, December 30, 2019, https://theconversation.com/if-you-think-the-millennium-bug-was-a-hoax-here-comes-a-history-lesson-129042; Z. Loeb, “The Lessons of Y2K, 20 Years Later: Y2K Became a Punchline, but Twenty Years Ago We Averted Disaster,” *Washington Post*, December 30, 2019, https://www.washingtonpost.com/outlook/2019/12/30/lessons-yk-years-later/; P. Sullivan, “Computer Pioneer Bob Bemer; 84,” *Washington Post*, June 25, 2004, https://www.washingtonpost.com/archive/local/2004/06/25/computer-pioneer-bob-bemer-84/d7a31166-b00f-48b5-b7cc-d53bf106f194/; “Bob Bemer, 84; Helped Code Computer Language,” *Los Angeles Times*, June 27, 2004, https://www.latimes.com/archives/la-xpm-2004-jun-27-me-bemer27-story.html;

D. Williamson, "Y2K: Nightmare or Inconvenience?," *Kitsap Sun* (Washington State), June 29, 1999, https://products.kitsapsun.com/archive/1999/06-29/0039_y2k__nightmare_or_inconvenience__.html.

11 "Prudential: Your Brain Is to Blame; Episode One: Your Future Self," video, https://www.dailymotion.com/video/x1121u1. 關於時間折扣，或者人們傾向於優先考慮現在的自己而不是未來的自己，參見H. E. Hershfield et al.,"Increasing Saving Behavior through Age-Progressed Renderings of the Future Self," *Journal of Marketing Research 48* (2011): S23–S27; K. Keidel et al., "Individual Differences in Intertemporal Choice," *Frontiers in Psychology 12* (2021): 643670; G. W. Harrison, M. I. Lau, and M. B. Williams, "Estimating Individual Discount Rates in Denmark: A Field Experiment," *American Economic Review 92* (2002): 1606–17.

第四章

1 J. Hill, "Green with Anger," *Guardian,* July 17, 2003, https://www.theguardian.com/film/2003/jul/17/comment.features; A. Liptak, "The Incredible Hulk Was Inspired by a Woman Saving Her Baby," *Gizmodo*, August 30, 2015, https://gizmodo.com/the-incredible-hulk-was-inspired-by-a-woman-saving-her-1727562968.

2 J. Pareles, "Miles Davis, Trum- peter, Dies; Jazz Genius, 65, Defined Cool," *New York Times*, September 29, 1991, https://www.nytimes.com/1991/09/29/nyregion/miles-davis-trumpeter-dies-jazz-genius-65-defined-cool.html.

3 "Miles Davis Angry at Herbie Hancock," Urban Sense, March 31, 2017, https://www.youtube.com/

watch?v=sUG0P7tcCto&t.

4 漢考克在這段影片中聊到這段經歷：“Herbie Hancock Highlights Early Moments Working with Miles Davis,” SiriusXM, November 4, 2014, https://www.youtube.com/watch?v=hUYS2av5zdM.

5 L. Applebaum, “Interview with John McLaughlin (Conclusion),” Let’s Cool One: Musings about Music, April 12, 2013, https://larryappelbaum.wordpress.com/2013/04/12/interview-with-john-mclaughlin-conclusion/.

6 L. A. Dugatkin, “Tendency to Inspect Predators Predicts Mortality Risk in the Guppy (Poecilia reticulata),” *Behavioral Ecology 3* (1992): 124–27.

7 A. L. Alter et al., “Rising to the Threat: Reducing Stereotype Threat by Reframing the Threat as a Challenge,” *Journal of Experimental Social Psychology 46* (2010): 166–71.

8 塔拉・布萊克（Tara Brach），《全然接受這樣的我》（*Radical Acceptance*），橡樹林，二〇一八年。

9 H. A. Simon, “Rational Choice and the Structure of the Environment,” *Psychological Review 63* (1956): 129–38. 亦可參見H. A. Simon, “A Behavioral Model of Rational Choice,” *Quarterly Journal of Economics 59* (1955): 99–118.

10 B. Schwartz et al., “Maximizing versus Satisficing: Happiness Is a Matter of Choice,” *Journal of Personality and Social Psychology 83* (2002): 1178–97; B. Schwartz and A. Ward, “Doing Better but Feeling Worse: The Paradox of Choice,” in *Positive Psychology in Practice,* ed. P. A. Linley and S. Joseph (Hoboken, NJ: John Wiley and Sons, 2004), 86–104.

11 關於完美主義，參見 C. Aschwanden, “Perfectionism Is Killing Us,” Vox, December 5, 2019, https://www.vox.com/the-highlight/2019/11/27/20975989/perfect-mental-health-perfectionism; P. L. Hewitt, G. L.

Flett, and S. F. Mikail, *Perfectionism: A Relational Approach to Conceptualization, Assessment, and Treatment* (New York: Guilford Press, 2017); K. Limburg et al., "The Relationship between Perfectionism and Psychopathology: A Meta-Analysis," *Journal of Clinical Psychology 73* (2017): 1301–26; T. Curran and A. P. Hill, "Perfectionism Is Increasing over Time: A Meta-Analysis of Birth Cohort Differences from 1989 to 2016," *Psychological Bulletin 145* (2019): 410–29.

12 參見L. Feldman- Barrett, "Buddhists in Love: Lovers Crave Intensity, Buddhists Say Craving Causes Suffering. Is It Possible to Be Deeply in Love Yet Truly Detached?," Aeon, June 4, 2018, https://aeon.co/essays/does-buddhist-detachment-allow-for-a-healthier-togetherness; 塔拉・布萊克（Tara Brach），《全然接受這樣的我》（*Radical Acceptance*），橡樹林，二〇一八年。; T. Brach, "Radical Acceptance Revisited," YouTube, 2015, https://www.youtube.com/watch?v=vFr_zQCUMD4; T. N. Hanh, How to Relax (Berkeley, CA: Parallax Press, 2015). 關於在西方精神病學和心理學的應用，參見Georg H. Eifert and John P. Forsyth, *Acceptance & Commitment Therapy for Anxiety Disorders: A Practitioner's Treatment Guide to Using Mindfulness, Acceptance, and Values-Based Behavior Change Strategies* (Oakland, CA: New Harbinger, 2005); R. Whitehead, G. Bates, and B. Elphinstone, "Growing by Letting Go: Nonattachment and Mindfulness as Qualities of Advanced Psychological Development," *Journal of Adult Development 27* (2020): 12–22. 亦可參見 A. L. Alter, "Do the Poor Have More Meaningful Lives?," *New Yorker*, January 24, 2014, https://www.newyorker.com/business/currency/do-the-poor-have-more-meaningful-lives.

13 強納森・薩法蘭・弗耳（J. Safran Foer），《吃動物》（*Eating Animals*），台灣商務，二〇一〇年。

第五章

1 E. Bretland, "Lionel Messi's Habit of Being Sick during Matches Is Down to Nerves, Claims Argentina Coach Alejandro Sabella," *Daily Mail*, June 11, 2014, https://www.dailymail.co.uk/sport/worldcup2014/article-2655113/Lionel-Messis-habit-sick-matches-nerves-claims-Argentina-coach-Alejandro-Sabella.html; S. Pisani, "Messi: Argentina Struggled with Nervousness in First Game Back," Goal, October 9, 2020, https://www.goal.com/en-kw/news/messi-argentina-struggled-with-nervousness-in-first-game/1p341lyf5uap31nijrhi1azq3d; "Diego Maradona: Lionel Messi Is No Leader, He Goes to Toilet 20 Times before a Game," ESPN, October 13, 2018, https://www.espn.com/soccer/argentina/story/3668443/diego-maradona-lionel-messi-is-no-leader-he-goes-to-toilet-20-times-before-a-game; C. Pellatt, "Lionel Messi Has Visited a Specialist Doctor to Stop Him from Vomiting on the Pitch," Complex UK, April 24, 2015, https://www.complex.com/sports/2015/04/lionel-messi-vomit; N. Elliott, "Lionel Messi Deliberately Does Nothing for the First Five Minutes of Every Game . . . and It Works," Dream Team FC, May 2, 2019, https://www.dreamteamfc.com/c/news-gossip/446751/lionel-messi-five-minutes-barcelona/; "Why Messi Doesn't Touch the Ball in the First Five Minutes," Goalside!, August 27, 2019, https://www.youtube.com/watch?v=HP3r4SUvyFY.

2 "The Andre Agassi Interview: Beat Boris Becker by Observing His Tongue," Tomorrow Beckons, April 14, 2017, https://www.youtube.com/watch?v=ja6HeLB3kwY.

3 T. Brach, "The Sacred Pause," *Psychology Today*, December 4, 2014, https://www.psychologytoday.com/us/blog/finding-true-refuge/201412/the-sacred-pause; 塔拉・布萊克（Tara Brach），《全然接受這

樣的我》（*Radical Acceptance*），橡樹林，二〇一八年。有關沉默和深思熟慮的價值，參見J. R. Curhan et al., "Silence Is Golden: Extended Silence, Deliberative Mindset, and Value Creation in Negotiation," *Journal of Applied Psychology 107* (2022): 78–94.

4 T. Wolfe, *The Right Stuff* (New York: Farrar, Straus and Giroux, 1979).

5 P. Simon, "Isn't It Rich?," *New York Times Book Review*, October 31, 2010, https://www.nytimes.com/2010/10/31/books/review/Simon-t.html. 關於暫停與停下腳步的價值，參見F. Partnoy, *Wait: The Art and Science of Delay* (New York: Public Affairs, 2012).

6 "Blazing Saddles . . . You Know, Morons," 099tuber1, July 26, 2009, https://www.youtube.com/watch?v=KHJbSvidohg.

7 賈德森．布魯爾（Judson Brewer），《渴求的心靈》，（*The Craving Mind*），心靈工坊，二〇一九年‧，A. L. Alter, "Review: On Mindfulness as an Alternative to Mindless Modern Consumption," *American Journal of Psychology 131* (2018): 510–13.

8 摘錄這個廣泛討論，但沒有正式發表的實驗。M. Luo, "Excuse Me, May I Have Your Seat?," *New York Times*, September 14, 2004, https://www.nytimes.com/2004/09/14/nyregion/excuse-me-may-i-have-your-seat.html.

9 G. Raz, "Alex Honnold: How Much Can Preparation Mitigate Risk?," TED Radio Hour, NPR, November 8, 2019, https://www.npr.org/transcripts/774089221. 也可參見 J. Chin and E. C. Vasarhelyi, directors, Free Solo, National Geographic Films, 2018.

第六章

1 C. Peterson-Withorn, "Birth of the Forbes 400: The Story behind Forbes' First Rich List," *Forbes*, September 19, 2017, https://www.forbes.com/sites/chasewithorn/2017/09/19/birth-of-the-forbes-400-the-story-behind-forbes-first-rich-list.

2 說到失敗的好處，參見S. Johnson, "The '85% Rule.' Why a Dose of Failure Optimizes Learning," Big Think, January 8, 2020, https://bigthink.com/personal-growth/learning-failure; M. Housel, "Casualties of Perfection," Collaborative Fund, June 30, 2021, https://www.collaborativefund.com/blog/inefficient/; L. Babauta, "The Number One Habit of Highly Creative People," *Zen Habits* (blog), n.d., https://zenhabits.net/creative-habit/; T. Dufu, *Drop the Ball: Achieving More by Doing Less* (New York: Flatiron Books, 2017); M. Cassotti et al., "What Have We Learned about the Processes Involved in the Iowa Gambling Task from Developmental Studies?," *Frontiers of Psychology 5* (2014): 915.

3 R. C. Wilson et al., "The Eighty-Five Percent Rule for Optimal Learning," *Nature Communications 10* (2019): 4646.

4 J. Gertner, "The Fall and Rise of Iridium," *Wall Street Journal*, June 3, 2016, https://www.wsj.com/articles/the-fall-and-rise-of-iridium-1464980784.

5 J. Gilbert, *Refusing Heaven* (New York: Alfred A. Knopf, 2005).

6 人傾向關注失落和危險，卻忽視收穫。參見A. Dijksterhuis and H. Aarts, "On Wildebeests and Humans: The Preferential Detection of Negative Stimuli," *Psychological Science 14* (2003): 14–18; G. S. Blum, "An Experimental Reunion of Psychoanalytic Theory with Perceptual Vigilance and Defense," *Journal*

of Abnormal and Social Psychology 49 (1954): 94–98; F. Pratto and O. P. John, "Automatic Vigilance: The Attention-Grabbing Power of Negative Social Information," *Journal of Personality and Social Psychology 61* (1991): 380–91; D. Wentura, K. Rothermund, and P. Bak, "Automatic Vigilance: The Attention-Grabbing Power of Approach- and Avoidance-Related Social Information," *Journal of Personality and Social Psychology 78* (2000): 1024–37.

7 Z. Melton,"This Is the Clever Mental Trick Phil Mickelson Uses to Keep His Mind Sharp," *Golf*, May 21, 2021, https://golf.com/instruction/clever-mental-trick-phil-mickelson-pga-championship/.

8 H. B. Kappes et al., "Difficult Training Improves Team Performance: An Empirical Case Study of US College Basketball," *Behavioural Public Policy 3* (2019): 1–24.

9 S. Choi et al., "How Does AI Improve Human Decision-Making? Evidence from the AI-Powered Go Program," working paper, April 2022, https://hyokang.com/assets/pdf/CKKK-AI-Go.pdf.

10 蜜雪兒・波勒（Michelle Poler），《恐懼，你好！》（*Hello, Fears*），高寶，二〇二二年。恐懼清單（以及每項恐懼的影片）參見：http://100dayswithoutfear.com/list.

11 A. L. Alter, D. M. Oppenheimer, and J. C. Zemla, "Missing the Trees for the Forest: A Construal Level Account of the Illusion of Explanatory Depth," *Journal of Personality and Social Psychology 99* (2010): 436–51; L. Rozenblit and F. Keil, "The Misunderstood Limits of Folk Science: An Illusion of Explanatory Depth," *Cognitive Science 26* (2002): 521–62.

12 K. M. Myers and M. Davis, "Mechanisms of Fear Extinction," *Molecular Psychiatry 12* (2007): 120– 50; I. Marks, "Exposure Therapy for Phobias and Obsessive-Compulsive Disorders," *Hospital Practice 14* (1979): 101–8; T. D. Parsons and A. A. Rizzo, "Affective Outcomes of Virtual Reality Exposure Therapy

for Anxiety and Specific Phobias: A Meta-Analysis," *Journal of Behavior Therapy and Experimental Psychiatry 39* (2008): 250–61.

13 P. Caldarella et al., "Effects of Teachers' Praise-to-Reprimand Ratios on Elementary Students' On-Task Behaviour," *Educational Psychology 40* (2020): 1306–22.

14 E. L. Carleton et al., "Scarred for the Rest of My Career? Career-Long Effects of Abusive Leadership on Professional Athlete Aggression and Task Performance," *Journal of Sports and Exercise Psychology 38* (2016): 409–22. 其他領域參見 M. A. Yukhymenko- Lescroart, M. E. Brown, and T. S. Paskus, "The Relationship between Ethical and Abusive Coaching Behaviors and Student-Athlete Well-Being," *Sport, Exercise, and Performance Psychology 4* (2015): 36–49; E. N. Smith, M. D. Young, and A. J. Crum, "Stress, Mindsets, and Success in Navy SEALs Special Warfare Training," *Frontiers in Psychology 10* (2020): 2962; J. P. Jamieson et al., "Optimizing Stress Responses with Reappraisal and Mindset Interventions: An Integrated Model," *Anxiety, Stress and Coping 31* (2018): 245–61; A. J. Crum et al., "The Role of Stress Mindset in Shaping Cognitive, Emotional, and Physiological Responses to Challenging and Threatening Stress," *Anxiety, Stress and Coping 30* (2017): 379–95; A. J. Crum, P. Salovey, and S. Achor, "Rethinking Stress: The Role of Mindsets in Determining the Stress Response," *Journal of Personality and Social Psychology 104* (2013): 716–33.

15 關於無條件基本收入的研究概要，參見S. Samuel, "Everywhere Basic Income Has Been Tried, in One Map," Vox, October 20, 2020, https://www.vox.com/future-perfect/2020/2/19/21112570/universal-basic-income-ubi-map; E. Hayden, "J. K. Rowling Chats with Jon Stewart about Welfare and Why America Needs 'a Monarch,' " *Hollywood Reporter*, October 16, 2012, https://www.hollywoodreporter.

com/tv/tv-news/jk-rowling-chats-jon-stewart-casual-vacancy-379302/; D. McKenzie, "Identifying and Spurring High-Growth Entrepreneurship: Experimental Evidence from a Business Plan Competition," *American Economic Review 107* (2017): 2278–307; B. Watson, "A B.C. Research Project Gave Homeless People $7,500 Each—the Results Were 'Beautifully Surprising,' " CBC, October 7, 2020, https://www.cbc.ca/news/canada/british-columbia/new-leaf-project-results-1.5752714; S. Sigal, "Finland Gave People Free Money. It Didn't Help Them Get Jobs—but Does That Matter?," Vox, February 9, 2019, https://www.vox.com/future-perfect/2019/2/9/18217566/finland-basic-income.

第七章

1 R. Dalton and N. Dalton, "How to Escape a Maze—According to Science," Conversation, January 26, 2017, https://theconversation.com/how-to-escape-a-maze-according-to-maths-71582; N. Geiling, "The Winding History of the Maze," *Smithsonian Magazine*, July 31, 2014, https://www.smithsonianmag.com/travel/winding-his tory-maze-180951998/

2 R. Eveleth, "There Are 37.2 Trillion Cells in Your Body," *Smithsonian Magazine*, October 24, 2013, https://www.smithsonianmag.com/smart-news/there-are-372-trillion-cells-in-your-body-4941473/.

3 *Discover* staff, "The Real Dr. House," *Discover*, July 19, 2007, https://www.discovermagazine.com/environment/the-real-dr-house. 關於簡單和學習如何思考，參見A. L. Alter, "Popular Science," Point, June 12, 2014, https://thepointmag.com/criticism/popular-science/; D. Ponka and M. Kirlew, "Top 10 Differential Diagnoses in Family Medicine: Cough," *Canadian Family Physician 53* (2007): 690–91.

4 C. Lamar, "The 22 Rules of Storytelling, According to Pixar," Gizmodo, June 8, 2012, https://gizmodo.com/the-22-rules-of-storytelling-according-to-pixar-5916970; K. Miyamoto, "10 Screenplay Structures That Screenwriters Can Use," Screencraft, January 16, 2018, https://screencraft.org/2018/01/16/10-screenplay-structures-that-screenwriters-can-use/.

5 H. Hale, "But . . . Therefore . . . ," YouTube, March 2, 2018, https://www.youtube.com/watch?v=j9jEg9uiLOU.

6 雷迪・克羅茲（Leidy Klotz），《減法的力量》（*Subtract*），先覺，二〇二一年。亦可參見L. Klotz, "Subtract: Why Getting to Less Can Mean Thinking More," *Behavioral Scientist*, April 12, 2021, https://behavioralscientist.org/subtract-why-getting-to-less-can-mean-thinking-more/; G. S. Adams et al., "People Systematically Overlook Subtractive Changes," *Nature 592* (2021): 258–61.

7 https://twitter.com/lawnrocket.

8 P. Hansen, "Embrace the Shake," TED, n.d., https://www.ted.com/talks/phil_hansen_embrace_the_shake. 也可參考韓森的網站：https://www.philinthecircle.com/.

9 J. S. Chen and P. Garg, "Dancing with the Stars: Benefits of a Star Employee's Temporary Absence for Organizational Performance," *Strategic Management Journal 39* (2018): 1239–67.

10 T. Vanderbilt, "The Pandemic Gives Us a Chance to Change How We Get Around," *Wired*, December 2, 2020, https://www.wired.com/story/cities-micro-mobility/; S. Larcom, F. Rauch, and T. Willems, "The Benefits of Forced Experimentation: Striking Evidence from the London Underground Network," *Quarterly Journal of Economics 132* (2017): 1969–2018.

11 例如參見T. Popomaronis, "Warren Buffett Loves Teaching This '20-Slot' Rule at Business Schools—and

It’s Not Just about Getting Rich,” CNBC, May 28, 2020, https://www.cnbc.com/2020/05/28/billionaire-warren-buffett-teaches-this-20-slot-rule-to-getting-rich-at-business-schools.html; E. Kaplan, “Why Warren Buffett’s ‘20- Slot Rule’ Will Make You Insanely Successful and Wealthy,” *Inc.*, July 22, 2016, https://www.inc.com/elle-kaplan/why-warren-buffett-s-20-slot-rule-will-make-you-insanely-wealthy-and-successful.html; P. W. Kunhardt, director, Becoming Warren Buffett (online video), HBO, 2017。摩根．豪瑟（Morgan Housel），《致富心態》（*The Psychology of Money*），天下文化，二〇二三年。

12 N. Siegal, “Black Is Still the Only Color for Pierre Soulages,” *New York Times*, November 29, 2019, https://www.nytimes.com/2019/11/29/arts/design/pierre-soulages-louvre.html. 關於為什麼限制會激發創新的更多資料，參見O. A. Acar, M. Tarakci, and D. van Knippenberg, “Why Constraints Are Good for Innovation,” *Harvard Business Review*, November 22, 2019, https://hbr.org/2019/11/why-constraints-are-good-for-innovation.

第八章

1 D. Garner, “Remember Odetta, Whose Powerful Voice Met a Powerful Moment,” *New York Times*, August 24, 2020, https://www.nytimes.com/2020/08/24/books/review-odetta-biography-ian-zack-one-grain-of-sand-matthew-frye-jacobson.html; and K. Ferguson, “Everything Is a Remix, Part 1 (2021),” YouTube, September 7, 2021, https://www.youtube.com/watch?v=MZ2GuvUWaP8. 弗格森從二〇一〇年開始在 YouTube 上傳影片，記錄了現代文化（尤其是音樂）借鑑過去的程度。C. Heylin, *Bob Dylan: Behind the Shades, the Biography–Take Two* (London: Penguin, 2001); S. P. Farrell, “Last Word: Odetta,” *New*

York Times, December 2, 2008, https://www.nytimes.com/video/arts/music/1194832844841/last-word-odetta.html; A. Billet, "Charleston, Juneteenth and 'No More Auction Block for Me,' " *Red Wedge*, June 19, 2015, http://www.redwedgemagazine.com/atonal-notes/charleston-juneteenth-and-no-more-auction-block-for-me; M. Haddon, "Matrices of 'Love and Theft': Joan Baez Imitates Bob Dylan," *Twentieth Century Music 18* (2021): 249–79.

2 A. S. Brown and D. R. Murphy, "Cryptomnesia: Delineating Inadvertent Plagiarism," *Journal of Experimental Psychology: Learning, Memory, and Cognition 15* (1989): 432–42; J. Preston and D. M. Wegner, "The Eureka Error: Inadvertent Plagiarism by Misattributions of Effort," *Journal of Personality and Social Psychology 92* (2007): 575–84.

3 D. Grohl, director, *From Cradle to Stage* (documentary), Live Nation Productions, 2021.

4 例如參見D. Pogue, "Brilliant Ideas That Found a Welcome," *New York Times*, December 28, 2006, https://www.nytimes.com/2006/12/28/technology/28pogue.html; K. Terrell, "AARP Study: Americans 50 and Older Would Be World's Third-Largest Economy," AARP, December 19, 2019, http://aarp.org/politics-society/advocacy/info-2019/older-americans-economic-impact-growth.html; R. Booth, "Young Adults Have Less to Spend on Non-essentials, Study Says," *Guardian,* June 19, 2019, https://www.theguardian.com/inequality/2019/jun/20/young-adults-have-less-to-spend-on-non-essentials-study-says; L. Gardiner, "Life as a Millennial Is Far Less Extravagant Than You Might Think," Resolution Foundation, June 20, 2019, https://www.resolutionfoundation.org/comment/life-as-a-millennial-is-far-less-extravagant-than-you-might-think/; L. Judge, "Young People Are No Longer Footloose and Fancy Free—and Rent Rises Are to Blame," Resolution Foundation, June 6, 2019, https://www.

resolutionfoundation.org/comment/young-people-are-no-longer-footloose-and-fancy-free-and-rent-rises-are-to-blame/; C. Ford, "Arlene Harris," YouTube, October 10, 2011, https://www.youtube.com/watch?v=tKyYLfKGxl4.

5 Ruggie, https://ruggie.co/.

6 TechCrunch對於「自動播放」功能的描述：R. Lawler, "Netflix Launches Post-Play, So You Never Have to Interrupt TV or Movie Marathons," TechCrunch, August 15, 2012, https://techcrunch.com/2012/08/15/netflix-post-play/.

7 亞當・奧特（Adam Alter），《欲罷不能》（*Irresistible*），天下文化，二〇一七年。

8 這種轉向在商業界的案例，參見P. K. Chintagunta, "Let Your Customers Tell You When to Pivot," *Chicago Booth Review*, January 20, 2020, https://www.chicagobooth.edu/review/let-you-customers-tell-you-when-pivot; S. J. Anderson, P. K. Chintagunta, and N. Vilcassim, "Connections across Markets: Stimulating Business Model Innovation and Examining the Impact on Firm Sales in Uganda," working paper, 2021.

9 參見Golf.com staff, "How to Hold a Golf Club: The Proper Grip," *Golf*, April 25, 2019, https://golf.com/instruction/how-to-hold-a-golf-club-the-proper-golf-grip/.

10 M. Reynolds, "Viagra Can Teach Us a Lot about Treating Rare Diseases," *Wired UK*, October 7, 2021, https://www.wired.co.uk/article/healx-rare-diseases. 威而鋼的起源故事在製藥界並不罕見。還有其他例子，最近一項臨床試驗發現，名為Ilaris 的關節炎藥物是一種有效的心臟病藥物。二〇〇八年，研究人員發現一種治療眼壓高的青光眼藥物，也會使使用者的睫毛變濃。它後來以Latisse睫毛滋養液的名稱上市，基本相同的化合物被批准用於兩種截然不同的用途。治療脫髮的柔沛（Propecia）也有類似的起源故事：這種藥物曾用來治療前列腺異常，患者發現使用後，頭髮變得更濃密且強韌。在每個例子中，像布朗這樣的人都必須認知到一種藥物可能有更優越的用途，並據此發展下去。參見K. E. Foley, "Viagra's Famously Surprising Origin Story Is Actually a Pretty Common Way to Find New Drugs," Quartz, September 10, 2017, https://qz.com/1070732/viagras-famously-surprising-origin-story-is-actually-a-pretty-common-way-to-find-new-drugs/.

11 "WilliamWrigleyDiesat70," *New York Times*, January 27, 1932, https://www.nytimes.com/1932/01/27/archives/william-wrigley-dies-at-age-of-70-chicagoan-who-made-millions-from.html.

12 B. Bracken, "TV, or Not TV: The Story of Our Bike Box," *Inside VanMoof* (blog), August 5, 2019, https://www.vanmoof.com/blog/en/tv-bike-box; J. Prisco, "This Box Protects Your $3,000 Bike during Shipping," CNN Business, October 3, 2017, https://money.cnn.com/2017/10/03/smallbusiness/vanmoof-bike-box-tv/index.html.

13 亞當・格蘭特（Adam Grant），《逆思維》（*Think Again*），平安文化，二〇二二年。

14 Y. J. Kim and C.-B Zhong, "Ideas Rise from Chaos: Information Structure and Creativity," *Organizational Behavior and Human Decision Processes 138* (2017): 15–27. 亦可參見H. A. Simon, *The Architecture of Complexity* (Cambridge, MA: MIT Press, 1962).

15 R. Beato, "What Makes This Song Great?, Ep. 105 SEAL," YouTube, June 8, 2021, https://www.youtube.com/watch?v=Hhgoli8klLA.

16 R. Beato,"The Sting Interview," YouTube, November 18, 2021, https://www.youtube.com/watch?v=efRQh2vspVc.

第九章

1 G. Soda, P. V. Mannucci, and R. S. Burt, "Networks, Creativity, and Time: Staying Creative through Brokerage and Network Rejuvenation," *Academy of Management Journal 64* (2021): 1164–90; J. Surowiecki, Wisdom of Crowds (New York: Anchor Books, 2004); R. S. Burt, "Structural Holes and Good Ideas," *American Journal of Sociology 110* (2004): 349–99.

2 H. Rao, R. Sutton, and A. Webb, "Innovation Lessons from Pixar: An Interview with Oscar-Winning Director Brad Bird," *McKinsey Quarterly*, April 1, 2008, https://www.mckinsey.com/business-functions/strategy-and-corporate-finance/our-insights/innovation-lessons-from-pixar-an-interview-with-oscar-winning-director-brad-bird. 關於對一群音樂家的研究，參見M. Hill, B. Hill, and R. Walsh, "Conflict in Collaborative Musical Composition: A Case Study," *Psychology of Music 46* (2018): 192–207.

3 D. E. Levari, D. T. Gilbert, and T. D. Wilson, "Tips from the Top: Do the Best Performers Really Give the Best Advice?," *Psychological Science 29* (2022): 504–20.

4 H. Shirado and N. A. Christakis, "Locally Noisy Autonomous Agents Improve Global Human Coordination in Network Experiments," *Nature 545* (2017): 370–74.

5 G. Jackson, "The Female Problem: How Male Bias in Medical Trials Ruined Women's Health," *Guardian*, November 13, 2019, https://www.theguardian.com/lifeandstyle/2019/nov/13/the-female-problem-male-bias-in-medical-trials; N. Dusenbery, *Doing Harm* (New York: HarperOne, 2017); H. Etzkowitz, C. Kemelgor, and B. Uzzi, *Athena Unbound: The Advancement of Women in Science and Technology* (Cambridge, UK: Cambridge University Press, 2000); Y. Ma et al., "Women Who Win Prizes Get Less

Money and Prestige," *Nature 565* (2019): 287–88; A. W. Woolley et al., "Evidence for a Collective Intelligence Factor in the Performance of Groups," *Science 330* (2010): 686–88; A. W. Woolley et al., "The Effects of Team Strategic Orientation on Team Process and Information Search," *Organizational Behavior and Human Decision Processes 122* (2013): 114–26; L. M. Ataman et al., "Quantifying the Growth of Oncofertility," *Biology of Reproduction 99* (2018): 263–65; Y. Yang et al., "Gender Diverse Teams Produce More Innovative and Influential Ideas in Medical Research," working paper, 2022.

6 S. Turban, D. Wu, and L. Zhang, "Research: When Gender Diversity Makes Firms More Productive," *Harvard Business Review*, February 11, 2019, https://hbr.org/2019/02/research-when-gender-diversity-makes-firms-more-productive; L. Zhang, "An Institutional Approach to Gender Diversity and Firm Performance," *Organization Science 31* (2020): 439–57; S. Hoogendoorn, H. Oosterbeek, and M. van Praag, "The Impact of Gender Diversity on the Performance of Business Teams: Evidence from a Field Experiment," *Management Science 59* (2013): 1514–28.

7 J. Flack and C. Massey, "All Stars: Is a Great Team More Than the Sum of Its Players?," Aeon, November 27, 2020, https://aeon.co/essays/what-complexity-science-says-about-what-makes-a-winning-team; M. Lewis, "The No-Stats All-Star," *New York Times Magazine*, February 13, 2009, https://www.nytimes.com/2009/02/15/magazine/15Battier-t.html; D. Myers, "About Box Plus/Minus," Basketball Reference, February 2020, https://www.basketball-reference.com/about/bpm2.html.

8 參見J. Sulik, B. Bahrami, and O. Deroy, "The Diversity Gap: When Diversity Matters for Knowledge," *Perspectives on Psychological Science 17* (2022): 752–67; M. Basadur and M. Head, "Team Performance and Satisfaction: A Link to Cognitive Style within a Process Framework," *Journal of*

Creative Behavior 35 (2001): 227–48; S. T. Bell et al., "Getting Specific about Demographic Diversity Variable and Team Performance Relationships: A Meta-Analysis," *Journal of Management 37* (2011): 709–43; C. A. Bowers, J. A. Pharmer, and E. Salas, "When Member Homogeneity Is Needed in Work Teams: A Meta-Analysis," *Small Group Research 31* (2000): 305–27; A. Cooke and T. Kemeny, "Cities, Immigrant Diversity, and Complex Problem Solving," *Research Policy 46* (2017): 1175–85; A. D. Galinsky et al., "Maximizing the Gains and Minimizing the Pains of Diversity: A Policy Perspective," Perspectives on *Psychological Science 10* (2015): 742–48; I. J. Hoever et al., "Fostering Team Creativity: Perspective Taking as Key to Unlocking Diversity's Potential," *Journal of Applied Psychology 97* (2012): 982–96; A. K.-Y. Leung and C. Chiu, "Multicultural Experience, Idea Receptiveness, and Creativity," *Journal of Cross-Cultural Psychology 41* (2010): 723–41; E. Mannix and M. A. Neale, "What Differences Make a Difference? The Promise and Reality of Diverse Teams in Organizations," *Psychological Science in the Public Interest 6* (2005): 31–55; A. L. Mello and J. R. Rentsch, "Cognitive Diversity in Teams: A Multidisciplinary Review," *Small Group Research 46* (2015): 623–58; S. E. Page, "Where Diversity Comes From and Why It Matters?," *European Journal of Social Psychology 44* (2014): 267–79; P. Parrotta, D. Pozzoli, and M. Pytlikova, "The Nexus between Labor Diversity and Firm's Innovation," *Journal of Population Economics 27* (2014): 303–64; P. B. Paulus, K. I. van der Zee, and J. Kenworthy, "Cultural Diversity and Team Creativity," in *The Palgrave Handbook of Creativity and Culture Research*, ed. V. P. Glaveanu (London: Springer, 2016), 57–76; J. T. Polzer, L. P. Milton, and W. B. Swarm, "Capitalizing on Diversity: Interpersonal Congruence in Small Work Groups," *Administrative Science Quarterly 47* (2002): 296–324; G. K. Stahl et al., "Unraveling the Effects of Cultural Diversity in Teams: A Meta-Analysis of Research on

Multicultural Work Groups," *Journal of International Business Studies 41* (2010): 690–709; H. Van Dijk, M. L. Van Engen, and D. Van Knippenberg, "Defying Conventional Wisdom: A Meta-Analytical Examination of the Differences between Demographic and Job-Related Diversity Relationships with Performance," *Organizational Behavior and Human Decision Processes 119* (2012): 38–53; J. Wang et al., "Team Creativity/Innovation in Culturally Diverse Teams: A Meta-Analysis," *Journal of Organizational Behavior 40* (2019): 693–708; K. Y. Williams and C. A. O'Reilly, "Demography and Diversity in Organizations: A Review of 40 Years of Research," *Research in Organizational Behavior 20* (1998): 77–140. 請注意，在美國，移民作為企業家的比例過高。儘管移民只占美國總人口的一五%，但創業家卻占到二五%。換句話說，根據美國移民人口計算，移民創業家的數量比預期要多六六%（幾乎四〇%的創業團隊中就有一名移民）。參見S. P. Kerr and W. R. Kerr, "Immigrant Entrepreneurship," Harvard Business School Working Paper 17-011, June 2016, https://www.hbs.edu/ris/Publication%20Files/17-011_da2c1cf4-a999-4159-ab95-457c783e3fff.pdf.第二篇論文表示，自一九七四年以來，美國所有創新中至少有三〇%來自移民（人口比例的兩倍）。如果用本地人取代每位移民，美國的創新產出將減少一三%，參見S. Bernstein et al., "The Contribution of High-Skilled Immigrants to Innovation in the United States," Stanford Graduate School of Business Working Paper, July 11, 2019, https://web.stanford.edu/~diamondr/BDMP_2019_0709.pdf.

9 J. Kerber, "In the Wild West of Online Medicine, Crowd Sourcing Is the Next Frontier," *Peninsula Press*, January 6, 2020, https://peninsulapress.com/2020/01/06/in-the-wild-west-of-online-medicine-crowdsourcing-is-the-next-frontier/; A. N. Meyer, C. A. Long- hurst, and H. Singh, "Crowdsourcing Diagnosis for Patients with Undiagnosed Illnesses: An Evaluation of CrowdMed," *Journal of Medical Internet Research 18* (2016): e12. 總的來說，這部分的靈感來自《紐約時報》麗莎・桑德斯（Lisa

Sanders）的「診斷」（Diagnosis）專欄以及她在Netflix上的《診斷》節目。

10 K. Sanchez, "Parkinson's Meds Are Hard to Grab, So TikTok Users Crowdsource a Solution," Verge, January 23, 2021, https://www.theverge.com/2021/1/23/22244673/parkinsons-tiktok-crowdsourced-pill-bottle. 原始影片參見J. Choi, @jcfoxninja, "Hey Pharma Companies," TikTok, December 27, 2020, https://www.tiktok.com/@jcfoxninja/video/6911148251982925061?is _from_webapp=1&sender_device=pc&web_id7051421448719713798.

11 M. Slater et al., "An Experimental Study of a Virtual Reality Counselling Paradigm Using Embodied Self-Dialogue," *Scientific Reports 9* (2019): 10903; M. Slater, "An Experimental Study of a Virtual Reality Counselling Paradigm Using Embodied Self-Dialogue," YouTube, August 9, 2021, https://www.youtube.com/watch?v=G J6cAVxQOwo.

12 E. Vul and H. Pashler, "Measuring the Crowd Within: Probabilistic Representations within Individuals," *Psychological Science 19* (2008): 645–47. S. M. Herzog and R. Hertwig, "The Wisdom of Many in One Mind: Improving Individual Judgments with Dialectical Bootstrapping," *Psychological Science 20* (2009): 231–37; S. M. Herzog and R. Hertwig, "Think Twice and Then: Combining or Choosing in Dialectical Bootstrapping?," *Journal of Experimental Psychology: Learning, Memory, and Cognition 40* (2014): 218–32; S. M. Herzog and R. Hertwig, "Harnessing the Wisdom of the Inner Crowd," *Trends in Cognitive Sciences 18* (2014): 504–6; P. Van de Calseyde and E. Efendić, "Taking a Disagreeing Perspective Improves the Accuracy of People's Quantitative Estimates," *Psychological Science 33* (2022): 971–83; R. P. Larrick and J. B. Soll, "Intuitions about Combining Opinions: Mis-appreciation of the Averaging Principle," *Management Science 52* (2006): 111–27; J. M. Berg, "When Silver Is Gold:

Forecasting the Potential Creativity of Initial Ideas," *Organizational Behavior and Human Decision Processes* 154 (2019): 96–117.

第十章

1 專門探討體育天賦的有趣書籍，參見大衛・艾普斯坦（David Epstein），《運動基因》（*The Sports Gene*），行路，二〇二〇年。也可參見C. Bellefonds, "Why Michael Phelps Has the Perfect Body for Swimming," Biography.com, May 14, 2020, https://www.biography.com/news/michael-phelp-perfect-body-swimming.

2 關於伯科夫的資訊，主要是參考二〇二一年初的討論，也可參見S. Eschenbach, "David Berkoff," A for Athlete, undated, https://aforath lete.fandom.com/wiki/David_Berkoff; "FINA Swimming Rules," FINA, September 21, 2017, https://www.fina.org/swimming/rules; R. Hughes, "1987 NCAA Swimming Championships, 100 Yard Backstroke (Austin, TX), Berkoff Blastoff," YouTube, November 9, 2015, https://www.youtube.com/watch?v=F-OPR_yoOEM; F. Litsky, "Swimming; Fastest Backstroker Loses a Revolution," *New York Times*, March 31, 1989, https://www.nytimes.com/1989/03/31/sports/swimming-fastest-backstroker-loses-a-revolution.html; WestNyackTwins, "1988 Olympic Games—Swimming—Men's 100 Meter Backstroke—Daichi Suzuki JPN," YouTube, July 8, 2016, https://www.youtube.com/watch?v=R-DSrQQaggQ.

3 L. Lawrence, "Champions Come in All Shapes and Sizes—David Berkoff," Laurie Lawrence, *Stuff the Silver, We Are Going for Gold*, February 11, 2020, https://laurielawrence.com.au/podcasts/champions-

come-in-all-shapes-and-sizes-david-berkoff/.

4 C. Coram, *Boyd: The Fighter Pilot Who Changed the Art of War* (New York: Little, Brown, 2003).

5 E. Asimov, "Steven Spurrier, Who Upended Wine World with a Tasting, Dies at 79," *New York Times*, March 31, 2021, https://www.nytimes.com/2021/03/16/dining/steven-spurrier-dead.html; M. Godoy, "The Judgment of Paris: The Blind Taste Test That Decanted the Wine World," All Things Considered, NPR, May 24, 2016, https://www.npr.org/sections/thesalt/2016/05/24/479163882/the-judgment-of-paris-the-blind-taste-test-that-decanted-the-wine-world.

6 K. Sawyer, "200 Years Ago—the 12-Hour Day, the 6-Day Week," *Washington Post*, December 25, 1977, https://www.washingtonpost.com/archive/politics/1977/12/25/200-years-ago-the-12-hour-day-the-6-day-week/8a0f3c78-b7a0-4db4-ac33-00649519d1eb/; E. A. Roy, "Work Four Days, Get Paid for Five: New Zealand Company's New Shorter Week," *Guardian,* February 8, 2018, https://www.theguardian.com/world/2018/feb/09/work-four-days-get-paid-for-five-new-zealand-companys-new-shorter-week; R. Stock, "Perpetual Guardian's Four- Day Work Week Trail Going Well," Stuff, March 31, 2018, https://www.stuff.co.nz/business/102741507/perpetual-guardians-fourday-working-week-trial-going-well; J. Yeung, "A New Zealand Company Tried a Four-Day Work Week. It Was a 'Resounding Success,' " CNN Money, July 19, 2018, https://money.cnn.com/2018/07/19/news/economy/new-zealand-four-day-work-week-perpetual-guardian/index .html; E. A. Roy, "Work Less, Get More: New Zealand Firm's Four-Day Week an 'Unmitigated Success,' " *Guardian,* July 18, 2018, https://www.theguardian.com/world/2018/jul/19/work-less-get-more-new-zealand-firms-four-day-week-an-unmitigated-success; C. Graham-McLay, "A Four-Day Workweek? A Test Run Shows a Surprising Result," *New York Times*, July 19, 2018,

https://www.nytimes.com/2018/07/19/world/asia/four-day-workweek-new-zealand.html; 4 Day Week Global, https://www.4dayweek.com/; N. Kobie, "What Really Happened in Iceland's Four-Day Week Trial?," *Wired UK*, December 7, 2021, https://www.wired.co.uk/article/iceland-four-day-work-week.

7 關於好奇心，參見L. P. Hagtvedt et al., "Curiosity Made the Cat More Creative: Specific Curiosity as a Driver of Creativity," *Organizational Behavior and Human Decision Processes 150* (2019): 1–13; G. Loewenstein, "The Psychology of Curiosity: A Review and Reinterpretation," *Psychological Bulletin 116* (1994): 75–98; C. D. Speilberger and L. M. Starr, "Curiosity and Exploratory Behavior," in *Motivation: Theory and Research*, ed. H. F. O. Neil Jr. and M. Drillings (Hillsdale, NJ: Lawrence Erlbaum, 1994), 221–43. 我的書《欲罷不能》第九章也提到人類好奇心的本能。

8 大部分資料都是我親自去採訪，也可以參考他的部落格https://medium.com/@maxdeutsch，還有他關於熟悉新技能的貼文：https://medium.com/@maxdeutsch/m2m-day-1-completing-12-ridiculously-hard-challenges-in-12-months-9843700c741f.

9 NBA scoring-data visualization: API via data.world @sportsvizsunday, design by Ryan Soares; K. Goldsberry, "How Mapping Shots in the NBA Changed It Forever," FiveThirtyEight, May 2, 2019, https://fivethirtyeight.com/features/how-mapping-shots-in-the-nba-changed-it-forever/.

第十一章

1 L. Liu et al., "Hot Streaks in Artistic, Cultural, and Scientific Careers," *Nature 559* (2018): 396–99.

2 Y. Yin et al., "Quantifying the Dynamics of Failure across Science, Startups, and Security," *Nature*

575 (2019): 190–97. 相關資料參見R. Sinatra et al., "Quantifying the Evolution of Individual Scientific Impact," *Science 354* (2016): 596–604.

3 L. Liu et al., "Understanding the Onset of Hot Streaks across Artistic, Cultural, and Scientific Careers," *Nature Communications 12* (2021): 1–10. 亦可參見Z.-L. He and P.-K. Wong, "Exploration vs. Exploitation: An Empirical Test of the Ambidexterity Hypothesis," *Organization Science 15* (2004): 481–94; C. Bidmon, S. Boe-Lillegraven, and R. Koch, "Now, Switch! Individuals' Responses to Imposed Switches between Exploration and Exploitation," *Long Range Planning 53* (2001): 1019–28.

4 參見D. Farley, "The Truth about Italy's White Truffles," BBC, January 9, 2018, https://www.bbc.com/travel/article/20180108-the-truth-about-italys-white-truffles; B. Wilson, "The Best Truffle Hunters in Italy," *Forbes*, January 9, 2017, https://www.forbes.com/sites/breannawilson/2017/01/19/the-best-truffle-hunters-in-italy-a-morning-hunt-with-the-family-who-found-a-330000-white-truffle/.

5 理查・柯克（Richard Koch），《八〇／二〇法則》（*The 80/20 Principle*），大塊文化，二〇一八年。

6 L. Crampton, "Serendipity: The Role of Chance in Scientific Discoveries," Owlcation, April 23, 2021, https://owlcation.com/stem/Serendipity-The-Role-of-Chance-in-Making-Scientific-Discoveries; L. McKay-Peet and E. G. Toms, "Investigating Serendipity: How It Unfolds and What May Influence It," *Journal of the Association of Information Science and Technology 66* (2015): 1463–76; W. B. Cannon, "The Role of Chance in Discovery," *Scientific Monthly 50* (1940): 304–9.

7 W. Gratzer, *Eurekas and Euphorias: The Oxford Book of Scientific Anecdotes* (Oxford, UK: Oxford University Press, 2004).

8 S. L. Gable, E. A. Hopper, and J. W. Schooler, "When the Muses Strike: Creative Ideas of Physicists and

Writers Routinely Occur during Mind Wandering," *Psychological Science 30* (2019): 396–404. 以及K. Christoff et al., "Mind-Wandering as Spontaneous Thought: A Dynamic Framework," *Nature Reviews Neuroscience 17* (2016): 718–31; J. E. Davidson, "The Suddenness of Insight," in *The Nature of Insight*, ed. R. J. Sternberg and J. E. Davidson (Cambridge, MA: MIT Press, 1995), 125– 55. 關於神遊的好處與代價，參見M. A. Killingsworth and D. T. Gilbert, "A Wandering Mind Is an Unhappy Mind," *Science 330* (2010): 932; E. J. Masicampo and R. F. Baumeister, "Consider It Done! Plan Making Can Eliminate the Cognitive Effects of Unfulfilled Goals," *Journal of Personality and Social Psychology 101* (2011): 667–83; J. Smallwood and J. W. Schooler, "The Science of Mind Wandering: Empirically Navigating the Stream of Consciousness," *Annual Review of Psychology 66* (2015): 487–518; B. Baird et al., "Inspired by Distraction: Mind Wandering Facilitates Creative Incubation," *Psychological Science 23* (2012): 1117–22; C. M. Zedelius and J. W. Schooler, "Mind Wandering 'Ahas' versus Mindful Reasoning: Alternative Routes to Creative Solutions," *Frontiers in Psychology 6* (2015): 834; C. M. Zedelius and J. W. Schooler, "The Richness of Inner Experience: Relating Styles of Daydreaming to Creative Processes," *Frontiers in Psychology 6* (2016): 2063; P. T. Palhares, D. Branco, and O. F. Goncalves, "Mind Wandering and Musical Creativity in Jazz Improvisation," *Psychology of Music 50* (2022): 1212–24; D. Breslin, "Off-Task Social Breaks and Group Creativity," *Journal of Creative Behavior 53* (2019): 496–507; M. S. Franklin et al., "The Silver Lining of a Mind in the Clouds: Interesting Musings Are Associated with Positive Mood While Mind-Wandering," *Frontiers in Psychology 4* (2013): 583; J. Rummel et al., "The Role of Attention for Insight Problem Solving: Effects of Mindless and Mindful Incubation Periods," *Journal of Cognitive Psychology 33* (2021): 757–69.

9 參見A. Livanova, *Landau: A Great Physicist and Teacher* (New York: Pergamon Press, 1980); P. Ratner, "Landau Genius Scale Ranking of the Smartest Physicists Ever," Big Think, September 28, 2020, https://bigthink.com/hard-science/landau-genius-scale-ranking-of-the-smartest-physicists-ever/.

10 Y. Wang, B. F. Jones, and D. Wang, "Early-Career Setbacks and Future Career Impact," *Nature Communications 10* (2019): 1–10; J. Li et al., "Nobel Laureates Are Almost the Same as Us," *Nature Reviews: Physics 1* (2019): 301–3. 要在評估理解時提出正確的問題，參見A. L. Alter, D. M. Oppenheimer, and J. C. Zemla, "Missing the Trees for the Forest: A Construal Level Account of the Illusion of Explanatory Depth," *Journal of Personality and Social Psychology 99* (2010): 436–51; W. J. McGuire, "Inducing Resistance to Persuasion: Some Contemporary Approaches," in *Advances in Experimental Social Psychology*, vol. 1, ed. L. Berkowitz (New York: Academic Press, 1964), 191–229; G. Bush, P. Luu, and M. I. Posner, "Cognitive and Emotional Influences in Anterior Cingulate Cortex," *Trends in Cognitive Sciences 4* (2000): 215–22.

第十二章

1 "Paul Simon on His Writing Process for 'Bridge over Troubled Water,' " *The Dick Cavett Show*, YouTube, January 27, 2020, https://www.youtube.com/watch?v=qFt0cP-klQI; "Paul Simon Deconstructs 'Mrs. Robinson,' " *The Dick Cavett Show*, YouTube, February 3, 2020, https://www.youtube.com/watch?v=sDqIsuIpVy4.

2 這個現象稱為「體驗認知」（embodied cognition），在科學界備受爭議。部分相關研究所展示的效應並無法複製，甚至看起來像捏造出來的。然而，仍有大量的證據證實，人類的行為和身體姿勢，能夠塑造思維和感受。參見P. M. Niedenthal, "Embodying Emotion," *Science* 316 (2007): 1002–5; N. A. Coles et al., "Fact or Artifact? Demand Characteristics and Participants' Beliefs Can Moderate, but Do Not Fully Account for, the Effects of Facial Feedback on Emotional Experience," *Journal of Personality and Social Psychology*, 2022, forthcoming; E. W. Carr, A. Kever, and P. Winkielman, "Embodiment of Emotion and Its Situated Nature," in *The Oxford Handbook of 4E Cognition*, 4th ed., ed. A. Newen, L. De Bruin, and S. Gallagher (Oxford, UK: Oxford University Press, 2018), 528–52; P. Winkielman, P. M. Niedenthal, and L. Oberman, "The Embodied Emotional Mind," in *Embodied Grounding*, ed. G. R. Semin and E. R. Smith (Cambridge, UK: Cambridge University Press, 2008), 263–88; G. K. Wells and R. E. Petty, "The Effects of Head Movements on Persuasion: Compatibility and Incompatibility of Responses," *Basic and Applied Social Psychology 1* (1980): 219–30; S. E. Duclos et al., "Emotion-Specific Effects of Facial Expressions and Postures on Emotional Experience," *Journal of Personality and Social Psychology 57* (1989): 100–108.

3 A. S. Wellsjo, "Simple Actions, Complex Habits: Lessons from Hospital Hand Hygiene," working paper (Berkeley: University of California, 2022), https://www.alexwellsjo.com/.

4 C. J. Bryan et al., "Motivating Voter Turnout by Invoking the Self," *Proceedings of the National Academy of Sciences 108* (2011): 12653–56; C. J. Bryan, A. Master, and G. M. Walton, "'Helping' versus 'Being a Helper': Invoking the Self to Increase Helping in Young Children," *Child Development 85* (2014): 1836–42; R. K. Mallett and K. J. Melchiori, "Creating a Water-Saver Self-Identity Reduces Water Use in Residence Halls," *Journal of Environmental Psychology 47* (2016): 223–29; S. Franssens

et al., "Nudging Commuters to Increase Public Transport Use: A Field Experiment in Rotterdam," *Frontiers in Psychology 12* (2021): 633865, https://doi.org/10.3389/fpsyg.2021.633865.

5 T. Brach, "The Sacred Pause," *Psychology Today*, December 4, 2014, https://www.psychologytoday.com/us/blog/finding-true-refuge/201412/the-sacred-pause; 塔拉・布萊克（Tara Brach）,《全然接受這樣的我》（*Radical Acceptance*）,橡樹林,二〇一八年。本書第五章有更深入的探討。

6 關於排程的好處和壞處,以及對生活的測量,參見G. N. Tonietto and S. A. Malkoc, "The Calendar Mindset: Scheduling Takes the Fun Out and Puts the Work In," *Journal of Marketing Research 53* (2016): 922–36; S. Devoe and J. Pfeffer, "Time Is Tight: How Higher Economic Value of Time Increases Feelings of Time Pressure," *Journal of Applied Psychology 96* (2011): 665– 76; S. Bellezza, N. Paharia, and A. Keinan, "Conspicuous Consumption of Time: When Busyness and Lack of Leisure Time Become a Status Symbol," *Journal of Consumer Research 44* (2016): 118–38; J. Etkin, "The Hidden Cost of Personal Quantification," *Journal of Consumer Research 42* (2016): 967–84.

7 活動身體對於思維流暢和創意有什麼助益,以及步行跟創業精神的關係,參見L. Zimmerman and A. Chakravarti, "Not Just for Your Health Alone: Regular Exercisers' Decision-Making in Unrelated Domains," *Journal of Experimental Psychology: Applied*, 2022, forthcoming; C. Chen et al., "Regular Vigorous-Intensity Physical Activity and Walking Are Associated with Divergent but Not Convergent Thinking in Japanese Young Adults," *Brain Sciences 11* (2021): 1046; K. Aga et al., "The Effect of Acute Aerobic Exercise on Divergent and Convergent Thinking and Its Influence by Mood," *Brain Sciences 11* (2021): 546; A. Bollimbala, P. S. James, and S. Ganguli, "Impact of Physical Activity on an Individual's Creativity: A Day-Level Analysis," *American Journal of Psychology 134* (2021): 93–105; S. Imaizumi,

U. Tagami, and Y. Yang, "Fluid Movements Enhance Creative Fluency: A Replication of Slepian and Ambady (2012)," *PLOS One 15* (2020): e0236825; M. L. Slepian and N. Ambady, "Fluid Movement and Creativity," *Journal of Experimental Psychology: General 141* (2012): 625–29; K. J. Main et al., "Change It Up: Inactivity and Repetitive Activity Reduce Creative Thinking," *Journal of Creative Behavior 54* (2020): 395–406; B. Bereitschaft, "Are Walkable Places Tech Incubators? Evidence from Nebraska's 'Silicon Prairie,' " *Regional Studies, Regional Science 6* (2019): 339–56; E. Labonte-LeMoyne et al., "The Delayed Effect of Treadmill Desk Usage on Recall and Attention," *Computers in Human Behavior 46* (2015): 1–5; A. P. Knight and M. Baer, "Get Up, Stand Up: The Effects of a Non-sedentary Workspace on Information Elaboration and Group Performance," *Social Psychological and Personality Science 5* (2014): 910–17; S. Hamidi and A. Zandiatashbar, "Does Urban Form Matter for Innovation Productivity? A National Multi-level Study of the Association between Neighborhood Innovation Capacity and Urban Sprawl," *Urban Studies 56* (2018): 1–19.

8 J.-C. Goulet-Pelletier, P. Gaudreau, and D. Cousineau, "Is Perfectionism a Killer of Creative Thinking? A Test of the Model of Excellencism and Perfectionism," *British Journal of Psychology 113* (2022): 176–207.

9 E. Klein, "Wilco's Jeff Tweedy Wants You to Be Bad at Something. For Your Own Good," *New York Times*, July 2, 2021, https://www.nytimes.com/2021/07/02/opinion/ezra-klein-podcast-jeff-tweedy.html; J. Tweedy, How to Write One Song (New York: Dutton, 2020).

10 R. E. Jung et al., "Quantity Yields Quality When It Comes to Creativity: A Brain and Behavioral Test of the Equal-Odds Rule," *Frontiers in Psychology 6* (2015): 864.

11 關於做中學的好處，以及納基的經歷，參見J. Clark and G. White, "Experiential Learning: A Definitive Edge in the Job Market," *American Journal of Business Education 3* (2010): 115–18; R. Loo, "A Meta-Analytic Examination of Kolb's Learning Style Preferences among Business Majors," *Journal of Education for Business 77* (2002): 252–56; R. DuFour et al., *Learning by Doing: A Handbook for Professional Learning Communities at Work*, 3rd ed. (Bloomington, IN: Solution Tree, 2016); M. Wines, "Accounts of South African's Career Now Seen as Overstated," *New York Times*, August 27, 2005, https://www.nytimes.com/2005/08/27/world/africa/accounts-of-south-africans-career-now-seen-as-overstated.html; J. Abrahams, "Special Assignment: The Hamilton Naki Story," SABC News, June 2, 2009, https://web.archive.org/web/20110723010408/http://www.sabcnews.co.za/SABCnews.com/Documents/SpecialAssignment/HEART-SCRIPT.pdf; C. Logan, *Celebrity Surgeon: Christiaan Barnard, a Life* (Johannesburg, South Africa: Jonathan Ball, 2003).

新商業周刊叢書BW0830

用心理學突破瓶頸

消除創意、習慣、職涯與人生的「阻力」，從現在開始無往不利！

原文書名／Anatomy of a Breakthrough: How to Get Unstuck When It Matters Most
作　　者／亞當・奧特（Adam Alter）
譯　　者／謝明珊
企劃選書／黃鈺雯
責任編輯／黃鈺雯
版　　權／吳亭儀、林易萱、江欣瑜、顏慧儀
行銷業務／周佑潔、林秀津、賴正祐、吳藝佳

總 編 輯／陳美靜
總 經 理／彭之琬
事業群總經理／黃淑貞
發 行 人／何飛鵬
法律顧問／台英國際商務法律事務所
出　　版／商周出版　臺北市中山區民生東路二段141號9樓
電話：(02)2500-7008　傳真：(02)2500-7759
E-mail：bwp.service@cite.com.tw
發　　行／英屬蓋曼群島商家庭傳媒股份有限公司　城邦分公司
台北市104民生東路二段141號2樓
電話：(02)2500-0888　傳真：(02)2500-1938
讀者服務專線：0800-020-299　24小時傳真服務：(02)2517-0999
讀者服務信箱：service@readingclub.com.tw
劃撥帳號：19833503
戶名：英屬蓋曼群島商家庭傳媒股份有限公司城邦分公司
香港發行所／城邦(香港)出版集團有限公司
香港灣仔駱克道193號東超商業中心1樓
電話：(825)2508-6231　傳真：(852)2578-9337
E-mail：hkcite@biznetvigator.com
馬新發行所／城邦(馬新)出版集團
Cite (M) Sdn Bhd
41, Jalan Radin Anum, Bandar Baru Sri Petaling,
57000 Kuala Lumpur, Malaysia.
電話：(603)9057-8822　傳真：(603)9057-6622　email: cite@cite.com.my

封面設計／黃宏穎　內文設計暨排版／無私設計・洪偉傑　印　刷／鴻霖印刷傳媒股份有限公司
經 銷 商／聯合發行股份有限公司　電話：(02)2917-8022　傳真：(02) 2911-0053
地址：新北市231新店區寶橋路235巷6弄6號2樓

ISBN／978-626-318-802-0（紙本）　978-626-318-807-5（EPUB）
定價／410元（紙本）　285元（EPUB）

城邦讀書花園
www.cite.com.tw

2023年9月初版

國家圖書館出版品預行編目(CIP)數據

用心理學突破瓶頸：消除創意、習慣、職涯與人生的「阻力」,從現在開始無往不利!/亞當.奧特(Adam Alter)著；謝明珊譯. -- 初版. -- 臺北市：商周出版：英屬蓋曼群島商家庭傳媒股份有限公司城邦分公司發行, 2023.09
面；　公分. --(新商業周刊叢書；BW0830)
譯自：Anatomy of a breakthrough : how to get unstuck when it matters most

ISBN 978-626-318-802-0(平裝)

1.CST: 成功法 2.CST: 自我實現

177.2　　112011994